LÜXING XIAOFEI
FALÜ CHANGSHI

LAW

旅行消费
法律常识

龚 正/著

ZHEJIANG UNIVERSITY PRESS
浙江大学出版社

前　言

本著作旨在从法律人的角度探讨旅行消费者权益的保护问题。

旅行消费不同于一般的商品交易型的消费活动。在旅行消费过程中，旅游者往往面临生疏的环境，其消费活动是在陌生的地域进行的。旅游者不仅承担着经济风险，还可能面临着生存风险。概括地讲，旅行消费活动涉及吃、住、行、游、购、娱六个环节，每个环节均关乎消费者权益的维护。

本著作主要分为七大篇，分别是旅游法制概述篇、旅游经营主体篇、旅游消费案例篇、出境旅游篇、旅游安全篇、旅游维权专题篇、旅游行政处理与救济篇。

在旅游法制概述篇中，作者对我国国内旅游立法的概况作了介绍，并对旅行社业、旅馆业、风景名胜区的立法概况作了说明，列举了游客权益保护方面的法律法规，并对《中华人民共和国旅游法》作了全面解读和影响分析。

在旅游经营主体篇中，作者从行业认知的角度，介绍了旅行社、饭店、风景旅游区三大经营主体基本行业法律常识。旅行消费活动的开展，离不开这三类经营主体。旅行社是旅行消费活动的组织者；饭店是重要的旅行消费接待场所；风景旅游区是旅行消费过程中典型的游览场所。

在旅游消费案例篇中，作者列举了涉及吃、住、行、游、购、娱六个环节消费者维权的案例。这些案例均来自真实的司法裁判案件。通过对这些案例的归纳与分析，为今后类似纠纷的化解与防范提供了参照与指导。

在出境旅游篇中，作者介绍了护照、签证等出入境证照，大陆居民赴台湾旅行相关要求，边境旅游事宜，外国人入境、境内居留、旅行的相关规定等内容。

在旅游安全篇中，作者介绍了漂流、探险等特种旅游项目的安全管理要求，旅行社、旅馆、景点景区的旅游安全管理事项，并提出了旅游行业安全防范的若干措施。

在旅游维权专题篇中，作者专题探讨了旅游合同的签订与履行、旅行社责任保险统保示范项目、出国保证金、旅游经营者的安全保障义务、高档消费场所顾客自带酒水消费、航班延误等问题。这些问题既是旅游消费纠纷中的常见问题,也是争论的热点问题。

最后,作者专篇介绍了旅游行政处理与救济问题,即旅游投诉及处理、旅游者涉诉、旅游行政诉讼等问题。

总的来看,本著作内容全面、知识点丰富,既介绍了旅行消费的法律常识,也从法律人的角度探讨了旅行消费的热点问题,还列举了很多典型的案例,是讲解旅行消费维权知识方面不可多得的一本好书。

龚　正

2013 年 11 月

目　　录

旅行消费法律常识

旅行消费法律常识

旅游法制概述

1.1　国内旅游立法概况

　　我国的旅游立法是伴随着改革开放的步伐,在国务院关于旅游业发展的大政方针指导下,随着国内旅游业的不断壮大和旅游发展的不断深入,紧跟着入世的旋律,结合国内外旅游发展的基本态势逐步制定的。

　　1978 年党的十一届三中全会以后,我国开始实施对外开放政策,旅游业面临前所未有的发展机遇。1980 年 7 月 1 日,《国务院转发国家经委关于旅游纪念工艺品生产和经营若干问题的暂行规定的通知》提到"搞好旅游纪念品、工艺品的生产和经营,对于发展我国旅游事业,扩大对外宣传,促进国际文化交流,增加外汇收入,支援社会主义现代化建设都具有重要意义"。1981 年 5 月,国务院在北京召开了全国旅游工作会议,传达了中共中央书记处关于"要走出一条日益兴旺发达的中国式旅游道路"的指示。

　　1985 年 5 月 11 日国务院颁布了《旅行社管理暂行条例》,后于 1996 年10 月 15 日国务院颁布了《旅行社管理条例》,并于 2001 年 12 月 11 日做了修订。2009 年 2 月 20 日国务院颁布了《旅行社条例》,同时废止了《旅行社管理条例》。1985 年 6 月 7 日国务院颁布了《风景名胜区管理暂行条例》,后于 2006 年 12 月 1 日国务院颁布施行《风景名胜区条例》,原暂行条例作废。1990 年 2 月 20 日国家旅游局颁布了《旅游安全管理暂行办法》,就加强旅游安全管理工作,保障旅游者人身、财物安全作了规定。为贯彻落实该办法,国家旅游局又于 1994 年 1 月 22 日,制定了《旅游安全管理暂行办法实施细则》。为及时了解、妥善处理好重大旅游安全事故的处理工作,国家旅游局于 1993 年 4 月 15 日颁布了《重大旅游安全事故处理程序试行办法》和《重大旅游安全事故报告制度试行办法》。1992 年 8 月 17 日国务院颁布《关于试办国家旅游度假区有关问题的通知》,我国多处国家旅游度假区据此设立。1994 年 9 月 15 日国务院办公厅下发了《关于对旅行社实行质量保证金制度的复函》,同意对旅行社实行质量保证金制度。为加强对漂流旅游的管理,保障漂流旅游者的安全,促进漂流旅游有序发展,1998 年 4 月 7 日国家旅游局颁布《漂流旅游安全管理暂行办法》。为了加强旅游统计管理,保障旅游统计资料的准确性和及时性,1998 年 5 月 15 日国家旅游局颁布《旅游统计管理办法》。为了促进我国旅游产业的健康、持续发展,加强旅游规划管理,提高旅游规划水平,2000 年 10 月 26 日国务院颁布《旅游发展规划管理办法》。2001 年 5 月 15 日,国家旅游局颁布第 14 号令《旅行社投保旅行社责任保险规定》,国家旅游局、中国保监会后于 2011 年 2 月 1 日颁布施行《旅行社责任保险管理办法》,同时废止《旅行社投保旅行社责任保险规定》。

2001 年 12 月 11 日,经过多年的艰苦谈判,中国终于正式加入世界贸易组织(WTO)。按照 WTO 协议,加入成员要在其后的国际贸易中履行既定的权利和义务。旅游服务是国际服务贸易的重要部门,诸如饭店、餐馆、旅行社等旅游及与旅行相关的服务在市场准入和国民待遇限制方面都有了新的要求。这些新形势的出现对我国旅游法制建设产生重大影响。2001 年 4 月 11 日国务院下发《国务院关于进一步加快旅游业发展的通知》,就加快旅游业发展的指导思想、工作重点、政策措施等作了规定。2002 年 5 月 27 日,国务院颁布了《中国公民出国旅游管理办法》,就规范旅行社组织中国公民出国旅游活动,保障出国旅游者和出国旅游经营者的合法权益作了规定。2002 年 10 月 28 日,国家旅游局颁布了第 18 号令《出境旅游领队人员管理办法》。2003 年 6 月 12 日,国家旅游局、商务部颁布了《设立外商控股、外商独资旅行社暂行规定》。

2009 年 12 月 1 日,国务院下发了《国务院关于加快发展旅游业的意见》,就加快发展旅游业的总体要求、主要任务、保障措施等提出了若干意见。2010 年 7 月 1 日施行的《旅游投诉处理办法》,就维护旅游者和旅游经营者的合法权益,依法公正处理旅游投诉作了规定,同时废止了《旅行社质量保证金暂行规定》、《旅行社质量保证金暂行规定实施细则》、《旅行社质量保证金赔偿暂行办法》。

2012 年 3 月 14 日,财政经济委员会第 64 次全体会议审议并通过了《中华人民共和国旅游法(草案)》,2012 年 8 月 27 日,十一届全国人大常委会第二十八次会议初次审议,后再经修改审议,最终于 2013 年 4 月 25 日正式颁布《中华人民共和国旅游法》,该法自 2013 年 10 月 1 日施行。《中华人民共和国旅游法》(见附录一)共设十章一百一十二条,除总则、法律责任和附则外,分别对旅游者、旅游规划和促进、旅游经营、旅游服务合同、旅游安全、旅游监督管理、旅游纠纷处理等内容作了规定。为配合《中华人民共和国旅游法》的实施,规范旅游行政处罚行为,维护旅游市场秩序,保护旅游者、旅游经营者和旅游从业人员的合法权益,2013 年 5 月 12 日,国家旅游局颁布了《旅游行政处罚办法》(国家旅游局令第 38 号)。该法详尽规定了旅游行政处罚的实施主体与管辖、适用、一般程序、简易程序、执行、结案与归档、监督等方面的内容。

在地方立法方面,各地积极地从法制建设上对旅游业发展加以重视和规范。目前全国 31 个省、自治区、直辖市都制定了旅游方面的条例,一些较大的市和经济特区,比如西安、广州、武汉、杭州、厦门、深圳、汕头等,都制定了旅游方面的法规、规章。一些自治区、自治县也制定了旅游方面的条例,比如《黔南布依族苗族自治州旅游发展条例》、《恩施土家族苗族自治州旅游条例》、《乳源瑶族自治县旅游管理条例》、《五峰土家族自治县旅游条例》等。

我国地方旅游立法比较早的省份是陕西省。陕西省人民政府早在 1988 年 11 月 27 日颁布了《陕西省旅游和来访外宾行李安全管理暂行规定》,于 1989 年 2 月 24 日颁布了《陕西省旅游业管理暂行规定》。在地方旅游立法方面,有注重市场方面立法的,比如《北京市旅游客运汽车运营管理办法》、《福建省旅游市场管理暂行办法》、《安徽省旅游市场管理办法》、《海南省旅游市场管理规定》等;有注重旅游资源方面立法的,比如《厦门市旅游资源保护和开发管理暂行规定》、《浙江省旅游度假区管理办法》、《汕头经济特区旅游资源保护和开发管理规定》等;也有加强地方旅游事故处理方面立法的,比如《广东省旅游事故处理暂行规定》、《广州市特殊旅游项目安全管理规定》。这些地方政府规章和规范性文件的颁布实施,为规范整顿旅游市场、构建健康的旅游环境起到积极的作用。

1.2　旅行社业立法概况

为了加强对旅行社的管理,保护旅游者的合法权益,促进旅游事业发展,1985 年 5 月 11 日,国务院颁布《旅行社管理暂行条例》,该条例按经营业务范围的不同把旅行社分为三类:第一类为经营对外招徕并接待外国人、华侨、港澳同胞、台湾同胞来中国、归国或回内地旅游业务的旅行社;第二类为不对外招徕,只经营接待第一类旅行社或其他涉外部门组织的外国人、华侨、港澳同胞、台湾同胞来中国、归国或回内地旅游业务的旅行社;第三类为经营中国公民国内旅游业务的旅行社。该条例对开办经营第一类、第二类、第三类旅行社的条件和申请开办程序、审批等事项作了规定。为了贯彻《旅行社管理暂行条例》的规定,1988 年 6 月 1 日,国家旅游局颁布了《旅行社管理暂行条例施行办法》。

1996 年 10 月 15 日,国务院颁布了《旅行社管理条例》,该条例就旅行社的设立、经营、监督检查以及罚则等内容作了规定。该条例第三条明确规定:"旅行社,是指有营利目的,从事旅游业务的企业。旅游业务,是指为旅游者代办出境、入境和签证手续,招徕、接待旅游者,为旅游者安排食宿等有偿服务的经营活动。"该条例按照经营业务范围的不同,将旅行社分为国际旅行社和国内旅行社。国际旅行社的经营范围包括入境旅游业务、出境旅游业务和国内旅游业务。国内旅行社的经营范围仅限于国内旅游业务。1996年11月28日,为实施《旅行社管理条例》,国家旅游局制定了《旅行社管理条例实施细则》,该实施细则就旅行社的设立条件、旅行社的申报审批、旅行社的变更事项管理、旅行社分支机构的管理、旅游业务经营规则、旅游者的权益保护、对旅行社的监督检查、罚则等作了详尽规定。其后为了适应我国旅游业对外开放的需要,促进我国旅游业的发展,2001年12月11日国务院决定对《旅行社管理条例》作部分修改。

为了进一步加强对旅行社的管理,保障旅游者和旅行社的合法权益,维护旅游市场秩序,促进旅游业的健康发展。2009年2月20日国务院颁布了《旅行社条例》,该条例就旅行社的设立、外商投资旅行社、旅行社经营、监督检查以及法律责任等项目作了规定。该条例将旅行社定义为"从事招徕、组织、接待旅游者等活动,为旅游者提供相关旅游服务,开展国内旅游业务、入境旅游业务或者出境旅游业务的企业法人",取消了原来国际旅行社与国内旅行社的法律划分。2009年4月3日,根据《旅行社条例》,国家旅游局制定了实施细则,就旅行社的设立与变更、旅行社的分支机构、旅行社经营规范、监督检查、法律责任等事项作了规定。其后,国家旅游局于2009年7月10日下发的《关于实施〈旅行社条例〉和〈旅行社条例实施细则〉有关问题的通知》就《旅行社条例》和《旅行社条例实施细则》相关条款的适用作了说明与解释。2010年11月24日国家旅游局下发的《关于印发〈关于促进旅行社业持续健康发展的意见〉的通知》就进一步促进我国旅行社业持续健康发展,提出若干意见。

除此以外,国家旅游局还制定并发布了《旅行社质量保证金暂行规定》、《旅行社质量保证金赔偿暂行办法》、《旅行社投保旅行社责任保险规定》(已废止)、《旅行社经理资格认证管理规定》、《关于外国旅行社在中国设立旅游常驻机构的审批管理办法》、《旅行社服务质量赔偿标准》、《旅行社公告暂行规定》、《旅行社责任保险管理办法》等规章。

1.3 旅馆业立法概述

在我国,旅馆可分为旅游星级饭店和社会旅馆,前者通过申请评定获得星级称号,后者则是除旅游星级饭店以外的向社会提供有偿住宿的饭店、宾馆、酒店、招待所、度假村、旅店、旅社,即没有被评定为星级饭店的旅客住宿场所。我国颁布了大量针对旅游饭店星级评定方面的规范性文件,比如1988 年 8 月 1 日,国家旅游局颁布《评定旅游(涉外)饭店星级的规定》;2000年 1 月 1 日,国家旅游局颁布《旅游涉外饭店星级的划分与评定》;2006 年 3月 7 日,国家旅游局颁布《星级饭店访查规范》;2010 年发布了新的国家标准《旅游饭店星级的划分与评定》(GB/T 14308—2010)及实施办法。我国制定颁布的专门针对社会旅馆的法规规章并不多,主要出现在地方上,比如成都市人民政府 2006 年 11 月 18 日颁布的《成都市社会旅馆管理办法》。

我国对旅馆业的综合立法,最早是 1987 年 11 月 10 日公安部颁布的《旅馆业治安管理办法》,其后,1997 年 4 月 18 日公安部下发《关于加强旅馆业治安管理工作的通知》。各地方结合本省实际情况,分别制定相应的实施细则。比如 2005 年 12 月 27 日,浙江省人民政府颁布的《浙江省旅馆业治安管理办法实施细则》,对开办旅馆的条件、旅馆的治安管理制度、住宿旅客须遵守的规定、公安部门在旅馆业治安管理的职责等作了规定。浙江省公安厅随后下发的《浙江省公安厅关于贯彻执行〈浙江省旅馆业治安管理办法实施细则〉若干问题的通知》(浙公通字〔2006〕55 号),对旅馆业的开业许可、接待旅客住宿浴室的管理、住宿登记、对旅馆的管理检查等方面作了详细的规定。

为了倡导履行诚信准则,保障客人和旅游饭店的合法权益,维护旅游饭店业经营管理的正常秩序,促进中国旅游饭店业的健康发展,中国旅游饭店业协会依据国家有关法律、法规,2002 年 4 月 5 日颁布了适用于中国旅游饭店业协会各会员饭店的《中国旅游饭店行业规范》,对饭店的预订、登记、收费和保护客人人身和财产安全等方面作了规定。在地方上,也有类似的旅馆业自律性规范,比如陕西省西安市商业贸易委员会、西安饭店与餐饮行业协会制定的《西安市住宿业服务规范》(市商发〔2003〕328 号)。

为了扶植我国饭店管理公司的发展,促进旅游饭店行业的专业化、集团化管理,增强饭店企业的活力,提高经济效益,鼓励饭店管理公司开展国际化经营,并加强对饭店管理公司的管理,根据国务院有关政策,1993 年 7 月29 日,国家旅游局下发《国家旅游局关于下发〈饭店管理公司管理暂行办法〉的通知》(已被国家旅游局关于规章及规范性文件清理结果的公告(国家旅游局公告 2010 年 6 号)宣布失效);为进一步推进旅游饭店行业节能减排,国家旅游局印发了《关于进一步推进旅游行业节能减排工作的指导意见》的通知,加强了对旅游饭店节能减排工作的要求,并颁布制定国家标准《绿色旅游饭店》(LB/T 007—2006),指导旅游饭店全面开展绿色饭店创建工作。为了进一步加强住宿业的卫生管理,规范经营行为,提高卫生管理水平,卫生部、商务部于 2007 年 6 月 25 日制定《住宿业卫生规范》(卫监督发〔2007〕221

号）。2010年3月22日,商务部下发的《商务部关于加快住宿业发展的指导意见》明确提到:"加快法规标准建设,规范住宿业发展建立健全国家标准、行业标准、地方标准、企业标准相互衔接的饭店业标准化体系,加快推进相关法规建设,保障市场有序竞争和健康发展……"2010年11月24日,国家旅游局下发的《关于印发〈关于促进旅游饭店业持续健康发展的意见〉的通知》(旅发〔2010〕88号)提到"要进一步完善标准体系,促进特色发展"的意见,即以实施国家标准《旅游饭店星级的划分与评定》(GB/T 14308—2010)为契机,建立完善实施办法;旅游饭店标准化工作要以星级标准为龙头,加快制定建筑设计、服务质量、节能减排以及经济型饭店、精品饭店、主题饭店、乡村饭店等配套标准,逐步建立完善适应不同类型饭店发展的标准体系,提升规范化水平。

1.4 风景名胜区立法概述

风景名胜区,是指具有观赏、文化或者科学价值,自然景观、人文景观比较集中,环境优美,可供人们游览或者进行科学、文化活动的区域。风景名胜区是珍贵的、不可再生的自然文化遗产。1985年6月7日,国务院颁布的《风景名胜区管理暂行条例》(以下简称《暂行条例》),对风景名胜资源的保护、合理利用和开发,发挥了积极的作用。1987年6月10日,城乡建设环境保护部依据《暂行条例》,制定了《风景名胜区管理暂行条例实施办法》,对风景名胜区的保护、规划、建设、管理作了详尽的规定。但随着我国旅游经济、文化事业的不断发展,《暂行条例》已经不能适应当前风景名胜区管理工作的需要,实践中出现了一些亟待解决的问题。比如,在景区内大兴土木,乱搞开发;将景区变成能源和原材料基地,实施超强度开发;在景区内增设大量现代人文景观,破坏了景观的真实性;景区超环境容量接待游客,造成景区景观和植被严重受损;等等。为解决这些问题,在总结过去20余年风景名胜区管理实践经验的基础上,国务院修订了《暂行条例》,于2006年9月6日颁布了《风景名胜区条例》(以下简称《条例》),该《条例》于2006年12月1日正式施行。《条例》共七章五十二条,分设总则、设立、规划、保护、利用和管理、法律责任、附则七章。

《条例》注重风景名胜区资源永续利用的长远利益,明文规定坚持"科学规划、统一管理、严格保护、永续利用的原则"(《条例》第二条);《条例》对景区主管机构、景区内部经营者、景区内的土地、森林等自然资源和房屋的所有权人、使用权人等当事人之间涉及产权归属、景区收入分配、景区规划迁移等诸多领域的利益纠纷均作了规定。比如,《条例》第十一条第一款明确规定,"申请设立风景名胜区的人民政府应当在报请审批前,与风景名胜区的土地、森林等自然资源和房屋等财产的所有权人、使用权人充分协商";《条例》第三十七条第三款规定,"风景名胜区管理机构应当与经营者签订合同,依法确定各自的权利与义务。经营者应当缴纳风景名胜资源有偿使用费"。

《条例》规定了风景名胜区的主管部门、分工及权责(详见《条例》第四条、第五条);明确规定风景名胜区管理机构不得从事以盈利为目的的活动,其工作人员不得在景区内的企业兼职(详见《条例》第二十九条);规定为景区内的交通、服务等项目确定经营企业,必须采用招标的方式(详见《条例》第二十七条)。对于风景名胜资源的保护,《条例》更是分类详尽地予以规定。比如,第二十六条详细指出了风景名胜区内禁止进行的活动;第二十七条规定禁止违反规划设立各类开发区和在核心景区修建各类建筑物;第二十八条规定进行景区内其他建设活动审批制度以及国家级风景名胜区内索道等重大工程的项目选址方案须经国务院建设主管部门核准;第二十九条具体规定了某些需经景区管理机构审核和批准的活动;第四十四条规定在景物、设施上刻划、涂污或者在风景名胜区内乱扔垃圾的,由风景名胜区管理机构责令恢复原状或者采取补救措施,处 50 元的罚款。

1.5　涉游客权益法律法规列举(不完全)

在我国,游客权益的相关规定散见在不同的法律、法规、司法解释的具体条款中。下面分述如下:

●《中华人民共和国宪法》规定:"中华人民共和国劳动者有休息的权利。""国家发展劳动者修养、休息的设施,规定职工的工作时间和休假制度。"①宪法是国家的根本大法,宪法的这些规定无疑为游客权益的法制化奠定了宪法基础。

●《中华人民共和国旅游法》:

第九条　旅游者有权自主选择旅游产品和服务,有权拒绝旅游经营者

---

①　2007 年 12 月 7 日国务院颁布了《职工带薪年休假条例》,使得更多的职工有了外出旅游的机会。

的强制交易行为。

旅游者有权知悉其购买的旅游产品和服务的真实情况。

旅游者有权要求旅游经营者按照约定提供产品和服务。

第十条　旅游者的人格尊严、民族风俗习惯和宗教信仰应当得到尊重。

第十一条　残疾人、老年人、未成年人等旅游者在旅游活动中依照法律、法规和有关规定享受便利和优惠。

第十二条　旅游者在人身、财产安全遇有危险时,有请求救助和保护的权利。

旅游者人身、财产受到侵害的,有依法获得赔偿的权利。

第八十二条　旅游者在人身、财产安全遇有危险时,有权请求旅游经营者、当地政府和相关机构进行及时救助。

中国出境旅游者在境外陷于困境时,有权请求我国驻当地机构在其职责范围内给予协助和保护。

旅游者接受相关组织或者机构的救助后,应当支付应由个人承担的费用。

●　游客作为消费者,享有《中华人民共和国消费者权益保护法》①规定的下列权利:

①安全保障权:游客在购买、使用商品或接受服务时,享有人身、财产安全不受侵犯的权益。

②知情权:游客在购买、使用商品或接受服务时,享有知悉其所购买、使用的商品的真实情况的权利。

③自主选择权:游客在购买商品或接受服务时,有权自主选择提供商品或者服务的经营者,自主选择商品品种或者服务方式,自主决定购买或者不购买任何一种商品、接受或者不接受任何一项服务。游客在自主选择商品或者服务时,有权进行比较、鉴别和挑选。

④公平交易权:游客在购买商品或者接受服务时,有权获得质量保障、价格合理、计量正确等公平交易条件,有权拒绝经营者的强制交易行为。

⑤求偿权:游客因购买、使用商品或者接受服务受到人身、财产损害的,享有依法获得赔偿的权利。

⑥结社权:游客有依法成立维护自身合法权益的社会团体的权利。

---

①　新修订的《中华人民共和国消费者权益保护法》已于 2013 年 10 月 25 日第十二届全国人民代表大会常务委员会第五次会议通过,将于 2014 年 3 月 15 日施行。本书中提及《中华人民共和国消费者权益保护法》的条款内容均为新修订版本所载。

⑦知识获取权：游客享有获得有关消费和消费者权益保护方面的知识的权利。

⑧受尊重权：游客在购买、使用商品和接受服务时，享有其人格尊严、民族风俗习惯得到尊重的权利，享有个人信息依法得到保护的权利。

⑨监督权：游客享有对商品和服务以及保护游客权益的工作进行监督的权利。

• 依据《旅行社条例实施细则》规定，在签订旅游合同时，旅游者可自主选择参加旅行社安排的购物活动或者需要旅游者另行付费的旅游项目。在旅游行程中，旅游者有权拒绝参加旅行社在旅游合同之外安排的购物活动或者需要旅游者另行付费的旅游项目。

• 依据《旅游投诉处理办法》的规定，当游客认为旅游经营者损害其合法权益，有权请求旅游行政管理部门、旅游质量监督管理机构或者旅游执法机构（统称"旅游投诉处理机构"），对双方发生的民事争议进行处理的权利。

• 依据《旅行社责任保险管理办法》的规定，保险事故发生后，旅行社对旅游者、导游或者领队人员应负的赔偿责任确定的，根据旅行社的请求，保险公司应当直接向受害的旅游者、导游或者领队人员赔偿保险金。旅行社怠于请求的，受害的旅游者有权就其应获赔偿部分直接向保险公司请求赔偿保险金。

• 依据《最高人民法院关于确定民事侵权精神损害赔偿责任若干问题的解释》之规定，若旅游经营者在提供旅游服务过程中因侵权致游客精神损害，造成严重后果的，游客除要求侵权人承担停止侵害、恢复名誉、消除影响、赔礼道歉等民事责任外，还可以请求赔偿相应的精神损害抚慰金。

• 根据《最高人民法院关于审理旅游纠纷案件适用法律若干问题的规定》第九条："旅游经营者、旅游辅助服务者泄露旅游者个人信息或者未经旅游者同意公开其个人信息，旅游者请求其承担相应责任的，人民法院应予支持。"旅游者享有个人信息不被旅游经营者、旅游辅助服务者泄露的权利。

1.6　《中华人民共和国旅游法》（以下简称《旅游法》）全面解读[①]

解读内容共分三部分：第一部分分析《旅游法》相对于《〈旅游法〉（草

---

①　解读部分内容，仅代表作者个人观点。

案)》的更改之处，有助于发现旅游立法过程中的博弈点；第二部分阐明《旅游法》凸现的观念、制度和事项，有助于掌握这部法的条文纲目和新颖之处；第三部分阐明《旅游法》对相关旅游主体的详尽规定，有助于各旅游主体从自身的角度去认识这部法。

● **《旅游法》相对于《〈旅游法〉(草案)》有哪些更改？**

(1)回避了"旅游"这一概念。在《〈旅游法〉(草案)》第 2 条中明确给出了"旅游"的概念，但《旅游法》中未再正式提及"旅游"这一概念。之所以如此，可参见《旅游法》(草案)修改情况的汇报(2012 年 12 月 24 日)所载，"一些常委委员和地方、部门提出，草案规定的旅游定义范围过宽，一些活动如探亲访友、参加会议及从事经济社会活动等不应属于旅游活动，同时，将参加会议等公务活动定义为旅游还容易造成公款旅游的误解，建议修改。法律委员会经研究，建议将草案关于旅游定义的规定与本法适用范围的规定合并修改为：在我国境内的和在我国境内组织到境外的休闲、游览、度假等形式的旅游活动以及为旅游活动提供相关服务的经营活动，适用本法"。作者认为，"旅游"这一概念的界定，其统计学上的意义更大①。关于从事商业活动的人是不是旅游者、停留时间的长短是不是应该作为旅游者认定的标准等这类问题，在实践中难以辨明困境，在定性上也存在着争议。

(2)回避了"公民旅游权利"这一说法。在《〈旅游法〉(草案)》第 3 条中明确提出"公民有依法在境内自由旅游和出境旅游的权利"。但《旅游法》只提及"依法保护旅游者在旅游活动中的权利"。

之所以这样调整，推测其缘由在于，在《宪法》未明确提及公民有旅游权的情形下，《旅游法》也不便越权直接阐明。实践中，公民的旅游权是受到限制的，若在边境地区旅游，需持有《边境通行证》或《出入境通行证》；赴台湾地区旅游，需申请办理《大陆居民往来台湾通行证》；内地居民赴香港、澳门特别行政区旅游，应持有《往来港澳通行证》；出国旅游目的地须为国务院旅游行政部门公布的国家；外国人前往不对外开放的地区旅游，须持有《旅行证》；公民依法不能去自然保护区的核心区、缓冲区旅游。另外，公民的旅游权利，其实是个综合体，到底包括哪些，有待进一步探讨。因此，《旅游法》未明确公民有旅游权利，但却明文规定国家有依法保护旅游者在旅游活动中

---

① 目前，我国只在国家旅游局，国家统计局批准的《旅游统计调查制度》(国统制〔2011〕105 号)中对"游客"等概念专门作了规定。

的权利的义务。

（3）在《旅游法》"第二章　旅游者"中，仅在第 9、10、11、12 条中，规定了旅游者的自主选择权；知悉真情权；履约权；人格尊严权；特定群体（残疾人、老年人、未成年人）享有便利优惠权；救助权；获赔权。但却在第 13、14、15、16 条中规定了旅游者的一系列义务（尊重旅游目的地习俗的义务、不损害他人权益、个人健康信息告知义务、安全义务、出入境义务）。

与《〈旅游法〉（草案）》相比，回避了"旅游者有依法平等享用旅游资源的权利（《〈旅游法〉（草案）》第 9 条之规定）；旅游者有方便和及时获取旅游必要信息的权利（《〈旅游法〉（草案）》第 10 条之规定）；国家机关、企事业单位和社会组织职工有权利用法定节假日、周休日或者带薪年休假进行旅游活动（《〈旅游法〉（草案）》第 11 条之规定）"这些提法。

推测其缘出在于：①平等享用旅游资源这种说法不严谨；②国家已经颁布了《政府信息公开条例》，旅游信息主要由政府公开，不涉及旅游经营者；另外，要求信息公开者应该是与信息相关者方可；③关于假日旅游事宜，主要是靠引导，目前带薪年休假制度还未在我国全面实施，因此不便立法强制规定。

（4）在《旅游法》"第三章　旅游规划与促进"中，有如下的规定与《〈旅游法〉（草案）》不一致：

①《旅游法》第 21 条特别提及了"对自然资源和文物等人文资源进行旅游利用，必须严格遵守相关法律、法规的规定，符合资源、生态保护、文物安全的要求"，推测其缘由在于，近年来，常有媒体报道，固定投资项目建设不顾忌文物安全。

②在《旅游法》第 23 条特别提及"国务院和县级以上地方人民政府应当制定并组织实施有利于旅游业持续健康发展的产业政策，推进旅游休闲体系建设"，显然与 2013 年 2 月 2 日国务院办公厅颁布的《国民旅游休闲纲要（2013—2020）》有关。

（5）在《旅游法》"第四章　旅游经营"中，与《〈旅游法〉（草案）》不一致的地方主要有：

①将旅游服务质量保证金的适用范围扩大，不光用于旅游者权益损害赔偿，还明确为"用于垫付旅游者人身安全遇有危险时紧急救助的费用"（参见《旅游法》第 31 条），而且质量保证金的名称界定为"旅游服务质量保证金"。

②在《旅游法》第 35 条中，将旅行社的公平交易限定为"不合理的"低价，有别于《〈旅游法〉（草案）》中"低于成本"的价格这一说法。而在第 35 条第 3 款明确了"旅行社为其办理退货并先行垫付退货货款"这一责任。

③在《旅游法》第38条中,明确规定"旅行社临时聘用导游提供服务的,应当全额向导游支付导游服务费用"。

④在《旅游法》第43、44条中,详细规定了景区门票管理制度,明确了实行政府定价或者政府指导价的景区门票提高价格时,应当举行听证会;景区的核心游览项目因顾暂停向旅游者开放或者停止提供服务的,应当公示并相应减少收费。

(6)在《旅游法》"第五章 旅游服务合同"中,与《〈旅游法〉(草案)》不一致的地方主要有:

①《旅游法》第58条规定包价旅游合同内容应包括"旅游团成团的最低人数"这一项,并明确规定:"旅游行程单是包价旅游合同的组成部分。"

②《旅游法》第70条第3款明确规定了在旅游者自行安排活动期间的旅行社的责任问题,即"在旅游者自行安排活动期间,旅行社未尽到安全提示、救助义务的,应当对旅游者的人身损害、财产损失承担相应责任"。

(7)在《旅游法》"第七章 旅游监督管理"中,增添了强化旅游行业自律的条文规定(《旅游法》第90条),其依据可参见全国人民代表大会法律委员会关于《中华人民共和国旅游法(草案)》审议结果的报告(2013年4月23日)所载,"有的常委委员提出,规范旅游市场秩序,提高旅游服务质量,应根据促进政府机构职能转变的要求,加强行业协会的作用。法律委员会经研究,建议增加规定'依法成立的旅游行业组织依照法律、行政法规和章程的规定,制定行业经营规范和服务标准,对其会员的经营行为和服务质量进行自律管理,组织开展职业道德教育和业务培训,提高从业人员素质'"。

(8)《旅游法》第八章的名称为"旅游纠纷处理",但《〈旅游法〉(草案)》第八章的名称为"权利救济"。

(9)《旅游法》"第九章 法律责任"与原《〈旅游法〉(草案)》的变化主要表现在:加大对有关责任人员的处罚力度。比如,未经许可经营旅行社业务的,原《〈旅游法〉(草案)》并没有规定对有关责任人员的处罚,但正式颁布的《旅游法》明确了"对有关责任人员,处二千元以上二万元以下的罚款"。

● 《旅游法》凸现了哪些观念、制度和事项?

1.第一章 总则

(1)利用公共资源建设的游览场所应当体现公益性质(第4条)。该条规定反映了公共资源型旅游资源全民属性的特征,与《旅游法》第43条相呼应。

(2)"国务院建立健全旅游综合协调机制,对旅游业发展进行综合协调。县级以上地方人民政府应当加强对旅游工作的组织和领导,明确相关部门或者机构,对本行政区域的旅游业发展和监督管理进行统筹协调。"

该条规定明确了人民政府对旅游工作的原则是以统筹协调为主,同时也对政府旅游工作授权性管理作了规定①。

2.第二章　旅游者

(1)注重专项保障"残疾人、老年人、未成年人"等特殊旅游群体的利益(第 11 条)。

(2)专门规定了旅游者在人身、财产安全遇到危险时,有请求救助和保护的权利(第 12 条)。

(3)更加强调旅游者在旅游活动中的义务(在第 13、14、15、16 条详尽作了规定)。

3.第三章　旅游规划和促进

(1)将编制旅游发展规划、重点旅游资源开发利用的专项规划的职责主体明确界定为县级以上各级人民政府这个层次。

(2)明确规定了各级人民政府对旅游发展规划的执行评估,制定并组织实施有利于旅游业持续健康发展的产业政策,推进旅游休闲体系建设,推动区域旅游合作,扶持特定区域旅游业发展,统筹组织本地旅游形象推广工作的职责。

(3)规定了县级人民政府根据需要建立旅游公共信息和咨询平台、无常向旅游者提供旅游必要信息和咨询服务的义务。

总的来看,第三章内容凸显了政府主导的旅游发展策略。这里所述的"政府主导"不同于计划经济的"指令性",也不是放任不管的"市场性",是在尊重以市场为基础配置资源的前提下,发挥政府在旅游发展过程中的"方向性、平台性、指导性"作用。"方向性"主要体现在政府将旅游业发展纳入国民经济和社会发展规划,组织编制旅游发展规划方面(《旅游法》第 17 条);"平台性"体现在政府加强旅游基础设施建设、旅游公共服务体系建设、旅游形象的推广上(《旅游法》第 24、26、25 条);"指导性"体现在政府制定并组织实施旅游产业政策、推动区域旅游合同、引导旅游项目和产品的开发、旅游扶贫等方面(《旅游法》第 23 条)。

---

①　《旅游法》中赋予了县级以上地方人民政府很多的旅游管理职责,比如组织编制旅游规划、组织实施旅游政策、加强旅游基础设施建设、促进旅游公共服务体系的建设、加强旅游形象的推广等。本条中提及的"明确相关部门或者机构",也就是说政府可将旅游管理工作的某些职能授权给其他部门(包括非旅游主管部门)行使,比如将编制旅游规划的职责授权给发改委等部门。

4.第四章　旅游经营

在旅行社方面,主要有以下几点:

(1)将"旅游服务质量保证金"的适用范围扩大①(第31条)。

质量保证金原来的适用范围主要是旅行社违约及旅行社解散、破产等造成旅游者预交旅游费用损失。《旅游法》将其适用范围扩大为"用于旅游者权益损害赔偿和垫付旅游者人身安全遇有危险时紧急救助的费用"。

(2)对旅游活动中"购物"、"另行付费旅游项目"涉及游客权益的事项予以专门规定(第35条)。

本款规定并非限制旅游活动中购物活动的开展,而是要求旅行社在指定购物场所开展购物活动时,要与旅游者协商一致。如果在旅游团队中,有部分游客同意参与购物,有部分游客不同意,那么不能因为部分游客的购物活动而影响其他游客的行程安排。总的来看,旅行社如果安排具体购物场所或另行付费旅游项目的,必须符合几个要求②:第一,不得以不合理的低价组织旅游活动,不得诱骗旅游者,也不得通过安排这些活动获取回扣等不正当利益。第二,必须与旅游者协商一致或者是应旅游者要求,否则,旅行社、导游或领队均不得指定具体购物场所,不得安排另行付费旅游项目;即使旅游者同意,也不得诈骗旅游者,不得通过安排这些活动获取回扣等不正当利益。第三,旅行社必须充分满足旅游者的知情权,就具体购物场所和另行付费旅游项目的情况,包括具体的名称、地点、时长、购物场所的主要商品或自费项目的主要内容,以及相关价格等情况,向旅游者作出真实、准确、详细的说明。第四,不得影响其他不参加相关活动的旅游者的行程安排,要对这部分旅游者的活动作出合理的安排。第五,不得将旅游者是否同意相关安排作为签约条件,旅游者不同意的,不得拒绝签订合同或者增加团费;旅游者同意的,也不得减少团费。

(3)认同"旅行社临时聘用导游"这一事项(第38条第2款)。

旅游业务存在着淡旺季,若淡季时旅行社聘请的导游过多,会增添旅行

① 国家旅游局关于执行《旅游法》有关规定的通知(旅发〔2013〕280号)规定:"使用旅游服务质量保证金对旅游者权益损害进行赔偿,按《旅行社条例》第十五条、第十六条的规定执行。旅游者人身安全遇有危险时,旅行社无力垫付紧急救助费用的,由旅行社提出申请,经对旅行社作出许可的旅游主管部门同意后,可使用旅游服务质量保证金垫付;旅行社拒不垫付的,由对旅行社作出许可的旅游主管部门决定。"

② 信息来源:国家旅游局召开贯彻实施《旅游法》有关问题咨询会(2013年9月10日)。

社的工资成本支出;反之,旺季时又存在着导游不够用的情形。在《旅游法》颁布之前,未曾有相应的法规对旅行社的临时聘用导游这一事项作出相关的规定。但《旅游法》第74条第2款则确认了旅行社临时聘用导游为旅游者提供服务的这一用工模式,但规定应当全额向导游支付导游服务费用。该条规定间接地确立了旅行社导游用工的分类制,即旅行社需长期聘用的导游和可临时聘用的导游两类。对需长期聘用的导游可采取签订正式的劳动合同的用工管理模式;对可临时聘用的导游,可在经导游隶属的机构同意后,采取劳务雇佣协议的用工模式。

在景区方面,主要有以下几点:

(1)赋予旅游主管部门对景区开放的意见权(第42条)。

(2)对景区门票管理事宜专门作了规定:包括利用公共资源建设的景区门票涨价事宜(第43条)、景区门票管理事宜(第44条)、景区游客承载量事宜(第45条)。

(3)明确了民俗、乡村旅游管理办法由省、自治区、直辖市制定(第46条)。

(4)对高风险旅游项目、网络经营旅行社业务均实行经营许可制度(第47、48条)。

5.第五章　旅游服务合同

(1)对包价旅游合同包括的内容作了明确规定:比如规定应在包价旅游合同中明确约定"旅游团成团的最低人数"(第58条第1款第3项);旅游行程单也为旅游合同组成部分(第59条);包价旅游合同应该载明委托社与代理社、委托社与地接社的基本信息(第60条)以及导游服务费用(第60条第3款)。

(2)明确了订立包价旅游合同时,旅行社的告知义务。

(3)详尽规定了包价旅游合同的解除及终止、合同权利义务的转让以及合同责任等事项。

6.第六章　旅游安全

(1)明确了县级以上人民政府应当建立旅游突发事件①应对机制(第78条)。

---

① 所谓的突发事件,依据《中华人民共和国突发事件应对法》(2007年11月1日实施),是指突然发生,造成或者可能造成严重社会危害,需要采取应急处理措施予以应对的自然灾害、事故灾害、公共卫生事件和社会安全事件,可分为特别重大(红色标示)、重大(橙色标示)、较大(黄色标示)和一般(蓝色标示)四级。

(2)明确规定了旅游经营者的告知与警示以及救助义务(第80、81条)。

7. 第七章　旅游监督管理

第七章提升了旅游主管部门执法的权威,明确赋予其市场监管的职权、职责、义务、执法的程序。

在《旅游法》颁布之前,旅游主管部门执法的依据主要是国务院颁布的《旅行社条例》、《导游人员管理办法》、《中国公民出国旅游管理办法》三部行政法规以及国家旅游局颁布的行政规章。但是上述执法的依据尚未上升到法律的层面,在面对消费者的投诉以及法律适用时,相关的投诉受理机构以及争议解决机构往往更多优先适应《消费者权益保护法》、《反不正当竞争法》等法律。上述行政法规虽然规定了旅游企业违规的情形以及具体的处罚,但并没有规定旅游主管部门执法的权限、执法的程序等事项。比如《旅行社条例》虽然详细规定了旅行社违规的各种情形以及具体的处罚,但并没有在法条中列明旅游主管部门执法的具体职权以及执法中可采取的相关的强制措施。《旅游法》对此却作了详尽的规定,规定县级以上人民政府旅游主管部门有权对经营旅行社业务以及从事导游、领队服务是否取得经营、执业许可;旅行社的经营行为;导游和领队等旅游从业人员的服务行为等事项监督检查,并明确规定可以对涉嫌违法的合同、票据、账簿以及其他资料进行查阅、复制(《旅游法》第85条)。《旅游法》在授予旅游主管部门监督检查职权的同时,也赋予了旅游主管部门在执法中应该具备的责任与程序上的要求。比如,《旅游法》第86条规定了旅游监督检查的程序要求和保密义务。

8. 第九章　法律责任

针对旅行社违法的各种情形,不光对旅行社予以处罚,还会对直接负责的主管人员和其他相关负责的人员予以处罚。

● 《旅游法》对相关旅游主体有哪些详尽规定?

(一)行政主体方面

旅游活动涉及面广,在《旅游法》中明确规定了国务院、国家旅游局、各级人民政府、旅游主管部门及相关部门的职责,列表如下:

序号	行政主体	相关条款	其职责、义务
1	国务院	国务院建立健全旅游综合协调机制,对旅游业发展进行综合协调。(第 7 条第 1 款)	1. 建立健全旅游综合协调机制。
		国务院和县级以上地方人民政府应当将旅游业发展纳入国民经济和社会发展规划。 国务院和省、自治区、直辖市人民政府以及旅游资源丰富的设区的市和县级人民政府,应当按照国民经济和社会发展规划的要求,组织编制旅游发展规划。对跨行政区域且适宜进行整体利用的旅游资源进行利用时,应当由上级人民政府组织编制或者由相关地方人民政府协商编制统一的旅游发展规划。(第 17 条)	2. 将旅游业发展纳入国民经济和社会发展规划;编制旅游发展规划。
		国务院和县级以上地方人民政府应当制定并组织实施有利于旅游业持续健康发展的产业政策,推进旅游休闲体系建设,采取措施推动区域旅游合作,鼓励跨区域旅游线路和产品开发,促进旅游与工业、农业、商业、文化、卫生、体育、科教等领域的融合,扶持少数民族地区、革命老区、边远地区和贫困地区旅游业发展。(第 23 条)	3. 制定并组织实施旅游产业政策。
		国务院和县级以上地方人民政府应当根据实际情况安排资金,加强旅游基础设施建设、旅游公共服务和旅游形象推广。(第 24 条)	4. 加强旅游资金投入。
2	国家旅游局	国家制定并实施旅游形象推广战略。国务院旅游主管部门统筹组织国家旅游形象的境外推广工作,建立旅游形象推广机构和网络,开展旅游国际合作与交流。(第 25 条第 1 款)	1. 统筹组织国家旅游形象的境外推广。
		国务院旅游主管部门和县级以上地方人民政府应当根据需要建立旅游公共信息和咨询平台,无偿向旅游者提供旅游景区、线路、交通、气象、住宿、安全、医疗急救等必要信息和咨询服务。设区的市和县级人民政府有关部门应当根据需要在交通枢纽、商业中心和旅游者集中场所设置旅游咨询中心,在景区和通往主要景区的道路设置旅游指示标识。(第 26 条第 1 款)	2. 建立旅游公共信息和咨询平台。
		国家建立旅游目的地安全风险提示制度。旅游目的地安全风险提示的级别划分和实施程序,由国务院旅游主管部门会同有关部门制定。(第 77 条第 1 款)	3. 制定旅游目的地安全风险相关方面的制度。

序号	行政主体	相关条款	其职责、义务
3	县级以上人民政府	县级以上地方人民政府应当加强对旅游工作的组织和领导，明确相关部门或者机构，对本行政区域的旅游业发展和监督管理进行统筹协调。（第7条第2款）	1.明确相关部门或者机构，对本行政区域的旅游业发展和监督管理进行统筹协调。（"授权条款"）
		国务院和县级以上地方人民政府应当将旅游业发展纳入国民经济和社会发展规划。 国务院和省、自治区、直辖市人民政府以及旅游资源丰富的设区的市和县级人民政府，应当按照国民经济和社会发展规划的要求，组织编制旅游发展规划。对跨行政区域且适宜进行整体利用的旅游资源进行利用时，应当由上级人民政府组织编制或者由相关地方人民政府协商编制统一的旅游发展规划。（第17条）	2.将旅游业发展纳入国民经济和社会发展规划；编制旅游发展规划。
		根据旅游发展规划，县级以上地方人民政府可以编制重点旅游资源开发利用的专项规划，对特定区域内的旅游项目、设施和服务功能配套提出专门要求。（第18条第2款）	3.可以编制重点旅游资源开发利用的专项规划。
		各级人民政府应当组织对本级政府编制的旅游发展规划的执行情况进行评估，向社会公布。（第22条）	4.对旅游发展规划执行情况进行评估，并向社会公布。
		国务院和县级以上地方人民政府应当制定并组织实施有利于旅游业持续健康发展的产业政策，推进旅游休闲体系建设，采取措施推动区域旅游合作，鼓励跨区域旅游线路和产品开发，促进旅游与工业、农业、商业、文化、卫生、体育、科教等领域的融合，扶持少数民族地区、革命老区、边远地区和贫困地区旅游业发展。（第23条）	5.制定并组织实施旅游产业政策。
		国务院和县级以上地方人民政府应当根据实际情况安排资金，加强旅游基础设施建设、旅游公共服务和旅游形象推广。（第24条）	6.加强旅游资金投入。
		县级以上地方人民政府统筹组织本地的旅游形象推广工作。（第25条第2款）	7.统筹组织本地旅游形象推广。
		县级以上人民政府统一负责旅游安全工作。县级以上人民政府有关部门依照法律、法规履行旅游安全监管职责。（第76条）	8.统一负责旅游安全工作。

序号	行政主体	相关条款	其职责、义务
3	县级以上人民政府	国务院旅游主管部门和县级以上地方人民政府应当根据需要建立旅游公共信息和咨询平台,无偿向旅游者提供旅游景区、线路、交通、气象、住宿、安全、医疗急救等必要信息和咨询服务。设区的市和县级人民政府有关部门应当根据需要在交通枢纽、商业中心和旅游者集中场所设置旅游咨询中心,在景区和通往主要景区的道路设置旅游指示标识。 　　旅游资源丰富的设区的市和县级人民政府可以根据本地的实际情况,建立旅游客运专线或者游客中转站,为旅游者在城市及周边旅游提供服务。(第 26 条)	9.①建立旅游公共信息和咨询平台;②提供旅游必要信息和咨询服务;③设置旅游咨询中心、设置旅游指示标识(根据需要);④建立旅游客运专线或者游客中转站(根据实地实际)。
		旅游者数量可能达到最大承载量时,景区应当提前公告并同时向当地人民政府报告,景区和当地人民政府应当及时采取疏导、分流等措施。(第 45 条第 2 款)	10.旅游者数量超景区最大承载量时,应对措施。
		县级以上人民政府及其有关部门应当将旅游安全作为突发事件监测和评估的重要内容。(第 77 条第 2 款)	11.旅游安全监测。
		县级以上人民政府应当依法将旅游应急管理纳入政府应急管理体系,制订应急预案,建立旅游突发事件应对机制。 　　突发事件发生后,当地人民政府及其有关部门和机构应当采取措施开展救援,并协助旅游者返回出发地或者旅游者指定的合理地点。(第 78 条)	12.建立旅游突发事件应对机制以及开展救援义务。
		县级以上人民政府应当组织旅游主管部门、有关主管部门和工商行政管理、产品质量监督、交通等执法部门对相关旅游经营行为实施监督检查。(第 83 条第 2 款)	13.组织相关部门联合执法。
		县级以上地方人民政府建立旅游违法行为查处信息的共享机制,对需要跨部门、跨地区联合查处的违法行为,应当进行督办。(第 89 条第 1 款)	14.建立旅游违法行为查处信息共享机制。
		县级以上人民政府应当指定或者设立统一的旅游投诉受理机构。受理机构接到投诉,应当及时进行处理或者移交有关部门处理,并告知投诉者。(第 91 条)	15.设立旅游投诉受理机构。

序号	行政主体	相关条款	其职责、义务
4	旅游主管部门	设立旅行社,招徕、组织、接待旅游者,为其提供旅游服务,应当具备下列条件,取得旅游主管部门的许可,依法办理工商登记: (一)有固定的经营场所; (二)有必要的营业设施; (三)有符合规定的注册资本; (四)有必要的经营管理人员和导游; (五)法律、行政法规规定的其他条件。(第28条) 旅行社可以经营下列业务: (一)境内旅游; (二)出境旅游; (三)边境旅游; (四)入境旅游; (五)其他旅游业务。 旅行社经营前款第二项和第三项业务,应当取得相应的业务经营许可,具体条件由国务院规定。(第29条)	1.旅行社业务经营许可。
		景区开放应当具备下列条件,并听取旅游主管部门的意见: (一)有必要的旅游配套服务和辅助设施; (二)有必要的安全设施及制度,经过安全风险评估,满足安全条件; (三)有必要的环境保护设施和生态保护措施; (四)法律、行政法规规定的其他条件。(第42条)	2.景区开放意见权。
		通过网络经营旅行社业务的,应当依法取得旅行社业务经营许可,并在其网站主页的显著位置标明其业务经营许可证信息。(第48条第1款)	3.旅行社业务经营许可(网络方面)。
		旅游经营者组织、接待出入境旅游,发现旅游者从事违法活动或者有违反本法第十六条规定情形的,应当及时向公安机关、旅游主管部门或者我国驻外机构报告。(第55条)	4.出入境旅游接受报告义务。
		县级以上人民政府旅游主管部门和有关部门依照本法和有关法律、法规的规定,在各自职责范围内对旅游市场实施监督管理。(第83条第1款)	5.对旅游市场进行监督管理。

续表

序号	行政主体	相关条款	其职责、义务
4	旅游主管部门	旅游主管部门履行监督管理职责,不得违反法律、行政法规的规定向监督管理对象收取费用。 　　旅游主管部门及其工作人员不得参与任何形式的旅游经营活动。(第84条)	6.相关不作为义务。
		县级以上人民政府旅游主管部门有权对下列事项实施监督检查: 　　(一)经营旅行社业务以及从事导游、领队服务是否取得经营、执业许可; 　　(二)旅行社的经营行为; 　　(三)导游和领队等旅游从业人员的服务行为; 　　(四)法律、法规规定的其他事项。 　　旅游主管部门依照前款规定实施监督检查,可以对涉嫌违法的合同、票据、账簿以及其他资料进行查阅、复制。(第85条)	7.旅游主管部门监督检查具体职权。
		旅游主管部门和有关部门依法实施监督检查,其监督检查人员不得少于二人,并应当出示合法证件。监督检查人员少于二人或者未出示合法证件的,被检查单位和个人有权拒绝。 　　监督检查人员对在监督检查中知悉的被检查单位的商业秘密和个人信息应当依法保密。(第86条)	8.旅游监督检查程序要求和保密义务。
		县级以上人民政府旅游主管部门和有关部门,在履行监督检查职责中或者在处理举报、投诉时,发现违反本法规定行为的,应当依法及时作出处理;对不属于本部门职责范围的事项,应当及时书面通知并移交有关部门查处。(第88条)	9.相应的处理和移转义务。
		旅游主管部门和有关部门应当按照各自职责,及时向社会公布监督检查的情况。(第89条第2款)	10.监督检查公示义务。
		对旅行社、直接负责的主管人员和其他直接责任人员、导游、领队、旅游经营者予以行政处罚。(第九章　法律责任)	11.行政处罚职责。

序号	行政主体	相关条款	其职责、义务
5	其他事项	城镇和乡村居民利用自有住宅或者其他条件依法从事旅游经营,其管理办法由省、自治区、直辖市制定。(第46条) 经营高空、高速、水上、潜水、探险等高风险旅游项目,应当按照国家有关规定取得经营许可。(第47条)	规定不是很明确。

（二）旅行社方面

《旅游法》对旅行社经营管理、旅游服务合同方面作了相关规定,具体如下。

1. 加大了对出游特殊群体的保障力度

具体条款:

残疾人、老年人、未成年人等旅游者在旅游活动中依照法律、法规和有关规定享受便利和优惠(第11条)。

旅游经营者组织、接待老年人、未成年人、残疾人等旅游者,应当采取相应的安全保障措施(第79条第3款)。

2. 明确了旅游者出游个人健康信息告知义务

具体条款:

旅游者购买、接受旅游服务时,应当向旅游经营者如实告知与旅游活动相关的个人健康信息,遵守旅游活动中的安全警示规定(第15条第1款)。

3. 将质量保证金的适用范围扩大

具体条款:

旅行社应当按照规定交纳旅游服务质量保证金,用于旅游者权益损害赔偿和垫付旅游者人身安全遇有危险时紧急救助的费用(第31条)。

4. 要求旅行社谨慎选择供应商

具体条款:

旅行社组织旅游活动应当向合格的供应商订购产品和服务(第34条)。

5. 对旅游活动中涉及的"购物"和"另行付费项目"作了专门规定

具体条款:

旅行社不得以不合理的低价组织旅游活动,诱骗旅游者,并通过安排购物或者另行付费旅游项目获取回扣等不正当利益。

旅行社组织、接待旅游者,不得指定具体购物场所,不得安排另行付费旅游项目。但是,经双方协商一致或者旅游者要求,且不影响其他旅游者行程安排的除外。

发生违反前两款规定情形的,旅游者有权在旅游行程结束后三十日内,要求旅行社为其办理退货并先行垫付退货货款,或者退还另行付费旅游项目的费用(第 35 条)。

6.明确了旅行社必须派遣导游的情形

具体条款:

旅行社组织团队出境旅游或者组织、接待团队入境旅游,应当按照规定安排领队或者导游全程陪同(第 36 条)。

7.对临时聘请导游提供服务作了规定

具体条款:

旅行社临时聘用导游为旅游者提供服务的,应当全额向导游支付本法第六十条第三款规定的导游服务费用(第 38 条第 2 款)。

8.明确提出要求导游向旅游者告知和解释旅游文明行为规范

具体条款:

导游和领队从事业务活动,应当佩戴导游证、领队证,遵守职业道德,尊重旅游者的风俗习惯和宗教信仰,应当向旅游者告知和解释旅游文明行为规范,引导旅游者健康、文明旅游,劝阻旅游者违反社会公德的行为(第 41 条第 1 款)。

9.网络经营旅行社业务需提出行政许可申请

具体条款:

通过网络经营旅行社业务的,应当依法取得旅行社业务经营许可,并在其网站主页的显著位置标明其业务经营许可证信息。

发布旅游经营信息的网站,应当保证其信息真实、准确(第 48 条)。

10.对"包价旅游合同"的内容作了新的规定

(1)要求约定"旅游团成团的最低人数"(第 58 条)。

(2)明确认定"旅游行程单"是包价旅游合同的组成部分(第 59 条)。

(3)包价旅游合同必须载明"委托社、代理社、地接社"的相关信息以及导游服务费用(第 60 条)。

11.加大了旅行社的告知、说明、警示义务

(1)在订立包价旅游合同时,相关合同条款的说明义务(第 58 条)。

(2)意外险投保提示义务(第 61 条)。

(3)特定事项的告知义务(第 62 条)。

(4)旅游活动中,可能危及旅游者人身、财产安全的相关情形的告知义

务(第 80 条)。

12. 对旅游合同的解除及相应后果、合同当事人权利义务的转让、合同责任的承担等下列情形作了详尽的规定

(1)未达到约定组团人数的处理。

情形	组团社可采取的措施	相应的要求(条件)	后果
未达到约定组团人数	组团社可以解除合同。	境内旅游应当至少提前 7 天通知旅游者;出境旅游应当至少提前 30 日通知旅游者。	组团社应当向旅游者退还已收取的全部费用。
	组团社经征得旅游者书面同意,转托其他旅行社履行(旅游者不同意的,可以解除合同)。	旅行社应当与受委托的旅行社、地接社订立书面委托合同;向地接社提供与旅游者订立包价旅游合同的副本,向地接社支付不低于接待和服务成本的费用。	组团社对旅游者承担责任,受委托的旅行社对组团社承担责任。

具体法律条款,见第 63、69 条。

(2)旅游者换人(权利义务一并让与)。

情形	相应的要求(条件)	后果
旅游者将包价旅游合同中的自身权利义务转让给第三人	旅游行程开始前;旅行社没有正当理由的不得拒绝。	增加的费用由旅游者和第三人承担。

具体法律条款,见第 64 条。

(3)旅游者单方解除合同、单方变更合同情形。

情形	相应要求(条件)	后果
旅游者单方解除合同	旅游者行程结束前。	组团社应当在扣除必要的费用后,将余款退还旅游者。旅行社应当协助旅游者返回出发地或者旅游者指定的合理地点(由旅行社或者履行辅助人的原因导致合同解除的,返程费用由旅行社承担)。
旅游者单方变更合同	旅行社根据旅游者的具体要求安排旅游行程,与旅游者订立包价旅游合同的,旅游者请求变更旅游行程安排。	增加的费用由旅游者承担,减少的费用退还旅游者。

具体法律条款,见第 65、68、73 条。

(4)旅行社单方解除合同情形。

情形	相应要求(条件)	后果
旅行社单方解除合同	旅游者有下列情形之一的,旅行社可以解除合同: (一)患有传染病等疾病,可能危害其他旅游者健康和安全的; (二)携带危害公共安全的物品且不同意交有关部门处理的; (三)从事违法或者违反社会公德的活动的; (四)从事严重影响其他旅游者权益的活动,且不听劝阻、不能制止的; (五)法律规定的其他情形。	组团社应当在扣除必要的费用后,将余款退还旅游者;给旅行社造成损失的,旅游者应当依法承担赔偿责任。

具体法律条款,见第 66 条。

(5)不可抗力或者旅行社、履行辅助人已尽合理注意义务仍不能避免的事件。

情形	状况		处理	后果
不可抗力或者旅行社、履行辅助人已尽合理注意义务仍不能避免的事件	法律状况	合同不能继续履行的。	旅行社和游客均可解除合同。	合同解除的,组团社应当在扣除已向地接社或者履行辅助人支付且不可退还的费用后,将余款退还旅游者。
		合同不能完全履行。	旅行社经向旅游者作出说明,可以在合理范围内变更合同(旅游者不同意变更的,可以解除合同)。	增加的费用由旅游者承担,减少的费用退还旅游者。
	事实状况	危及旅游者人身、财产安全。	旅行社应当采取相应的安全措施。	支出的费用,由旅行社与旅游者分担。
		造成旅游者滞留的。	旅行社应当采取相应的安置措施。	增加的食宿费用,由旅游者承担;增加的返程费用,由旅行社与旅游者分担。

具体法律条款,见第 67 条。

(6)旅行社或游客导致违约情形的处理。

情形	违约主体	违约责任及后果	特别规定
不履行包价旅游合同义务或者履行合同义务不符合约定时	旅行社造成。	旅行社应当依法承担继续履行、采取补救措施或者赔偿损失等违约责任； 造成旅游者人身损害、财产损失的，应当依法承担赔偿责任。	旅行社具备履行条件，经旅游者要求仍拒绝履行合同，造成旅游者人身损害、滞留等严重后果的，旅游者还可以要求旅行社支付旅游费用一倍以上三倍以下的赔偿金。
	由旅游者自身原因导致合同违约，或者造成旅游者人身损害、财产损失的。	旅行社不承担责任。	在旅游者自行安排活动期间，旅行社未尽到安全提示、救助义务的，应当对旅游者的人身损害、财产损失承担相应责任。

参见法律条款，见第70条。

(7)第三人(地接社、履行辅助人)导致违约或侵权情形的处理。

情形	类别	违约责任及后果	特别规定
地接社、履行辅助人导致违约或侵权情形	违约情形(即由于地接社、履行辅助人的原因导致违约的)。	由组团社承担责任；组团社承担责任后可以向地接社、履行辅助人追偿。	
	侵权情形(即由于地接社、履行辅助人的原因造成旅游者人身损害、财产损失的)。	旅游者可以要求地接社、履行辅助人承担赔偿责任，也可以要求组团社承担赔偿责任；组团社承担责任后可以向地接社、履行辅助人追偿。	但是，由于公共交通经营者的原因造成旅游者人身损害、财产损失的，由公共交通经营者依法承担赔偿责任，旅行社应当协助旅游者向公共交通经营者索赔。

具体法律条款，见第71条。

13.对旅行社非组团服务作了相关的规定

(1)规定代办服务(代订交通、住宿、餐饮、游览、娱乐等)，应该亲自处理(即不得再另行委托)。

(2)提供旅游行程设计、旅游信息咨询服务，要求设计合理、可行；信息要及时、准确。

14.加大对旅行社直接负责的主管人员和其他直接责任人员的处罚力度

具体法律条款可见"第九章　法律责任"。

（三）景区方面

1.明确规定了景区开放的条件（第 42 条）

2.对利用公共资源建设的景区的门票以及景区内的相关项目的收费事宜作了明确的规定（第 43 条）

3.对景区门票的公示、出售以及核心游览项目的暂停收费事宜作了规定（第 44 条）

4.规定了景区游客达到最大承载量时的管理事项（第 45 条）

1.7　《中华人民共和国旅游法》影响分析

● 对旅游行政管理的若干影响与适应措施

《旅游法》对旅游行政管理工作提出了一系列制度（机制）要求，比如建立健全政府旅游综合协调机制（《旅游法》第 7 条）；建立旅游目的地安全风险提示制度（《旅游法》第 77 条）；建立旅游突发事件应对机制（《旅游法》第 78 条）；建立旅游违法行为查处信息的共享机制（《旅游法》第 89 条）等；同时也对旅游行政行为作出了具体规定，包括行政许可行为（《旅游法》第 28、48 条）、行政强制（检查）行为（《旅游法》第 85 条）、行政执法程序（《旅游法》第 86 条）、行政处罚（《旅游法》第九章　法律责任）等。上述这些制度（机制）要求以及涉及旅游行政行为的相关规定无疑对加强和完善旅游行政管理体制的建设具有积极的意义。

（一）《旅游法》对旅游行政管理的若干影响

1.《旅游法》对国务院、国务院旅游主管部门、县级以上地方人民政府、旅游主管部门在旅游管理中职责予以明确的界定

国务院对旅游事业的领导主要体现在：建立健全旅游协调机制（《旅游法》第 7 条第 1 款）；将旅游业发展纳入国民经济和社会发展规划，并组织编制旅游发展规划（《旅游法》第 17 条）；制定并组织实施旅游产业政策、推进旅游休闲体系建设、推动区域旅游合作、旅游扶贫等（《旅游法》第 23 条）；安排资金加强旅游基础设施、旅游公共服务、旅游形象推广（《旅游法》第 24 条）等方面。

国务院旅游主管部门除了理应具备《旅游法》关于旅游主管部门的一般权责的相关规定外，作为国务院的直属机构，还具有统筹组织国家旅游形象

的境外推广,建立旅游形象推广机构和网络,开展旅游国际合作与交流(《旅游法》第25条第1款);根据需要建立旅游公共信息和咨询平台(《旅游法》第26条第1款);会同有关部门制定旅游目的地安全风险提示的级别划分和实施程序(《旅游法》第77条第1款)等方面的职责。

县级以上地方人民政府在本管辖区域内除具备《旅游法》规定的与国务院及国务院旅游主管部门某些相同的职责外,还有如下涉及旅游管理的职责:可以编制重点旅游资源开发利用的专项规划(《旅游法》第18条第2款);对旅游发展规划的执行情况进行评估,并向社会公布(《旅游法》第22条);统筹组织本地旅游形象的推广(《旅游法》第25条第2款);统一负责旅游安全工作(《旅游法》第76条);可以建立旅游客运专线或者游客中转站(《旅游法》第26条);对于超承载量的旅游者采取疏导、分流等措施(《旅游法》第45条第2款);将旅游安全作为突发事件监测和评估的重要内容(《旅游法》第77条第2款);建立旅游突发事件应对机制以及开展救援义务(《旅游法》第78条);组织相关部门联合执法(《旅游法》第83条第2款);建立旅游违法行为查处信息共享机制(《旅游法》第89条第1款);指定或者设立统一的旅游投诉受理机构(《旅游法》第91条)等。《旅游法》第7条第2款同时也对县级以上地方人民政府旅游管理工作作了授权性规定。依据该规定,县级以上地方人民政府可明确相关部门或者机构,对本行政区域的旅游业发展和监督管理进行统筹协调。

旅游主管部门依法负责行政审批、市场监管、行政执法等方面的工作,其职责主要体现在:旅行社业务经营许可方面(《旅游法》第28条、29条、48条第1款);景区开发发表意见(《旅游法》第42条);旅游市场实施监督检查(《旅游法》第83条第1款、84条、85条、86条、88条、89条等);对旅行社、直接负责的主管人员和其他直接责任人员、导游、领队、旅游经营者予以行政处罚(详见《旅游法》第九章)等方面。

2.凸现政府主导的旅游发展策略,明确政府在旅游规划、旅游基础设施、旅游公共服务、旅游形象推广、旅游项目和产品的开发、旅游扶贫等方面的促进作用

何为政府主导的旅游发展策略,前文已有论述,这里不再累述。

之所以要实施政府主导的旅游发展策略,缘于如下几个方面的原因:一是旅游业本身的特征。旅游业关联性强,是综合性的产业,旅游活动的开展以及旅游业的发展需要相关产业提供支持,因涉及多个部门,只有依靠政府的统筹协调,才能有效地整合各种资源。二是旅游市场信息的不对称性。旅游目的地对游客相对比较陌生,只有通过政府旅游公共信息的建立,才便

于旅游者获得旅游信息,促进旅游市场的完善。三是旅游产品的公共性和外部性的特征。绝大多数的旅游产品都具有公共性的特征,企业虽在产品上有投入,但产权不一定得到认可,导致企业投资开发缺乏积极性;另外,得当的旅游开发,其带来的外部经济性受益者不光是旅游企业本身,可能会促使当地旅游设施、旅游环境的改善,但是不得当的旅游开发,带来的外部不经济性不光是旅游企业本身受损,可能会导致整个企业周边环境,乃至整个景区的破坏,鉴于此,政府应该在旅游项目的开发上加强指导与监督。

3.赋予了旅游行政主体更多涉旅参与权限

《旅游法》赋予旅游行政主体更多的涉旅参与权限表现为:一是规定了景区(这里的景区不同于旅游景区、风景名胜区的概念)开放应听取旅游主管部门的意见(《旅游法》第 42 条)。这里所述的景区的开放,并不完全等于景区的设立。在实践中,所谓的景区的开放,是指景区已经依法设立,且面向游客开放,物价局已颁发了《收费许可证》,许可旅游景区可对外营业收取门票。二是规定网络经营旅行社业务的,应当取得旅行社业务经营许可(《旅游法》第 48 条第 1 款)。旅行社业务经营许可是由旅游行政主管部门颁发,该条规定增设了旅游行政主管部门行政许可审批的范围。三是规定了出入境旅游接受报告义务(《旅游法》第 16、55 条)。对于旅游团队出入境,旅游主管部门实行《旅游团队名单表》审核制度。当旅游者在境外滞留不归或者入境旅游者非法滞留在我国境内,旅行社应当及时向旅游行政管理部门报告,并协助提供非法滞留者的信息。旅行社未履行报告义务的,由旅游主管部门处五千元以上五万元以下罚款,情节严重的,责令停业整顿或者吊销旅行社业务经营许可证;对直接负责的主管人员和其他直接责任人员,处二千元以上二万元以下罚款,并暂扣或者吊销导游证、领队证(《旅游法》第 99 条、《旅行社条例》第 40 条均作了相关规定)。四是规定了旅游主管部门的旅游救助义务。《旅游法》赋予了旅游者请求救助权(《旅游法》第 12、82 条),相应地,《旅游法》也规定旅游经营者、当地政府、旅游主管机构开展救援,提供救助的义务(《旅游法》第 78 条)。

4.提升了旅游主管部门执法的权威,明确规定其市场监管的职责、义务以及执法的程序要求

前文已有论述,这里不再累述。

(二)适应《旅游法》应采取的若干措施

1.重新审核旅游主管部门的职责

旅游主管部门的权责一部分来源于法律、行政法规明确的规定,比如旅行社业务经营许可行政审批、旅游市场监督检查、对旅行社违法行为予以行

政处罚等,除了上述权责的规定外,《旅游法》还规定旅游主管部门听取景区旅游主管部门的意见(《旅游法》第 42 条)、审批网络经营旅行社业务许可(《旅游法》第 48 条第 1 款)的职责等。这部分的职责缘于法律的直接规定,旅游主管部门不能放弃,也不能转由其他部门来履行,只能由旅游行政主管部门来行使。旅游主管部门的权责另一部分来源于当地政府的授权,《旅游法》规定了政府在旅游事业管理上的很多职责(各类具体职责详见上文)。同时,《旅游法》也规定政府可明确相关部门或者机构,对本行政区域的旅游业发展和监督管理进行统筹协调(《旅游法》第 7 条第 2 款);但这里提及的"相关部门或机构"并非专指旅游主管部门。因此,政府部门将某些旅游管理权责授权给其他政府部门未尝不可,比如政府可将编制旅游规划的权责授权给发改委。旅游行政主管部门作为人民政府的组成机构,若政府明确将某些旅游管理权责授权给旅游主管部门,旅游行政主管部门则理应按照授权范围依法履行责任,认真完成政府分配的工作与任务。

2. 对现有的旅游规划进行完善

《国务院关于加强国民经济和社会发展规划编制工作的若干意见》(国发〔2005〕33 号)规定了三级三类规划管理体系:国家级规划、省(区、市)级规划、市县级规划和总体规划、专项规划、区域规划。其中,专项规划是以国民经济和社会发展特定领域为对象编制的规划,是总体规划在特定领域的细化。《旅游法》中关于旅游发展规划的相关规定类似于国民经济和社会发展规划体系中的专项规划,有别于《旅游发展规划管理办法》(国家旅游局 2000年 11 月 8 日颁布)、《中华人民共和国国家标准——旅游规划通则》(2003 年2 月 24 日国家质量监督检验检疫总局颁布)之规定。其区别表现有二:一是组织编制的主体有别。《旅游发展规划管理办法》规定由旅游局来负责编制本行政区域内的旅游发展规划,报同级人民政府批复实施。《旅游法》则将组织编制旅游发展规划的主体限定在县级以上人民政府(《旅游法》第 17条)。二是旅游发展规划的内容有别。《旅游法》对旅游发展规划应包括的内容作了详尽的规定(《旅游法》第 18 条),里面提及的"旅游形象推广、旅游基础设施和公共设施建设的要求和促进措施等内容",都是人民政府旅游管理的职责范围,有别于《旅游规划通则》中"6.4 旅游发展规划的主要内容"以及《旅游发展规划管理办法》中第 18 条提及的旅游发展规划的主要内容。

我国现行的旅游规划可分为旅游发展规划和旅游区规划(旅游区规划又分为旅游总体规划、控制性规划、修建性详细规划等,也可以将旅游规划分为旅游发展规划和旅游开发建设规划,旅游开发建设规划可分为旅游区(点)规划、旅游线路规划、旅游项目规划及旅游专项规划等)。以某个县为例,县政府可能会委托旅游局负责全县旅游发展规划;县内跨行政区域可编制旅游总体规划;乡(镇)政府、开发区、度假旅游区、产业园区管委会,也可编制旅游总体规划;旅游景(点)、游(娱)项目规划,则由项目业主(投资商、经营者)负责编制。因其旅游规划的编制主体、内容以及与其他自然资源和文物等人文资源的保护和利用规划的衔接方面,与《旅游法》的规定不吻合,因此有必要对现行的旅游规划进行完善。

3.进一步实施政府主导的旅游发展策略,在注重行业指导的同时,加强行业自律

旅游业关联性的特性、旅游市场信息不健全导致的信息不对称性以及旅游开发具有的经济外部性特性决定了政府主导的旅游发展策略存在的必要。只要上述各项特性持续存在,政府主导的旅游发展策略就需持续存在。《旅游法》在第七章中虽规定了旅游主管部门实施市场监管的职责,但旅游市场的监管主要是事后的检查和处罚,当行政监管不及时时,积累下来的问题照样出现。为了事先预防,以期更好地实现行政目标,政府可采取建议、鼓励、奖励、告诫、警告等行政指导方式,引导行政相对人采取合适的行为配合旅游行政管理工作,预防不利后果的产生。《旅游法》第 8 条规定依法成立的旅游行业组织,实行自律管理。《旅游法》第 90 条规定了依法成立的旅游行业组织可制定行业经营规范和服务标准,对会员进行自律管理。目前,我国旅游行业有旅行社协会、饭店协会等协会组织,《旅游法》上述关于行业自律的相关规定,有助于政府放权给行业协会,提升政府行政管理效率,也有助于提高行业加强内部管理的积极性和培养自我监督意识。

4.完善旅游执法体系,加强执法人员的培训

完善旅游执法体系包括如下几个方面:一是对旅游执法机构予以变革。国家旅游局曾于 1995 年 7 月 1 日颁布了《全国旅游质量监督管理所的机构组织与管理暂行办法》,旅游质量监督管理所依照该办法得以设立,并承担负责全面受理旅游投诉、负责旅行社质量保证金的赔偿案件的办法以及协助旅游行业管理部门开展旅游市场检查工作等。但在《旅游法》中未提及旅游质量监督管理所这一执法机构,只明确了旅游主管部门对旅游市场实施监督管理的职能,并将对旅行社违法行为予以行政处罚的主体限定为旅游主管部门(详见《旅游法》第七、九章)。2013 年 5 月 12 日颁布的《旅游行政处罚办法》第九条明确规定了旅游主管部门委托符合条件的旅游质监执法机构实施行政处罚,并对该行为的后果承担法律责任。可见,旅游质监执法机构并无独立的执法主体资格。即使是 2010 年 7 月 1 日颁布的《旅游投诉处理办法》提及的旅游投诉的受理机关,也并非单一的旅游质量监督管理

所,可以是旅游行政管理部门或者旅游执法机构。在旅游主管部门内设机构编制方面,旅游质量监督管理所往往只作为事业编制,而未列入旅游主管部门内设机构。综上所述,随着《旅游法》对旅游主管部门执法权限的增强,旅游执法机构变革面临着在旅游主管部门内部增设旅游执法机构的可能,而旅游质量监督管理所的旅游执法职能将可能进一步弱化。二是建立旅游联合执法常态机制。旅游业是综合性的产业,旅游市场的整治和规范依靠旅游、民宗、物价、公安、文化、交通、劳动、卫生、城管、质监、工商、安检等诸多部门。对此,《旅游法》第83条第2款明确规定县级以上人民政府应当组织旅游主管部门、有关主管部门和工商行政管理、产品质量监督、交通等执法部门对相关旅游经营行为实施监督检查。为了使这种检查制度得以持续,加强执法机构的联系,增强执法效果,有必要建立联合执法常态机制。三是进一步完善执法体系的立法。《旅游法》虽规定了旅游主管部门执法的权限、职责、程序及义务,但对于执法的自由裁量权应该如何行使、执法的详尽程序等有待进一步规范或出台实施细则。

旅游执法依靠执法人员,因此有必要加强对旅游执法人员的培训,培训内容包括旅游违法的各种情形的认定、各类处罚种类的适用范围、执法取证的方式、执法的程序以及保密义务的遵守等诸多方面。

5. 进一步完善旅游法律体系的建设

一是修订或废止一些与《旅游法》条文不一致的规定。比如,《旅游法》第31条规定:"旅行社应当按照规定交纳旅游服务质量保证金,用于旅游者权益损害赔偿和垫付旅游者人身安全遇有危险时紧急救助的费用。"该条规定就与我国现行的质量保证金的相关规定不一致。依照我国《旅行社条例》第15条之规定,现行的质量保证金主要适用于"旅行社违反旅游合同约定,侵害旅游者合法权益,经旅游行政管理部门查证属实的"或者"旅行社因解散、破产或者其他原因造成旅游者预交旅游费用损失的"两类情形,并没有包括垫付旅游者人身安全遇到危险时紧急救助的费用这一情形。二是对《旅游法》中法条不清楚或存在歧义的地方予以解释说明。比如:《旅游法》第47条规定"经营高空、高速、水上、潜水、探险等高风险旅游项目,应当按照国家有关规定取得经营许可",但这些经营许可到底由谁来颁发,是不是所有的高风险旅游项目都已经确定了颁发的主体,有待进一步明确;《旅游法》第48条规定"通过网络经营旅行社业务的,应当依法取得旅行社业务经营许可",但何为"通过网络经营旅行社业务"有待进一步明确;《旅游法》第42条规定"景区开放应当具备下列条件,并听取旅游主管部门的意见",但旅游主管部门的意见的分量有多大,该以何种方式来体现旅游主管部门的意见,是

旅行消费法律常识

不是任何属性的景区都要听取旅游主管部门的意见,有待进一步明确。

●《旅游法》对旅行社业的影响及行业的适应措施

　　《旅游法》中涉及旅行社业的法律条款主要集中在"第四章　旅游经营"、"第五章　旅游服务合同"和"第九章　法律责任"。"第四章　旅游经营"主要对旅行社的经营许可、经营范围、质量保证金、旅行社安排旅游者购物等事宜、导游和领队的资质取得、导游人员人事管理及从业规范等作了相应的规定。"第五章　旅游服务合同"对包价旅游合同的订立、履行以及合同的解除、责任的承担等作了相应的规定。"第九章　法律责任"则具体规定了旅行社及从业人员的行政违法行为及其相应的处罚。上述各章内容均不乏对旅行社业新的规定,这些规定对指导旅行社业的健康发展具有重要意义。

　　(一)《旅游法》对旅行社业的全面影响

　　1.加大了旅行社及其主管人员的义务与责任,促使旅行社合法经营

　　在义务方面:旅游活动的开展过程中,旅游者享有的权利主要由旅行社提供的义务来保障。《旅游法》第 12 条赋予了旅游者在人身、财产安全遇有危险时,有请求救助和保护的权利。相应地,《旅游法》第 81 条规定了"突发事件或者旅游安全事故发生后,旅游经营者应当立即采取必要的救助和处置措施,依法履行报告义务,并对旅游者作出妥善安排"的义务。《旅游法》第 9 条赋予了旅游者自主选择权、知悉真情权等权利。相应地,《旅游法》第 58 条规定了旅行社向旅游者详细说明包价旅游合同相关事项的义务;《旅游法》第 62 条规定了在包价旅游合同的订立时以及履行中,特定事项的告知义务;《旅游法》第 80 条规定了旅游活动开展过程中,相关事项的说明或警示义务。

　　在责任方面:为更好地保障旅游者的权益,《旅游法》第 35 条规定旅行社违法安排购物或者另行付费旅游项目将承担为游客办理退货并先行垫付退货货款,或者退还另行付费旅游项目的费用的责任。《旅游法》第 70 条则规定旅行社不履行包价旅游合同义务或者履行合同义务不符合约定的,旅行社应承担的相应违约或侵权赔偿责任,并明文规定"旅行社具备履行条件,经旅游者要求仍拒绝履行合同,造成旅游者人身损害、滞留等严重后果的,旅游者还可以要求旅行社支付旅游费用一倍以上三倍以下的赔偿金"。

　　上述对旅行社法定义务或责任的相关规定,是对平等主体民事责任承担方面的列举。至于旅行社违法行政处罚方面,《旅游法》在"第九章　法律责任"新增了对其直接负责的主管人员和其他直接责任人员的处罚。总的

来看,上述规定明晰了旅行社在为旅游者提供服务方面的义务与责任,加大了旅行社违约违法方面的成本,能有效地促使旅行社合法经营。

2.对旅行社规范化经营提出了新要求,促使其提供高质量的旅游产品

旅行社发布信息的真实与否、旅游合同相关事项的完善与否、地接社接待业务履行的全面与否、各类风险的处理得当与否,均影响到旅行社提供的旅游服务产品质量的高低。《旅游法》通过在旅行社业务的招徕、旅游业务的代理及委托、包价旅游合同的订立及履行、合同的解除或变更、合同的违约情形、合同责任承担及后果处理等方面的具体规定,对旅行社规范化经营提出了要求,促使旅行社提供高质量的旅游产品。

在业务的招徕方面:《旅游法》第 32 条规定旅行社招徕、组织旅游者发布信息,必须真实、准确,不得进行虚假宣传,误导旅游者。

在旅游业务的代理以及委托方面:《旅游法》第 34 条规定旅行社组织旅游活动应当向合格的供应商订购产品和服务。《旅游法》第 60 条规定旅行社委托其他旅行社代理销售,或者将接待业务委托给地接社履行的,应当在包价旅游合同中载明委托社、代理社、地接社的相关信息。《旅游法》第 69 条第2 款规定旅行社将包价旅游合同中的接待业务委托给其他具有相应资质的地接社的,应当与地接社订立书面的委托合同,并向地接社支付不低于接待和服务成本的费用。《旅游法》第 71 条规定由于地接社、履行辅助人的原因导致违约的,由组团社承担责任。组团社承担责任后可以向地接社、履行辅助人追偿。

在包价旅游合同的订立方面:《旅游法》第 58 条规定包价旅游合同应当采用书面形式,且旅游合同必须包括各项内容。《旅游法》第 59 条规定旅行社应当向旅游者提供旅游行程单,旅游行程单认定为包价旅游合同的组成部分。

在旅游合同的履行方面:《旅游法》第 35 条第 1 款规定旅行社不得以不合理的低价组织旅游活动,诱骗旅游者,并通过安排购物或者另行付费旅游项目获取回扣等不正当利益。《旅游法》第 36 条规定旅行社组织团队出境或者接待团队入境旅游,应当按照规定安排领队或者导游全陪。

在旅游合同的解除、变更方面:《旅游法》第 64 条规定了旅游者可在旅游行程开始前,将包价旅游合同中自身的权利义务转让给第三人。《旅游法》第 65 条规定了旅游者解除合同情形的处理。《旅游法》第 73 条规定旅游者请求变更旅游行程安排情形的处理。《旅游法》第 66 条规定了旅行社可与旅游者解除旅游服务合同的法定情形。

在旅游合同的违约、责任承担以及后果处理方面:《旅游法》第 67 条规定

了不可抗力或者旅行社、履行辅助人已尽合理注意义务仍不能避免的事件的处理情形。《旅游法》第 70 条规定了旅行社或游客导致违约情形的处理情形。《旅游法》第 71 条规定了第三人（地接社、履行辅助人）导致违约或侵权情形的处理情形。

3. 对旅行社内部人事管理提出了新要求，促使其注重从业人员的培训教育

旅行社须加强与导游或领队的劳动合同管理，严格依照《劳动合同法》的规定，与之签订书面的劳动合同，为其缴纳社保费用。在《旅游法》颁布之前，我国颁布的《导游人员管理条例》（1999 年 5 月 14 日国务院颁布）、《导游人员管理实施办法》（2002 年 1 月 1 日国家旅游局颁布）等法规规章对导游人员的管理作了相关的规定，明确对导游人员实行计分管理和年度管理。但这些规定主要是从行政层面，而非从旅行社内部管理层面作出具体要求。在旅游活动的开展中，导游与旅游者面对面地接触，旅行社与旅游者订立的旅游合同主要依靠聘请的导游人员来履行，随着《旅游法》对旅行社提供旅游服务责任和义务的加强，导游人员履行合同的得当与否将直接影响到旅行社承担责任的大小。因此，旅行社加强导游人员的内部管理，提升导游人员的素质与技能，开展宣传教育培训活动确有必要。旅行社对导游人员开展培训的范围，包括《旅游法》第 41 条提及的导游和领队人员的执业要求和义务方面的要求；《旅游法》第 79 条第 2 款提及的"经常性应急救助技能培训"以及导游人员带团履行合同中的告知义务、说明和警示义务等方面。

4. 强化了旅行社非组团旅游业务的具体要求，促使其审慎服务、诚信经营

旅行社的非组团旅游业务包括代办服务、旅游行程设计、信息咨询服务等。《旅游法》颁布之前，未曾有相应的法规对旅行社的非组团旅游业务作出相关的规定，但《旅游法》第 74 条对此予以专门规制，明文规定"旅行社提供代办服务，收取代办费用的，应当亲自处理委托事务"、"旅行社为旅游者提供旅游行程设计、旅游信息咨询服务等服务的，应当保证设计的合理、可行，信息及时、准确"。这里提及的"应当亲自处理委托事务"，即要求旅行社不得再转委托他人处理，若违反该规定给旅游者造成损失，旅行社应当承担赔偿责任。

（二）旅行社业适应《旅游法》的对应措施

1. 规范对客服务的基本流程，严格按照规范化程序服务

鉴于《旅游法》对旅行社业务招徕、接待以及经营管理方面的详尽具体的规定，旅行社应该规范对客服务的基本流程，严格按照规范化程序服务。

其服务的基本流程大致可以确定如下：

首先，应询问旅游者相关信息，特别是个人健康信息的询问，对于拟开展的旅游活动对旅游者个人健康信息有特定要求的，旅行社应谢绝身体素质不达标的旅游者的出游要求，并建议旅游者参与个人身体素质能承担的项目，对于残疾人、老年人、未成年人等旅游者参与的旅游项目，要在旅游过程中给予便利和优惠，督促导游服务人员应采取相应的安全保证措施。对于获取的旅游者个人信息，一定要履行好保密，以防泄密担责。

其次，应与旅游者签订书面的旅游合同，并对合同涉及的"旅行行程安排；旅游团成团的最低人数；交通、住宿、餐饮等旅游服务安排和标准；游览、娱乐等项目的具体内容和时间；自由活动时间安排；旅游费用及其交纳的期间和方式；违约责任和解决纠纷的方式"等事项应向旅游者作出详细的说明。在订立合同的同时，应当就旅游活动中涉及"旅游者不适合参与旅游活动的情形；旅游活动中的安全注意事项；旅行社依法可以减免责任的信息；旅游者应当注意的旅游目的地相关法律、法规和风俗习惯、宗教禁忌，依照中国法律不宜参加的互动"等事项向旅游者明确地告知。在旅游行程开始前，还应向旅游者提供旅游行程单，提示旅游者可投保人身意外伤害保险。

然后，应做好出团前的准备事项，认真履行旅游合同中各个环节的衔接、接待工作。在出团前，存在着三种可能的变故：一是因旅游者未达到约定的成团最低人数，面临无法组团出游的可能；二是旅游者发生替换或者旅游者请求变更旅游行程安排或要求解除合同；三是发生某类事件导致旅游合同无法继续履行。对于上述情形的处理，《旅游法》第63、64等条文均作了相关的规定，这里不再累述。在旅游合同的履行环节中，旅行社应依法选择合格的供应商提供服务，严格按照合同的约定做好吃、住、行、游、购、娱等各方面的接待和服务工作，涉及购物或者另行付费旅游项目时，须经旅行社与旅游者双方协商一致或者在旅游者要求下，且不影响其他旅游者行程安排下方可。在旅游活动的开展中，对涉及危及旅游者人身或财产安全的相关事项仍需向旅游者予以警示与告知。

最后，旅行社应做好旅游安全事故的预防，事故一旦发生，应妥善地采取救助和处置措施。《旅游法》赋予了旅游者在人身、财产安全遇有危险时，有救助和保护的权利，同时也规定旅游经营者采取必要的救助和处理措施的义务。旅游安全事故虽有多种情形，但归责缘由无外乎由旅行社的违约、旅游者自身的原因、第三方（旅行社、旅游者之外的主体，比如履行辅助人等）的原因、不可抗力事件或各方当事人已尽到合理注意义务仍不能避免的事件（比如临时封航、封路等）等单一因素或合并造成。为妥善地处理旅游安全事故,旅行社应当制定各项事故的紧急预案,一旦事故发生,应该及时给旅游者予以救助,以免因救助的不及时而导致自身责任的扩大。

2.严格审订各类合同文本,正确地规避法律风险

旅行社从事旅游业务经营涉及的合同文本主要有:旅游者通过旅行社组团出游签订的组团服务合同;旅游者委托旅行社代订机票、代订住宿等签订的委托代办合同;组团社将旅游目的地城市的接待业务委托给地接社签订的委托接待合同;委托社委托代理社招徕旅游者业务签订的委托代理合同;等等。鉴于旅行社经营业务具有共性,为了引导旅游交易行为,倡导旅行社规范经营,国家旅游局会同国家工商行政管理总局推出过旅游合同示范文本,包括《团队出境旅游合同(示范文本)》、《大陆居民赴台湾地区旅游合同(示范文本)》、《团队国内旅游合同(示范文本)》、《国内旅游组团社与地接社合同(示范文本)》、《国内旅游"一日游"合同(示范文本)》等。某些省也制定了本省适用的旅游合同示范文本,比如浙江省旅游局和浙江省工商行政管理局制定的《浙江省出境旅游合同(示范文本)》、《浙江省国内旅游合同(示范文本)》、《浙江省赴台湾地区旅游合同(示范文本)》等。上述示范文本明确了合同当事方的权利与义务,对于保障旅游者的权益和规范旅行社诚信经营起到了积极作用。但示范文本仅具有示范意义,并不是所有的旅行社都予以采纳,在旅行社实际经营过程中,旅行社往往选择对己有利的合同条款及文本。

为保障旅游者的权益,规范旅行社的经营行为,《旅游法》第五章对旅游服务合同作了规定。其相关内容有别于相关法规(比如《旅行社条例》)对旅游合同的规定。比如包价旅游合同的必备事项增加了"旅游团成团的最低人数"这一项;旅行社代理销售包价旅游产品或旅行社将接待业务委托给地接社履行的,应当在包价旅游合同中载明委托社、代理社或地接社的基本信息,安排导游为旅游者提供服务的,应当在包价旅游合同中载明导游服务费用;明确规定了旅行社可以解除旅游合同的法定情形;规定了因不可抗力或者旅行社、履行辅助人已尽合理注意义务仍不能避免的事件,影响旅游行程的各类情形的处理以及各类违约情形的处理及责任承担等。因为这些事项关乎旅游者的合同权益的得失、旅行社责任的减免、责任的承担及后果的处理,为此旅行社应该严格地审订新适用的旅游合同(对于原适用的各类旅游合同示范文本,也应加以修订),依法列明法定的必备合同事项,对相关主体的权利义务的规定要与《旅游法》条款相一致。

3.完善旅行社管理制度,经常性开展培训教育工作

旅行社应以《旅游法》的颁布为契机,并遵照相关法律规章之要求,进一

步完善内部管理制度。

在旅行社人事管理方面：旅行社应该结合《旅游法》的相关规定，完善内部员工管理制度。《旅游法》"第九章　法律责任"中对于旅行社的相关违法行为均规定了对直接负责的主管人员和其他直接负责人员的处罚制度。鉴于此，旅行社应该在内部人事管理制度、劳动合同管理以及业务岗位设置上，进一步规定相关事务的直接负责主管人员，依据权责一致的原则，对其管理事项授权，明确奖惩制度，并明确告知违法违规的法律后果。旅行社对导游人员的管理，应该遵照《旅游法》、《劳动合同法》等相关规定，与其签订正式的劳动合同，明确工资收入事项，并按照规定为其缴纳社会保险费用。

在旅行社的分支机构管理方面：应严格遵照《旅游法》、《旅行社条例》及实施细则的规定，旅行社营业网点的业务仅限于"招徕和咨询"，不能超出法定范围去"组织或接待"。旅行社分社的管理则应该与设立社相一致，不得违反《旅游法》第 30 条旅行社不得出租、出借或变相转让旅行社业务经营许可证的相关规定，通过对外挂靠或者对外个人承包的方式去经营。

在旅行业业务管理方面：对于供应商的选择上，要求按照《旅游法》第 34 条之规定，选择具备法定资质的企业，比如旅游租车业务，应该向具备法定资质的运输公司承租，而不能向不具备运营资质的个人去租车。对于委托地接业务，除了与地接社签订书面的合同外，其向地接社支付的费用不能低于接待和服务成本。对于委托代理业务，应当明确代理的范围，签订《委托招徕授权书》，在与旅游者签订包价旅游合同时，应当告知代理事项，并谨慎地签订合同。对于委托代办业务，应该遵照《旅游法》第 74 条的规定，亲自处理委托事务，诚信经营。

在旅游纠纷的预防与处理方面：旅行社除了投保理想的旅行社责任保险（比如参保旅行社责任保险统保项目）以最大限度地转嫁责任外，还应从旅游过程的"吃、住、行、游、购、娱"等环节去预防与化解各类旅游纠纷，并遵照《旅游法》第 79 条第 1 款的规定，制定好旅游者安全保护制度和应急预案。

上述各项制度都靠旅行社的内部员工去履行，因此应该加强对内部员工的教育与培训。不同的旅行社虽有不同的制度，其培训的目的都是相同的：一是让旅行社员工了解熟悉旅行社内部制度，并能认同遵照执行；二是增强从业人员的素质与执业技能；三是履行《旅游法》第 79 条第 2 款"开展经常性应急救助技能培训"法定的义务；四是增强旅行社员工的预防与化解各类风险的能力。

第 2 篇 <<<<

旅游经营主体

2.1　旅行社部分

知识点 1　旅行社分类

1985 年 5 月 11 日,国务院颁布的《旅行社管理暂行条例》,按经营业务范围的不同将旅行社分为三类:

第一类为经营对外招徕并接待外国人、华侨、港澳同胞、台湾同胞来中国、归国或回内地旅游业务的旅行社;

第二类为不对外招徕,只经营接待第一类旅行社或其他涉外部门组织的外国人、华侨、港澳同胞、台湾同胞来中国、归国或回内地旅游业务的旅行社;

第三类为经营中国公民国内旅游业务的旅行社。

1996 年 10 月 15 日,国务院颁布的《旅行社管理条例》,将旅行社分为国际旅行社和国内旅行社:国际旅行社的经营范围包括入境旅游业务、出境旅游业务、国内旅游业务;国内旅行社的经营范围仅限于国内旅游业务。

2009 年 2 月 20 日,国务院颁布了《旅行社条例》,该条例将旅行社定义为,指从事招徕、组织、接待旅游者等活动,为旅游者提供相关旅游服务,开展国内旅游业务、入境旅游业务或者出境旅游业务的企业法人。《旅行社条例》取消了国际旅行社与国内旅行社的法律划分。旅行社成立后,只要满足经营《旅行社条例》规定的从事出境旅游业务的条件,即可申请出境旅游业务。

知识点 2　旅行社分支机构(旅行社分社与旅行社服务网点)

依据《旅行社条例》和《旅行社条例实施细则》的规定,旅行社可设立不具备法人资格的分社和服务网点。

旅行社设立分社的,应当持旅行社业务经营许可证副本向分社所在地的工商行政管理部门办理设立登记,并自设立登记之日起 3 个工作日内向分社所在地的旅游行政管理部门备案,提交下列文件:

(1)设立社的旅行社业务经营许可证副本和企业法人营业执照副本;

(2)分社的《营业执照》;

（3）分社经理的履历表和身份证明；

（4）增存质量保证金的证明文件。

分社的经营场所、营业设施、设备，应当符合《旅行社条例》及实施细则规定的一般旅行社设立的条件的要求。分社的名称中应当包含设立社名称、分社所在地地名和"分社"或者"分公司"字样。

旅行社每设立一个经营国内旅游业务和入境旅游业务的分社，应当向设立社质量保证金账户增存 5 万元；每设立一个经营出境旅游业务的分社，应当向设立社质量保证金账户增存 30 万元。每设立一个经营国内旅游业务、入境旅游业务和出境旅游业务的分社，应当向设立社质量保证金账户增存 35 万元。

旅行社分社的设立不受地域限制，即分社可以在设立社所在行政区域内设立，也可以在全国范围内设立。但分社的经营范围不得超出设立分社的旅行社的经营范围。旅行社设立分社的数量，包括在同一区域、同一城市设立分社的数量，由旅行社根据经营服务的需要决定，旅游行政管理部门应该会同工商行政管理部门加强指导、规范。

旅行社服务网点是指旅行社设立的，为旅行社招徕旅游者，并以旅行社的名义与旅游者签订旅游合同的门市部等机构。服务网点在设立社的经营范围内，招徕旅游者、提供旅游咨询服务。

设立社设立服务网点的区域范围，应当在设立社所在地的设区的市的行政区划内，包括自治州、盟、省和自治区人民政府设置行署的地区。市区旅行社可以在其所在设区的市的区县（包括县级市）设立服务网点；市属各县（包括县级市）的旅行社也可在市区及该市所管辖的其他县（包括县级市）设立服务网点。设立社不得在前款规定的区域范围外，设立服务网点。

旅行社服务网点名称应当由设立旅行社名称、服务网点所在地地名和"门市部"三部分构成。旅行社服务网点应当接受旅行社的统一管理，不得从事招徕、咨询以外的活动。服务网点应当设在方便旅游者认识和出入的公众场所。

设立社向服务网点所在地工商行政管理部门办理服务网点设立登记后，应当在 3 个工作日内，持下列文件向服务网点所在地与工商登记同级的旅游行政管理部门备案：

（1）设立社的旅行社业务经营许可证副本和企业法人营业执照副本；

（2）服务网点的《营业执照》；

（3）服务网点经理的履历表和身份证明。

没有同级的旅游行政管理部门的，向上一级旅游行政管理部门备案。

　　旅行社分社和旅行社服务网点,均不具有法人资格,以设立分社、服务网点的旅行社(简称设立社)的名义从事法律规定的经营活动,其经营活动的责任和后果,由设立社承担。

　　设立社对分社实行统一的人事、财务、招徕、接待制度规范,对服务网点实行统一管理、统一财务、统一招徕和统一咨询服务规范。设立社应当与分社、服务网点的员工,订立劳动合同。旅行社分社不得设立服务网点,服务网点不得再设立服务网点。

　　旅游行政管理部门接受旅行社分社或服务网点备案时,对符合《旅行社条例》、《旅行社条例实施细则》相关规定的,向其发放《旅行社分社备案登记证明》或《旅行社服务网点备案登记证明》;对不符合规定的,责令旅行社改正后,向其发放备案登记证明;拒不改正或者逾期不改正的,通知进行设立登记的工商行政管理部门。分社或者服务网点应当将备案登记证明与营业执照一起,放置于经营或服务场所的显要位置。分社或服务网点撤销的,旅行社应当将其备案登记证明及时交备案发证机关销毁。旅行社分社应按经营业务的范围,在《营业执照》、《备案登记证明》中的业务经营范围标明为"国内旅游和入境(出境、边境)旅游招徕、组织、接待业务";旅行社服务网点应按旅游业务的范围,在《营业执照》中的经营范围和《备案登记证明》中的服务范围中标明为"国内旅游和入境(出境、边境)旅游招徕、咨询服务"。

知识点 3　旅行社质量保证金制度

● 概述

　　为加强对旅行社服务质量的监督和管理,保护旅游者的合法权益,保证旅行社规范经营,按照旅行社的经营特点,参照国际惯例,经国务院批准,1995 年 1 月 1 日,国家旅游局颁布《旅行社质量保证金暂行规定》及《旅行社质量保证金暂行规定实施细则》,对旅行社开始实行质量保证金制度。

　　旅行社质量保证金(以下简称保证金)是指根据《旅行社条例》的规定,由旅行社在指定银行缴存或由银行担保提供的用于保障旅行者合法权益的专项资金。2009 年颁布的《旅行社条例》规定,经营国内旅游业务和入境旅游业务的旅行社,应当存入质量保证金 20 万元;经营出境旅游业务的旅行社,应当增存质量保证金 120 万元。旅行社每设立一个经营国内旅游业务和入境旅游业务的分社,应当向其质量保证金账户增存 5 万元;每设立一个经营出境旅游业务的分社,应当向其质量保证金账户增存 30 万元。

　　保证金实行专户管理,专款专用,所获利息全额归旅行社所有。当旅行

社出现《旅行社条例》第十五条①规定的下列情形之一时,旅游行政管理部门可以使用旅行社的质量保证金:

(一)旅行社违反旅游合同约定,侵害旅游者合法权益,经旅游行政管理部门查证属实的;

(二)旅行社因解散、破产或者其他原因造成旅游者预交旅游费用损失的。

另外,《旅游法》第 31 条规定:"旅行社应当按照规定交纳旅游服务质量保证金,用于旅游者权益损害赔偿和垫付旅游者人身安全遇有危险时紧急救助的费用。"该条规定将质量保证金的适用范围扩大,其具体细则有待今后进一步明确。

• 保证金存取相关规定

旅行社需要存缴保证金时,须持《营业执照》副本、《旅行社业务经营许可证》副本到银行办理存款手续。存缴保证金的旅行社须与银行签订《旅行社质量保证金存款协议书》,并将复印件送许可的旅游行政管理部门备案。存款应不少于一年期,利息收入全部归旅行社所有。若银行提供保证金担保的,由银行向许可的旅游行政管理部门出具《旅行社质量保证金银行担保函》。银行担保期限不得少于一年。担保期届满前 3 个工作日,应续办担保手续。

当旅行社因解散或破产清算、业务变更或撤减分社减交、三年内未因侵害旅游者合法权益受到行政机关罚款以上处罚而降低保证金数额 50%等原因,需要支取保证金时,须向许可的旅游行政管理部门提出,许可的旅游行政管理部门审核出具《旅行社质量保证金取款通知书》。银行根据《旅行社质量保证金取款通知书》,将相应数额的保证金退还给旅行社。

当发生如上所述的《旅行社条例》第十五条规定的情形时,银行应根据旅游行政管理部门出具的《旅行社质量保证金取款通知书》及《旅游行政管理部门划拨旅行社质量保证金决定书》,经与旅游行政管理部门核实无误

旅行消费法律常识

---

① 该条内容有别于国家旅游局颁布的《旅行社质量保证金赔偿暂行办法(1997年)》(简称《暂行办法》)。《暂行办法》规定,下列情形适用保证金赔偿案件的审理:一、旅行社因自身过错未达到合同约定的服务质量标准的;二、旅行社服务未达到国家标准或者行业标准的;三、旅行社破产造成旅游者预交旅行费损失的;下列情形时不适用保证金赔偿案件的审理:一、旅行社因不可抗力因素不能履行合同的;二、旅游者在旅游期间发生人身财物意外事故的;三、本办法第四条规定情形之外的其他经济纠纷;四、超过规定的时效和期间的;五、司法机关已经受理的。

后,在 5 个工作日内将保证金以现金或转账方式直接向旅游者支付。

若人民法院判决、裁定及其他生效法律文书认定旅行社损害旅游者合法权益,旅行社拒绝或者无力赔偿的,银行则根据人民法院判决、裁定及其他生效法律文书执行。

旅行社在旅游行政管理部门使用质量保证金赔偿旅游者的损失,或者依法减少质量保证金后,因侵害旅游者合法权益受到行政机关罚款以上处罚的,应当在收到旅游行政管理部门补交质量保证金的通知之日起 5 个工作日内补足质量保证金。

- 保证金理赔标准

为提高旅游服务质量,规范旅行社经营,打击违法违规行为,保护旅游者合法权益,2011 年 4 月 12 日,国家旅游局办公室下发了《关于印发〈旅行社服务质量赔偿标准〉的通知》(旅办发〔2011〕44 号),明确今后在调解旅游纠纷时,以《旅行社服务质量赔偿标准》(以下简称《赔偿标准》)为调解赔偿依据。当旅行社不履行合同或者履行合同不符合约定的服务质量标准,旅游者和旅行社对赔偿标准未做出合同约定的,旅游行政管理部门或者旅游质监执法机构在处理相关旅游投诉时,参照适用《赔偿标准》。具体规定如下:

(1)当由于不可抗力等不可归责于旅行社的客观原因或旅游者个人原因,造成旅游者经济损失的,旅行社不承担赔偿责任。

(2)旅行社与旅游者订立合同或收取旅游者预付旅游费用后,因旅行社原因不能成行的,旅行社应在合理期限内通知旅游者,否则按下列标准承担赔偿责任:

国内旅游应提前 7 日(不含 7 日)通知旅游者,否则应向旅游者全额退还预付旅游费用,并按下述标准向旅游者支付违约金:出发前 7 日(含 7 日)至 4 日,支付旅游费用总额 10% 的违约金;出发前 3 日至 1 日,支付旅游费用总额 15% 的违约金;出发当日,支付旅游费用总额 20% 的违约金。

出境旅游(含赴台游)应提前 30 日(不含 30 日)通知旅游者,否则应向旅游者全额退还预付旅游费用,并按下述标准向旅游者支付违约金:出发前 30 日至 15 日,支付旅游费用总额 2% 的违约金;出发前 14 日至 7 日,支付旅游费用总额 5% 的违约金;出发前 6 日至 4 日,支付旅游费用总额 10% 的违约金;出发前 3 日至 1 日,支付旅游费用总额 15% 的违约金;出发当日,支付旅游费用总额 20% 的违约金。

(3)旅行社未经旅游者同意,擅自将旅游者转团、拼团的,旅行社应向旅游者支付旅游费用总额 25% 的违约金。解除合同的,还应向未随团出行的旅游者全额退还预付旅游费用,向已随团出行的旅游者退还未实际发生的旅游费用。

(4)在同一旅游行程中,旅行社提供相同服务,因旅游者的年龄、职业等差异增收费用的,旅行社应返还增收的费用。

(5)因旅行社原因造成旅游者未能乘坐预定的公共交通工具的,旅行社应赔偿旅游者的直接经济损失,并支付直接经济损失20%的违约金。

(6)旅行社安排的旅游活动及服务档次与合同不符,造成旅游者经济损失的,旅行社应退还旅游者合同金额与实际花费的差额,并支付同额违约金。

(7)导游或领队未按照国家或旅游行业对旅游者服务标准提供导游或者领队服务,影响旅游服务质量的,旅行社应向旅游者支付旅游费用总额1%至5%的违约金,本赔偿标准另有规定的除外。

(8)旅行社及导游或领队违反旅行社与旅游者的合同约定,损害旅游者合法权益的,旅行社按下述表格所示对应标准承担赔偿责任(见表2-1)。

表2-1　旅行社及导游或领队违反合同约定的赔偿标准

赔偿原因	赔偿标准
擅自缩短游览时间、遗漏旅游景点、减少旅游服务项目	旅行社应赔偿未完成约定旅游服务项目等合理费用,并支付同额违约金。遗漏无门票景点的,每遗漏一处旅行社向旅游者支付旅游费用总额5%的违约金
未经旅游者签字确认,擅自安排合同约定以外的用餐、娱乐、医疗保健、参观等另行付费项目	旅行社应承担另行付费项目的费用
未经旅游者签字确认,擅自违反合同约定增加购物次数、延长停留时间	每次向旅游者支付旅游费用总额10%的违约金
强迫或者变相强迫旅游者购物	每次向旅游者支付旅游费用总额20%的违约金
旅游者在合同约定的购物场所所购物品系假冒伪劣商品	旅行社应负责挽回或赔偿旅游者的直接经济损失
私自兜售商品	旅行社应全额退还旅游者购物价款

(9)旅行社违反合同约定,中止对旅游者提供住宿、用餐、交通等旅游服务的,应当负担旅游者在被中止旅游服务期间所订的同等级别的住宿、用餐、交通等必要费用,并向旅游者支付旅游费用总额30%的违约金。

知识点 4　旅行社责任保险

　　为了保障旅游者和旅行社的合法权益,促进旅游业的健康发展,2001 年 5 月 15 日,国家旅游局颁布了《旅行社投保旅行社责任保险规定》(以下简称《规定》),明确规定旅行社从事旅游业务经营活动,必须投保旅行社责任保险。① 2006 年 6 月 15 日,国务院在《关于保险业改革发展的若干意见》(国发〔2006〕23 号)中提到"在煤炭开采等行业推行强制责任保险试点,取得经验后在高危行业、公共聚集场所、境内外旅游等方面推广";同年,中国保监会、国家旅游局联合下发《关于进一步做好旅游保险工作的意见》(保监发〔2006〕69 号),明确提出"统一投保旅行社责任险",引导旅行社责任保险不断创新。后于 2010 年 11 月 25 日,根据《中华人民共和国保险法》和《旅行社条例》②,国家旅游局、中国保险监督管理委员会令(第 35 号)颁布了《旅行社责任保险管理办法》(以下简称《办法》),该《办法》自 2011 年 2 月 1 日起开始施行,同时原《规定》予以废止。

　　依据《办法》的规定,所称的旅行社责任保险,是指以旅行社因其组织的旅游活动对旅游者和受其委派并为旅游者提供服务的导游或者领队人员依法应当承担的赔偿责任为保险标的的保险。可见,旅行社责任保险的保险责任,是以因旅行社的疏忽或过失引起的民事赔偿责任或者因发生意外事故旅行社应当承担的赔偿责任为保险对象的,既包括旅行社在组织旅游活动中依法对旅游者的人身伤亡、财产损失承担的赔偿责任,也包括对受旅行社委派并为旅游者提供服务的导游或者领队人员的人身伤亡承担的赔偿责任。

　　旅行社责任保险具有如下特征:

　　(1)旅行社责任保险属于强制保险。

　　所谓强制保险,是指法律、法规明确规定投保人必须向保险人投保的险种。《旅游保险条例》第三十八条规定:"旅行社应当投保旅行社责任险。旅行社责任险的具体方案由国务院旅游行政主管部门会同国务院保险监督管理机构另行制定。"《办法》第二条也规定:"在中华人民共和国境内依法设立的旅行社,应当依照《旅行社条例》和本办法的规定,投保旅行社责任保险。"

---

　　①　在此之前,1990 年,要求入境旅游统一购买旅游意外保险。1997 年,强制旅行社为旅游者投保旅游意外保险。2001 年,统一规范为旅行社责任保险。

　　②　《旅行社条例》第三十八条规定:"旅行社应当投保旅行社责任险。旅行社责任险的具体方案由国务院旅游行政主管部门会同国务院保险监督管理机构另行制定。"

（2）旅行社责任保险的保险责任,是以因旅行社的疏忽或过失引起的民事赔偿责任或者因发生意外事故旅行社应当承担的赔偿责任为保险对象的,既包括旅行社在组织旅游活动中依法对旅游者的人身伤亡、财产损失承担的赔偿责任,也包括对受旅行社委派并为旅游者提供服务的导游或者领队人员的人身伤亡承担的赔偿责任。①

（3）旅行社责任保险不同于旅游意外险。旅行社责任保险的投保人和受益人均为旅行社,而非旅游者,旅行社只有在获得游客授权的情形下,才能为游客购买旅游意外人身保险。旅行社意外险是任意险,可由游客自主选择投保,游客在从旅游意外险中获得保险赔偿后,仍然享有向旅行社提出索赔请求的权利。总的来看,旅行社责任保险和旅游意外险相互补充,相得益彰。旅行社责任保险能最大限度地转移由于旅行社的疏忽或过失给旅行社带来的风险和危机,旅游意外险能弥补因旅游者个人过错导致的人身伤亡和财产损失。《旅行社条例实施细则》第四十条规定:"为减少自然灾害等意外风险给旅游者带来的损害,旅行社在招徕、接待旅游者时,可以提示旅游者购买旅游意外保险。鼓励旅行社依法取得保险代理资格,并接受保险公司的委托,为旅游者提供购买人身意外伤害保险的服务。"

知识点 5　旅行社公告制度

为规范有关旅行社的公告发布行为,加强对企业经营和旅游行政管理的指导服务,2010 年 12 月 17 日,国家旅游局下发了《关于印发〈旅行社公告暂行规定〉的通知》(旅办发〔2010〕185 号),对旅行社公告的事项、公告的项目内容及对应的公告颁布部门做出详细的规定,具体见表 2-2。

旅行消费法律常识

---

① 2001 年颁布的《规定》所称的旅行社责任保险,是指旅行社根据保险合同的约定,向保险公司支付保险费,保险公司对旅行社在从事旅游业务经营活动中,致使旅游者人身、财产遭受损害应由旅行社承担的责任,承担赔偿保险金责任的行为。在该概念中并无明确规定旅行社责任保险是否适用于旅行社委派的导游或者领队人员。

表 2-2　旅行社公告事项列举

旅行社公告事项	公告项目内容	公告颁布部门
旅行社业务经营许可证的颁发、变更	颁发公告项目内容应该包括旅行社名称、许可证编号、出资人、法定代表人、经营场所、许可经营业务、许可文号。 变更公告项目内容应该包括旅行社许可证编号和变更前与变更后的名称、出资人、法定代表人、经营场所。	由颁发旅行社业务经营许可证和办理旅行社业务经营许可证变更事项的旅游行政管理部门发布。
旅行社业务经营许可证的注销、吊销	注销公告项目内容应该包括旅行社名称、许可证编号、经营场所。 吊销公告项目内容应该包括旅行社名称、许可证编号、主要负责人。	由办理注销旅行社业务经营许可证备案手续和作出吊销旅行社业务经营许可证决定的旅游行政管理部门发布。
暂停旅行社旅游业务	应该包括旅行社名称、许可证编号、经营场所、暂停时间期限。	由作出暂停决定的旅游行政管理部门发布。
许可或暂停、取消旅行社经营出境旅游业务公告	许可公告项目内容应该包括旅行社名称、原许可证编号、新许可证编号、出资人、法定代表人、经营场所、许可文号。 暂停公告项目内容应该包括旅行社名称、许可证编号、经营场所、暂停时间期限。 取消公告项目内容应该包括旅行社名称、许可证编号、经营场所。	由国家旅游局或其委托出境旅游业务许可的省、自治区、直辖市旅游行政管理部门发布。
许可或暂停、取消旅行社经营边境旅游业务公告	许可公告项目内容应该包括旅行社名称、许可证编号、出资人、法定代表人、经营场所、许可文号。 暂停公告项目内容应该包括旅行社名称、许可证编号、经营场所、暂停时间期限。 取消公告项目内容应该包括旅行社名称、许可证编号、经营场所。	由作出许可或暂停、取消决定的旅游行政管理部门发布。

旅行社公告事项	公告项目内容	公告颁布部门
旅行社经营或暂停、停止经营赴台旅游业务	经营赴台公告项目内容应该包括旅行社名称、许可证编号、出资人、法定代表人、经营场所。 暂停经营赴台公告项目内容应该包括旅行社名称、许可证编号、经营场所、暂停时间期限。 停止经营赴台公告项目内容应该包括旅行社名称、许可证编号、经营场所。	由海峡两岸旅游交流协会发布。
旅行社分社、服务网点设立与撤销备案	分社设立备案公告项目内容应该包括分社名称、设立旅行社、备案登记证明编号、分社经营场所、分社经营业务。 服务网点设立备案公告项目内容应该包括服务网点名称、设立旅行社、备案登记证明编号、网点服务场所、网点服务范围。 分社撤销备案公告项目内容应该包括分社名称、设立旅行社、分社备案登记证明编号、分社经营场所。 服务网点撤销备案公告项目内容应该包括服务网点名称、设立旅行社、服务网点备案登记证明编号、网点服务场所。	由接受分社、服务网点设立备案的旅游行政管理部门发布。
旅行社委托代理招徕旅游者业务备案和撤销委托备案	委托代理招徕备案公告项目内容应该包括旅行社名称、委托旅行社、委托事项、委托期限。 撤销委托代理招徕备案公告项目内容应该包括旅行社名称、许可证编号、经营场所和委托旅行社。	由接受委托代理招徕旅游者的旅行社所在地县级以上旅游行政管理部门发布。
旅行社的违法经营行为	项目内容应该包括旅行社名称、许可证编号、法定代表人、处罚类型、处罚依据、处罚执行日期。	由对旅行社违法经营行为进行查处并作出处罚决定的旅游行政管理部门发布。
旅行社的诚信记录；旅游者对旅行社投诉信息	旅行社诚信记录公告项目内容应该包括旅行社名称、许可证编号、诚信记录信息。 旅游者对旅行社投诉信息公告项目内容应该包括旅行社名称、许可证编号、投诉信息。	由被公告旅行社所在地县级以上旅游行政管理部门发布，各级旅游行政管理部门可以委托本级旅游质监执法机构发布旅游者对旅行社投诉信息公告。

续表

旅行社公告事项	公告项目内容	公告颁布部门
旅行社质量保证金交存、增存、补存、降低交存比例和被执行赔偿等情况	交存、增存、补存公告项目内容应该包括旅行社名称,许可证编号,交存、增存、补存数额,质量保证金总额。 降低交存比例公告项目内容应该包括旅行社名称、许可证编号、降低交存比例后保证金数额。 被执行赔偿公告项目内容应该包括旅行社名称、许可证编号、被执行赔偿数额、被执行赔偿后数额。	由旅行社所在地县级以上旅游行政管理部门发布。旅行社质量保证金降低交存比例的公告,由旅行社所在地省、自治区、直辖市旅游行政管理部门发布。
旅行社统计调查情况	项目内容和发布方式等,按照《旅游统计调查制度》、《旅行社统计调查办法》的规定执行。	由旅行社所在地县级以上旅游行政管理部门分级发布。
旅行社年度报告	旅行社年度报告的项目内容和编制发布方式,根据《旅行社统计调查办法》,由国家旅游局和地方旅游行政管理部门决定,但不得公开单个旅行社企业的经营数据和不宜公开的其他信息。	由国家旅游局和旅行社所在地旅游行政管理部门编制发布。

　　国家旅游局和省、自治区、直辖市及设区的市的旅游行政管理部门,可以根据需要,汇总发布旅行社许可、变更、吊销、注销,分社和服务网点设立与撤销备案,质量保证金情况,委托代理招徕旅游者备案情况,旅游者投诉旅行社情况,旅行社诚信和违法经营行为等情况公告、公报或通报。

　　旅行社公告通过发布机关或其上级机关的政府网站发布,也可以在全国或本地区公开发行的报刊发布。发布机关对公告事项的真实性、完整性、准确性负责。

知识点 6　旅行社委托代理招徕旅游者业务介绍

　　依据 2010 年 5 月 6 日,国家旅游局颁布的《关于试行旅行社委托代理招徕旅游者业务有关事项的通知》(以下简称《通知》)(旅监管发〔2010〕77 号),旅行社委托代理招徕旅游者业务,是指组团社(即作出委托的旅行社)在其业务经营范围内,依据法律、法规、规章的有关规定,通过与代理社(即接受委托的旅行社)签订委托代理合同(就委托代理事项的内容、形式、代理费及其支付、双方的权利和义务、违约责任等作出约定),委托招徕国内旅游、出境旅游(不含赴台湾地区旅游)和边境旅游的旅游者。

该《通知》规定,组团社可以将招徕宣传、为旅游者提供旅游行程咨询、与旅游者签订旅游合同、收取旅游费用、向旅游者通知有关行程等事项委托给代理社。代理社可以将代理招徕的事项交由其分社、门市部承办,但分社、门市部不得自行接受组团社的委托代理招徕旅游者。组团社可以委托代理社负责其所在区域其他代理社的管理,但代理社不得将代理业务再行委托其他旅行社。组团社委托代理社招徕旅游者的,应当在签订委托代理合同的同时,向代理社出具《委托招徕授权书》,并报主管组团社和代理社的旅游行政管理部门备案。代理社接受委托从事代理招徕活动时,必须将《委托招徕授权书》与许可证、营业执照一起放置于经营服务场所的显要位置,明示其为组团社招徕。代理社与旅游者签订旅游合同的,可以使用组团社的合同和印章,也可以使用组团社的合同加盖代理社印章,或者使用代理社的合同和印章。使用组团社的合同加盖代理社印章的,应当在盖章处标明代理社名称和"委托代章"字样。代理社收取旅游费用后,组团社可以直接向旅游者出具发票,也可以由代理社向旅游者出具发票。代理社出具发票的,应当在发票的项目栏标明"代××旅行社收取××旅游线路团款"字样。

知识点 7　导游人员的概念与分类

导游人员,是指取得导游证件(包括《导游证》、《领队证》和《景点景区导游证》),接受旅行社、景点景区旅游服务单位委派,为旅游者提供向导、讲解及相关旅游服务的人员,包括全国导游、出境游领队和景点景区导游。这里提到的"向导",一般是指为他人引路、带路;"讲解",是指为旅游者解说、指点风景名胜;"相关旅游服务",一般是指为旅游者代办各种旅行证件和手续,代购交通票据、安排旅行住宿、旅程、就餐等与旅行游览有关的各种活动。导游人员按服务范围分类可分为以下几类:

海外领队(tour escort)——受海外旅行社委派,全权代表该旅行社带领旅游团从事旅游活动的工作人员。其职责主要是督促境外接待旅行社和导游人员等方面执行旅游计划。

全程陪同导游人员(national guide)(简称全陪)——受组团社委派,作为其代表,监督接待社和陪同导游员的服务,以使组团社的接待计划得以按约实施,并为旅游团(者)提供旅程陪同服务的导游人员。其职责主要是负责旅游团(者)移动中各环节的衔接,计划的实施,协调领队、地陪、司机等接待人员的关系。

地方陪同导游人员(local guide)(简称地陪)——受接待社委派,代表接待社实施旅游行程接待计划,为旅游团提供当地导游服务的导游员。其职责主要是做好迎送工作,做好导游计划内的食宿、购物、文娱等活动。

除此以外,导游人员还可以按不同的标准分为:外语导游员与中文导游员;专职导游员与兼职导游员;正式导游员与临时导游员;初、中、高、特级导游人员。

知识点 8　导游资格证与导游证

国家实行全国统一的导游人员资格考试制度。具有高级中学、中等专业学校或者以上学历,身体健康,具有适应导游需要的基本知识和语言表达能力的中华人民共和国公民(包括香港、澳门永久性居民中具有中国公民身份的港澳居民),可以参加导游人员资格考试。

国务院旅游行政管理部门负责制定全国导游人员资格考试的政策、标准和对各地考试工作的监督管理。省级旅游行政管理部门负责组织、实施本行政区域内导游人员资格考试工作。直辖市、计划单列市、副省级城市负责本地区导游人员的考试工作。经考试合格的,由组织考试的旅游行政管理部门在考试结束之日起 30 个工作日内颁发导游人员资格证。

取得导游人员资格证书的,经与旅行社订立劳动合同或者在导游服务公司登记,方可持所订立的劳动合同或者登记证明材料,向省、自治区、直辖市人民政府旅游行政部门申请领取导游证。省、自治区、直辖市人民政府旅游行政部门应当自收到申请领取导游证之日起 15 日内,颁发导游证。有下列情形之一的,不予颁发导游证:

(1)无民事行为能力或者限制民事行为能力的;

(2)患有传染性疾病的;

(3)受过刑事处罚的,过失犯罪的除外;

(4)被吊销导游证的。

在中华人民共和国境内从事导游活动,必须取得导游证。导游证是持证人已依法进行中华人民共和国导游注册、能够从事导游活动的法定证件。

具有特定语种语言能力的人员,虽未取得导游人员资格证书,旅行社需要聘请临时从事导游活动的,由旅行社向省、自治区、直辖市人民政府旅游行政部门申请领取临时导游证。

导游证的有效期限为 3 年。导游证持有人需要在有效期满后继续从事导游活动的,应当在有效期限届满 3 个月前,向省、自治区、直辖市人民政府旅游行政部门申请办理换发导游证手续。临时导游证的有效期限最长不超过 3 个月,并不得展期。

取得导游人员资格证书的人员申请办理导游证，须参加颁发导游证的旅游行政管理部门举办的岗前培训考核。

2003年4月1日起，在全国实行新版导游证，统一版式为IC卡形式，可借助读卡机查阅卡中储存的导游基本情况和违规计分情况等内容，导游证的正面设置中英文对照的"导游证(CHINA TOUR GUIDE)"、导游证等级、编号、姓名、语种等项目，中间为持证人近期免冠2寸正面照片，导游证等级以4种不同的颜色加以区分：初级为灰色、中级为粉米色、高级为淡黄色、特级为金黄色；背面印有注意事项和卡号。

导游证编号规则为"D—0000—000000"，英文字母"D"为"导"字的拼音字母的缩写，代表导游，前4位数字为省、城市、地区的标准国际代码，后6位数字为计数编码。不同等级的导游证卡号依各自顺序编号。

导游跨省或跨城市调动、姓名变更、等级变更，需更换导游证，原导游证作废。其他变更需更改导游证的相关内容，原导游证可继续使用。导游证遗失须立即办理挂失、补办手续。

2.2　旅游饭店部分

知识点1　旅游饭店的概念及星级划分

《旅游饭店星级的划分与评定》(GB/T 14308—2010)所称的旅游饭店指以间(套)夜为单位出租客房，以住宿服务为主，并提供商务、会议、休闲、度假等相应服务的住宿设施，按不同习惯可能也被称为宾馆、酒店、旅馆、旅社、宾舍、度假村、俱乐部、大厦、中心等。

饭店星级评定遵循企业自愿申报的原则。凡在中华人民共和国境内正式营业一年以上的旅游饭店，均可申请星级评定，经评定达到相应星级标准的饭店，由全国旅游饭店星级评定机构颁发相应的星级证书和标志牌。饭店星级证书和标志牌由全国星评委统一制作、核发。星级标志的有效期为三年。每块星级标志牌上的编号，与相应的星级饭店证书号一致。每家星级饭店原则上只可申领一块星级标志牌。如星级标志牌破损或丢失，应及时报告，经所在省级星评委查明属实后，可向全国星评委申请补发。星级饭店如因更名需更换星级证书，可凭工商部门有关文件证明进行更换，同时必须交还原星级证书。

　　星级划分为五个级别,即一星级、二星级、三星级、四星级、五星级(含白金五星级)。最低为一星级,最高为五星级。星级越高,表示饭店的等级越高。星级标志由长城与五角星图案构成,用一颗五角星表示一星级,两颗五角星表示二星级,三颗五角星表示三星级,四颗五角星表示四星级,五颗五角星表示五星级,五颗白金五角星表示白金五星级。饭店星级标志应置于饭店前厅最明显位置,接受公众监督。饭店星级标志已在国家工商行政管理总局商标局登记注册为证明商标,其使用要求必须严格按照《星级饭店图形证明商标使用管理规则》执行。任何单位或个人未经授权或认可,不得擅自制作和使用。同时,任何饭店以"准×星"、"超×星"或者"相当于×星"等作为宣传手段的行为均属违法行为。

知识点 2　《旅游(涉外)饭店星级的划分与评定》版本修订概述

　　《旅游(涉外)饭店星级的划分与评定》国家标准先后历经四次版本,分别为《旅游涉外饭店星级的划分与评定》(GB/T 14308—1993)、《旅游涉外饭店星级的划分与评定》(GB/T 14308—1997)、《旅游饭店星级的划分与评定》(GB/T 14308—2003)、《旅游饭店星级的划分与评定》(GB/T 14308—2010)(见附录二)。其修订的各版本标准大致变化见表 2-3:

表 2-3　《旅游(涉外)饭店星级的划分与评定》历次修订内容

标准名称	修订的内容
《旅游涉外饭店星级的划分与评定》(GB/T 14308—1997)	1. 在引用标准中加入了《旅游饭店用公共信息图形符号》(LB/T 001—1995),并在各星级中做了具体要求。 2. 对各星级、各工作岗位的语言要求有所改变。 3. 对三星级以上客房数最低数量的要求由原来的 50 间改为 40 间。 4. 对四星级以上饭店客房最小面积的要求量化为 20 平方米。 5. 对厨房的要求更加细化。 6. 对三星级以上饭店加入了选择项目,使饭店能够根据自己的经营实际需要来确定投资和经营哪些项目。选择项目共 79 项,包括客房 10 项,餐厅及酒吧 9 项,商务设施及服务 5 项,会议设施 10 项,公共及健康娱乐设施 42 项。其中要求三星级至少选择 11 项,四星级至少选择 28 项,五星级至少选择 35 项。 7. 删去了标准中第 8、9 两个与本标准无关的部分。 　本标准首次发布于 1993 年 9 月 1 日,首次修订于 1997 年 10 月 16 日,自 1998 年 5 月 1 日起替代 GB/T 14308—1993。

续表

标准名称	修订的内容
《旅游饭店星级的划分与评定》（GB/T 14308—2003）	本标准与 GB/T 14308—1997 相比主要变化如下： 1. 用"旅游饭店"取代"旅游涉外饭店"，并按国际惯例明确了旅游饭店的定义。 2. 规定旅游饭店使用星级的有效期限为五年，取消了星级终身制，增加了预备星级。 3. 明确了星级的评定规则，增加了某些特色突出或极其个性化的饭店可以直接向全国旅游饭店星级评定机构申请星级的内容。 4. 对餐饮服务的要求适当简化。 5. 将一星级饭店客房的最低数量要求由原来的 20 间改为 15 间。 6. 将原标准三星级以上饭店的选择项目合并，归纳为"综合类别"、"特色类别一"、"特色类别二"和"特色类别三"四大部类，删去了原有部分内容，增加了饭店品牌、总经理资质、环境保护等内容。 7. 对四星级以上饭店的核心区域前厅、客房和餐厅强化了要求，增加整体舒适度等内容。 8. 借鉴一些国家的做法，增设了"白金五星级"。
《旅游饭店星级的划分与评定》（GB/T 14308—2010）	1. 增加了对国家标准 GB/T 16766 旅游业基础术语、GB/T 15566.8 公共信息导向系统的引用。 2. 更加注重饭店核心产品，弱化配套设施。 3. 将一、二、三星级饭店定位为有限服务饭店。 4. 突出绿色环保的要求。 5. 强化安全管理要求，将应急预案列入各星级的必备条件。 6. 提高饭店服务质量评价的操作性。 7. 增加例外条款，引导特色经营。 8. 保留白金五星级的概念，其具体标准与评定办法将另行制定。

知识点 3　旅馆经营设立特许制度

　　旅馆属于特种行业，统一由公安机关治安部门归口管理。开办旅馆，应当向所在地市、县（市、区）公安部门申请，取得《特种行业许可证》，再向工商行政管理部门申请登记，领取营业执照后，方可营业。

　　《浙江省公安厅关于贯彻执行〈浙江省旅馆业治安管理办法实施细则〉若干问题的通知》规定，旅馆业开办应具备的条件如下：①房屋建筑、消防设备符合国家有关规定。要求有固定、合法的营业场所，房屋建筑质量及消防安全必须依法通过有关单位或部门的验收。利用人防工程开办的旅馆必须具备良好的通风、照明设备和两个以上出入口。②具备必要的防盗安全设施。旅馆客房的门、窗必须符合防盗要求,并设有符合防盗要求的物品保管柜(箱)。其中二星级以上旅馆或者客房数在 50 间以上的旅馆必须另外设有专供旅客存放行李物品的寄存室和存放大宗现金或贵重物品的保险柜(箱),各楼层通道须装有安全监控设备;提供休息宿夜的浴室除了应达到以上硬件条件外,还应当对洗浴人员储物衣柜实行双锁管理,并在休息包厢(间)的公共通道安装录像监管设备。③具备单独的旅客房间。宿夜浴室以外的其他旅馆应当具备此条件。④符合旅馆业治安管理信息系统要求的条件。有符合系统安装要求的电脑、扫描仪、信息传输线路,以及熟悉掌握信息录入操作业务的前台登记、管理人员。

知识点 4　旅馆住宿登记制度

　　旅馆接待旅客住宿必须登记,按规定项目填写《住宿登记表》。登记时,应当查验旅客的有效身份证件,凭《居民身份证》《临时居民身份证》及《军官证》《武警警官证》《军官离、退休证》《士兵证》等证件进行登记住宿,如实登记旅客姓名、户籍地址、身份证件种类及号码,注明旅客入住时间、房间号,并在 1 小时内将人员的上述信息及照片录入旅馆业治安管理系统。旅客退房时,应及时将退房时间录入系统。外国人、华侨及港澳台同胞可凭《护照》《台湾居民来往大陆通行证》《港澳居民来往内地通行证》《回乡证》等有效身份证件进行登记。对于在中国境内购房、租房居住以及在有关机构或他人家中住宿等不在旅馆住宿的外国人,则适用《公安派出所外国人住宿登记管理办法(试行)》(简称《管理办法(试行)》)(公通字〔2007〕69 号)的规定。《浙江省公安厅关于贯彻执行〈浙江省旅馆业治安管理办法实施细则〉若干问题的通知(浙公通字〔2006〕55 号)》规定,对于举办会议的,旅馆可以凭会议举办单位统一提供的参会人员名单安排住宿,参会人员的身份信息可以不录入旅馆业治安管理信息系统,但应当将相关单位提供的参会人员名单、会议用房数量、时间等内容统一留存备查。旅游团队的住宿登记,旅馆可以凭旅行社统一提供的人员名单、身份证件号码进行登记和录入,照片信息可以不输入;对于未携带有效身份证件的成年人要求住宿的,旅馆应通知其到旅馆所在地派出所开具身份证明后,方可登记安排住宿。未携带有效身份证件的 16 周岁以下未成年人要求住宿,如有随行成年人一同的,以成年人提供的身份信息进行登记;如单独一人到旅馆要求住宿的,旅馆可先安排住宿,并立即报告当地派出所进行身份核对。

知识点 5 旅馆卫生规范

　　为加强住宿场所卫生管理,规范经营行为,防止传染病传播与流行,保障人体健康,2007 年 6 月 25 日,卫生部、商务部联合下发了《卫生部、商务部关于印发〈住宿业卫生规范〉等规范的通知》(卫监督发〔2007〕221 号),对旅馆场所(客房、清洗消毒专间、储藏间等)卫生要求;住宿场所公共用品用具采购、储藏、清洗消毒、设备设施维护等卫生操作规程;卫生管理;住宿场所从业人员卫生要求等均作了规定。比如,《住宿业卫生规范》第 22 条规定的客房服务卫生操作要求为:①客房应做到通风换气,保证室内空气质量符合卫生标准;②床上用品应做到一客一换,长住客一周至少更换一次;③清洁客房、卫生间的工具应分开,面盆、浴缸、坐便器、地面、台面等清洁用抹布或清洗刷应分设;④卫生间内面盆、浴缸、坐便器应每客一消毒,长住客人每日一消毒;⑤补充杯具、食具应注意手部卫生,防止污染。《住宿业卫生规范》第 34 条规定:①住宿场所从业人员上岗前应当取得"健康合格证明"。直接为顾客服务的从业人员应每年进行健康检查,取得"健康合格证明"后方可继续从事直接为顾客服务的工作。"健康合格证明"不得涂改、伪造、转让、倒卖。②从业人员患有有碍公众健康疾病,治愈之前不得从事直接为顾客服务的工作。可疑传染病患者须立即停止工作并及时进行健康检查,明确诊断。

2.3　风景旅游区部分

知识点 1 风景名胜区的设立与分类

　　设立风景名胜区,应当有利于保护和合理利用风景名胜资源。2006 年 9 月 6 日颁布的《风景名胜区条例》将风景名胜区划分为国家级风景名胜区和省级风景名胜区,取消了 1985 年 6 月 7 日国务院颁布的《风景名胜区管理暂行条例》规定的市、县级风景名胜区的划分。① 自然景观和人文景观能够反映重要自然变化过程和重大历史文化发展过程,基本处于自然状态或者保持历史原貌,具有国家代表性的,可以申请设立国家级风景名胜区;具有区域代表性的,可以申请设立省级风景名胜区。截至 2012 年年底,国务院先后审定公布了 8 批共 225 处国家级风景名胜区,详细名单见附表三。

设立国家级风景名胜区,由省、自治区、直辖市人民政府提出申请,国务院建设主管部门会同国务院环境保护主管部门、林业主管部门、文物主管部门等有关部门组织论证,提出审查意见,报国务院批准公布。设立省级风景名胜区,由县级人民政府提出申请,省、自治区人民政府建设主管部门或者直辖市人民政府风景名胜区主管部门,会同其他有关部门组织论证,提出审查意见,报省、自治区、直辖市人民政府批准公布。

申请设立风景名胜区应当提交包含下列内容的有关材料:

(1)风景名胜资源的基本状况;

(2)拟设立风景名胜区的范围以及核心景区的范围;

(3)设立风景名胜区的性质和保护目标;

(4)拟设立风景名胜区的游览条件;

(5)与拟设立风景名胜区内的土地、森林等自然资源和房屋等财产的所有权人、使用权人协商的内容和结果。② 2004 年 1 月 9 日,建设部颁布的《国家重点风景名胜区审查办法》规定,申报国家重点风景名胜区必须经省(自治区、直辖市)人民政府审定公布为省(自治区、直辖市)级风景名胜区二年以上,风景名胜区面积必须在 10 平方公里以上。

---

① 《风景名胜区管理暂行条例》将风景名胜区按其景物的观赏、文化、科学价值和环境质量、规模大小、游览条件等,划分为三级:①市、县级风景名胜区,由市、县主管部门组织有关部门提出风景名胜资源调查评价报告,报市、县人民政府审定公布,并报省级主管部门备案;②省级风景名胜区,由市、县人民政府提出风景名胜资源调查评价报告,报省、自治区、直辖市人民政府审定公布,并报城乡建设环境保护部备案;③国家重点风景名胜区,由省、自治区、直辖市人民政府提出风景名胜资源调查评价报告,报国务院审定公布。

② 《风景名胜区条例》第 11 条明确规定:风景名胜区内的土地、森林等自然资源和房屋等财产的所有权人、使用权人的合法权益受法律保护。申请设立风景名胜区的人民政府应当在报请审批前,与风景名胜区内的土地、森林等自然资源和房屋等财产的所有权人、使用权人充分协商。因设立风景名胜区对风景名胜区内的土地、森林等自然资源和房屋等财产的所有权人、使用权人造成损失的,应当依法给予补偿。

知识点 2 风景名胜区的保护

　　2006 年 9 月 6 日颁布的《风景名胜区条例》（以下简称《条例》）对进一步处理好风景名胜资源的保护与利用，作出了明确的规定，确立了"严格保护、永续利用"的原则，并设专章对保护问题作出具体的规定。保护的基本要求是"风景名胜区内的景观和自然环境，应当根据可持续发展的原则，严格保护，不得破坏或者随意改变"。风景名胜区保护的规制面包括了开发商的开发行为、游客的个人游览行为以及相关主体在景区内的活动等。

　　《条例》第二十六条规定，在风景名胜区内禁止进行下列活动：①开山、采石、开矿、开荒、修坟立碑等破坏景观、植被和地形地貌的活动；②修建储存爆炸性、易燃性、放射性、毒害性、腐蚀性物品的设施；③在景物或者设施上刻划、涂污；④乱扔垃圾。《条例》第二十七条规定，禁止违反风景名胜区规划，在风景名胜区内设立各类开发区和在核心景区内建设宾馆、招待所、培训中心、疗养院以及与风景名胜资源保护无关的其他建筑物；已经建设的，应当按照风景名胜区规划，逐步迁出。在风景名胜区内从事《条例》第二十六条、第二十七条禁止范围以外的建设活动，应当经风景名胜区管理机构审核后，依照有关法律、法规的规定办理审批手续。在国家级风景名胜区内修建缆车、索道等重大建设工程，项目的选址方案应当报国务院建设主管部门核准。《条例》第二十九条规定，在风景名胜区内进行下列活动，应当经风景名胜区管理机构审核后，依照有关法律、法规的规定报有关主管部门批准：①设置、张贴商业广告；②举办大型游乐等活动；③改变水资源、水环境自然状态的活动；④其他影响生态和景观的活动。《条例》第三十条规定，风景名胜区内的建设项目应当符合风景名胜区规划，并与景观相协调，不得破坏景观、污染环境、妨碍游览。在风景名胜区内进行建设活动的，建设单位、施工单位应当制定污染防治和水土保持方案，并采取有效措施，保护好周围景物、水体、林草植被、野生动物资源和地形地貌。

　　总的来看，《条例》的颁布，有助于制止景区破坏性建设①和"商业化、人

旅行消费法律常识

————————

　　①　破坏性建设行为的主要后果是损害景区的原有价值，比如对文物古迹修建如新、某些历史遗址地重建，这类行为与不改变文物原状的原则格格不入，破坏了文化古迹的历史原貌，损减了本具有的历史文化价值。

工化、城市化"①的趋向。

知识点 3　旅游景区的概念与分类

2012 年 5 月 1 日施行的《旅游景区质量等级管理办法》第二条规定,旅游景区是指可接待旅游者,具有观赏游憩、文化娱乐等功能,具备相应旅游服务设施并提供相应旅游服务,且具有相对完整管理系统的游览区。2004 年 10 月 28 日,国家质量监督检验检疫总局发布的国家标准《旅游景区质量等级的划分与评定》(GB/T 17775—2003)提及,"旅游景区是以旅游及其相关活动为主要功能或主要功能之一的空间或地域。旅游景区具有参观游览、休闲度假、康乐健身等功能,具备相应旅游服务设施并提供相应旅游服务的独立管理区。该管理区应有统一的经营管理机构和明确的地域范围。包括风景区、文博院馆、寺庙观堂、旅游度假区、自然保护区、主题公园、森林公园、地质公园、游乐园、动物园、植物园及工业、农业、经贸、科教、军事、体育、文化艺术等各类旅游景区"。

为了全面推行旅游区(点)质量等级评定工作,规范旅游区(点)质量管理,提高其服务水平,促进旅游区(点)质量等级评定工作的规范化、制度化,1999年 9 月 30 日,国家旅游局颁布《旅游区(点)质量等级评定办法》(以下简称《办法》),规定凡在中华人民共和国境内,正式开业接待旅游者一年以上的旅游区(点),包括旅游景区景点、主题公园、游乐园、度假区、自然保护区、风景名胜区、森林公园、动物园、植物园、文博院馆、美术馆等(不包括园中园、景中景等内部旅游地),均可申请参加质量等级评定。该《办法》将旅游区(点)质量等级划分为四级,从高到低依次为一、二、三、四级②旅游区(点),并在国家标准《旅游区(点)质量等级的划分与评定》(GB/T 17775—1999)中规定了各等级划分的依据、条件及评定的基本要求。其后,《旅游区(点)质量等级的划分与评定》(GB/T 17775—1999)经过修订,现行适用的《旅游景区质量等级的划分与评定》(GB/T 17775—2003),将旅游景区质量等级划分为五级,从高到低依次为 AAAAA(5A)、AAAA(4A)、AAA(3A)、AA(2A)、A(1A)级旅游景区。

---

①　"商业化"是指对景区进行的以营利性而非社会公益性为目的的改造;"人工化"是指有损景区自然性特征的改造;"城市化"是指违背景区独立完整生态系统的改造,主要表现为城市构成要素景区内集中。以上"三化"现象与风景名胜资源的性质与功能格格不入,会导致景区资源的自然度、美感度、灵感度损减,是近些年来对景区资源破坏的主要方式。

②　此处的一级即 AAAA 级、二级即 AAA 级、三级即 AA 级、四级即 A 级。

知识点 4　旅游景区质量等级的申请与评定

2012 年 5 月 1 日施行的《旅游景区质量等级管理办法》规定了旅游景区质量等级的申请与评定要求。

3A 级及以下等级旅游景区由全国旅游景区质量等级评定委员会授权各省级旅游景区质量等级评定委员会负责评定,省级旅游景区评定委员会可向条件成熟的地市级旅游景区评定委员会再行授权;4A 级旅游景区由省级旅游景区质量等级评定委员会推荐,全国旅游景区质量等级评定委员会组织评定;被公告为 4A 级三年以上的旅游景区可申报 5A 级旅游景区,5A 级旅游景区由省级旅游景区质量等级评定委员会推荐,全国旅游景区质量等级评定委员会组织评定。

申报 3A 级及以下等级的旅游景区,由所在地旅游景区评定机构逐级提交评定申请报告、《旅游景区质量等级评定报告书》和创建资料。创建资料包括景区创建工作汇报、服务质量和环境质量具体达标说明和图片、景区资源价值和市场价值具体达标说明和图片。省级或经授权的地市级旅游景区评定机构组织评定,对达标景区直接对外公告,颁发证书和标牌,并报全国旅游景区质量等级评定委员会备案。

申报 4A 级的旅游景区,由所在地旅游景区评定机构逐级提交评定申请报告、《旅游景区质量等级评定报告书》和创建资料,由省级旅游景区评定机构组织初评。初评合格的景区,由省级旅游景区评定机构向全国旅游景区质量等级评定委员会提交推荐意见,全国旅游景区质量等级评定委员会通过明察、暗访等方式进行检查,对达标景区对外公告,颁发证书和标牌。

申报 5A 级的旅游景区,由所在地旅游景区评定机构逐级提交评定申请报告、《旅游景区质量等级评定报告书》和创建资料(含电子版),由省级旅游景区评定机构组织初评。初评合格的景区,由省级旅游景区评定机构向全国旅游景区质量等级评定委员会提交推荐意见。

全国旅游景区质量等级评定委员会对申报 5A 级旅游景区的评定程序如下:

(1)资料审核。全国旅游景区质量等级评定委员会依据景区评定标准和细则规定,对景区申报资料进行全面审核,审核内容包括景区名称、范围、管理机构、规章制度及发展状况等。通过审核的景区,进入景观评估程序;未通过审核的景区,一年后方可再次申请重审。

(2)景观价值评价。全国旅游景区质量等级评定委员会组建由相关方面专家组成的评议组,听取申报景区的陈述,采取差额投票方式,对景区资源吸引力和市场影响力进行评价,评价内容包括景区观赏游憩价值、历史文化科学价值、知名度、美誉度与市场辐射力等。通过景观评价的景区,进入现场检查环节;未通过景观评价的景区,两年后方可再次申请重审。

(3)现场检查。全国旅游景区质量等级评定委员会组织国家级检查员成立评定小组,采取暗访方式对景区服务质量与环境质量进行现场检查。检查内容包括景区交通等基础服务设施,安全、卫生等公共服务设施,导游导览、购物等游览服务设施,电子商务等网络服务体系,对历史文化、自然环境保护状况,引导游客文明旅游等方面。现场检查达标的景区,进入社会公示程序;未达标的景区,一年后方可再次申请现场检查。

(4)社会公示。全国旅游景区质量等级评定委员会对达到标准的申报景区,在中国旅游网上进行七个工作日的社会公示。公示阶段无重大异议或重大投诉的旅游景区通过公示,若出现重大异议或重大投诉的情况,将由全国旅游景区质量等级评定委员会进行核实和调查,作出相应决定。

(5)发布公告。经公示无重大异议或重大投诉的景区,由全国旅游景区质量等级评定委员会发布质量等级认定公告,颁发证书和标牌。

首批 66 家国家 5A 级旅游景区名单详见附录四。

知识点 5　全国文明风景旅游区

全国文明风景旅游区是中央文明办、住房和城乡建设部、国家旅游局授予创建文明风景旅游区活动中成绩突出的风景名胜区、旅游区(点)的荣誉称号。

2005 年 1 月 7 日颁布的《全国文明风景旅游区评选和管理办法》规定:全国文明风景旅游区每三年评选表彰一次。每届期满后,获得荣誉称号的单位须重新参加申报、评选。具备申报全国文明风景旅游区资格的单位可自愿向当地文明办、建设厅(委、局)、旅游局(委)提出申请。各级文明办、建设厅(委、局)、旅游局(委)按照申报条件对申报全国创建文明风景旅游区工作先进单位和全国文明风景旅游区的单位进行考核,逐级向上推荐。经省(自治区、直辖市)文明办、建设厅(委、局)、旅游局(委)统一审核和测评后,确定本省(自治区、直辖市)推荐名单。中央文明办、建设部、国家旅游局制定下发《全国文明风景旅游区暂行标准(2005 年版)》(已经修订,现行适用的是《全国文明风景旅游区标准(2008 年版)》),作为考核测评全国文明风景旅游区的依据。中央文明办、建设部、国家旅游局对各地推荐报告和相关材料进行审核,根据需要组织对各地推荐的全国文明风景旅游区单位进行考核验收。

第 3 篇 <<<<

旅游消费案例

3.1　"吃"环节

案例一：餐馆顾客现金被盗案

2009 年 12 月 16 日晚，肖某和朋友到位于××市××大道×××号的邓某某开办的火锅店就餐。至当晚 21 时许，肖某称其随身携带并在三处分装的 30000 元现金中的 20000 元被盗，遂报案至当地公安局派出所（该案件尚未侦破）。现肖某以火锅店违反约定、未尽到安全保障义务为由诉至法院，要求其赔偿损失 20000 元。肖某向法院提交的证据材料有 2009 年 12 月 11 日中国建设银行取款凭条及业务收费凭证各 1 份，证明其带有 30000 元现金，丢失 20000 元。

店主邓某某辩称：①双方没有就保管肖某现金达成任何协议，也不存在违约问题。肖某到火锅店吃饭，双方形成的是消费合同关系。肖某是否携带东西，携带什么东西，其并未告知火锅店，也未交给火锅店保管，双方对此没有达成任何合意，火锅店既无保管的权利，也无保管的义务。②火锅店对顾客也做了相应的提示，尽到了经营者的义务。至于因第三人盗窃的犯罪行为造成的财产损失，应由实施盗窃行为的犯罪分子赔偿。③肖某是否携带东西，携带什么东西，是丢失还是被盗均无法确认。肖某诉称吃饭时20000 元现金被盗仅是一面之词，没有任何依据。目前案件尚未侦破，其财物的数额无法确认。店主邓某某向法院提交了照片 6 张，证明其店内悬挂有警示标志。

法院审理认为，当事人对自己提出的诉讼请求所依据的事实或者反驳对方诉讼请求所依据的事实有责任提供证据加以证明。没有证据或者证据不足以证明当事人的事实主张的，由负有举证责任的当事人承担不利后果。肖某称其在邓某某经营的火锅店就餐时随身携带的 20000 元现金被盗，而火锅店未尽到安全保障义务，要求其予以赔偿，但其未提交相应的有效证据证明；另一方面，参照《最高人民法院关于审理人身损害赔偿案件适用法律若干问题的解释》第六条的规定，邓某某系为肖某提供餐饮服务的经营者，虽对进入经营场所的消费者应尽到使其免受人身损害、财产损害的义务，但其承担的安全保障义务应在合理的限度内。从该案已查明的事实来看，邓某某举证的店堂照片表明其店内悬挂有"请你保管好随身携带的物品，谨防小偷。贵重物品请交吧台,否则,丢失自负"的警示标志,虽然肖某称该警示标志是在事发后才悬挂的,但其未提供证据佐证。此外,在肖某称其现金被盗后,火锅店的服务人员也积极协助公安机关调查取证。邓某某的上述行为符合餐饮经营者的通常做法和合理限度,已经适当履行了经营者的安全保障义务。因此,法院不予支持肖某的诉讼请求。

案例二:顾客通过餐厅消防通道门时手被挤伤案

2011年2月25日晚上,杨某某与家人一同在某酒店宴请同事,宴席的餐厅位于二楼一雅间,该餐厅邻近消防通道,有两个房门,一个是正常通行的房门,另一个是不常使用的消防通行门,该门从雅间通向二楼消防通道,从消防通道可以直接下楼,也可以通向二楼正常的通行走廊,消防通道与二楼正常通道之间设置有一扇走廊间隔门。当天晚上6时许,杨某某从宴席雅间的消防通道门出去,通过消防通道到二楼卫生间,在通过二楼消防通道间隔门时,右手中指被间隔门挤伤,当即被参加宴请的客人送往某医院就诊,诊断结论为:右中指末端挤压挫裂伤、甲床撕裂断离、末端指骨骨折、外露等。杨某某认为,由于饭店通道及过道门设置不合理,存在安全隐患,才导致自己受伤,损害了消费者的合法权利,饭店依法应当承担赔偿责任。

酒店方辩称:①酒店是根据国家标准设计、建造并通过国家相关部门验收的三星级酒店,不存在杨某某所说通道及过道门设置不合理、有安全隐患的情况。杨某某诉称碰伤的二楼消防通道门,也是通过消防部门验收合格的,不存在安全隐患问题。②酒店从大门口到各个包间都安排了服务员引导、指示,各项设施都有明显标志,酒店起到了对消费客人的提醒和注意的义务,主观上并无过错,也不构成对酒店安全保障义务的违反。③杨某某作为完全民事行为能力人,在日常行为中应当通晓生活常识及规范使用物品,能够预见可能产生的风险,由于自己过错而造成的自身伤害,应自行承担相关责任。④杨某某受伤后,饭店出于人道主义考虑,马上组织工作人员带上礼品前往医院探望,并答应给予适当补偿,后因杨某某求偿要求太高,双方无法协商处理此事。

法院审理认为,杨某某在酒店餐饮消费期间,通过消防通道门时手被挤伤的事实,可以结合受伤事实予以认定;关于杨某某手被挤伤的具体过程,因杨某某手被挤伤时并无其他人直接在现场看到,杨某某也未提交其他有效证据予以佐证,故法院无法判断杨某某的手是如何被挤伤的;酒店设置的消防通道、消防通道门均经过了消防检查、验收,证明该酒店消防通道等设置符合国家消防安全规定,因此该消防通道、消防通道门的设置及存在,不构成对杨某某的侵权。在杨某某无充分证据证明通道门存在安全隐患、功能障碍的情况下,法院必须排除酒店通道间隔门设施障碍、功能缺陷造成原告手被挤伤的事实存在。但酒店、宾馆、娱乐行业经营者的安全服务保障义务,除了履行对酒店硬件设施、经营或餐饮物品的安全管理、安全服务保障义务外,还必须履行对消费者合理限度内的安全管理、安全服务保障义务。就本案而言,为杨某某提供餐饮服务的雅间,设置了正常通行和消防通行两个房门,当其他客人看到杨某某要通过此消防通行门时,便为其打开消防通行房门的锁销,杨某某通过消防通行房门走出房间,途经消防通道走向正常通道的整个过程,不是在酒店服务人员指示、引导下进行的,该开锁、通行行为也没有被服务人员及时发现、及时制止,证明酒店在履行对消费者的安全管理、安全服务保障义务方面,存在一定的管理疏漏和服务瑕疵;该管理疏漏、服务瑕疵行为,虽不是造成杨某某手被挤伤的直接原因、根本原因,也不必然引起杨某某手被挤伤的损害后果,但如果杨某某能够在酒店服务人员指示、引导下安全通行或其开锁、通行行为被及时制止,则有可能防范或避免损害后果的发生,故此,酒店的管理疏漏、服务瑕疵行为,是杨某某损害后果发生的条件因素之一,属于间接原因。就本案而言,杨某某作为具备完全民事行为能力的成年人,对自己实施的行为可能造成的安全后果具有通常标准的理解、防范、避免及自我保护能力,开门、关门、通行均属于日常的普通生活行为,完全能够自行避免和阻止。杨某某手被挤伤的损害后果,应由其本人承担主要责任。根据因果关系的性质及原因力的大小,法院最终确定酒店违反安全保障义务对杨某某的损害后果,承担次要赔偿责任,具体以30%的责任比例为宜,杨某某应自行承担70%的责任比例。

案例三:顾客被散落在餐厅地面的菜梗滑倒受伤案

　　2010 年 4 月 30 日晚上,叶某及其家人至某餐饮公司所属的某饭店就餐,就餐期间,叶某在其母亲陪同下上厕所,途经用餐大厅时,踩在散落在地上的菜梗滑倒。事发后,叶某与餐厅工作人员交涉不成,遂拨打"110"电话报警,在警察的干预下,叶某在餐厅员工陪同下就医,经医院检验,叶某右大腿软组织挫伤,需要卧床休息 2 周。叶某认为是由于餐厅的不负责导致其受伤,使其肉体和身心都受到很大伤害,故要求该餐饮公司承担赔偿责任。

　　餐饮公司辩称:①对叶某受伤原因有异议,没有证据证明叶某系踩到菜梗摔倒。②叶某系未成年人,叶某的监护人未尽到监护义务。

法院审理认为,公民生命健康权不受侵害。从事住宿、餐饮、娱乐等经营活动或者其他社会活动的法人,未尽合理限度范围内的安全保障义务致使他人遭受人身损害,应承担相应赔偿责任。餐饮公司有保持其店堂地面清洁和防滑的安全保障义务,防止就餐客人发生摔倒等情况发生。现餐饮公司未及时清除地面上的菜叶导致叶某滑倒,可见,餐饮公司未尽到其应有的安全保障义务,存在过错。其过错行为与叶某滑倒有直接因果关系。餐饮公司认为叶某的监护人未尽到监护义务的辩护意见,法院认为,叶某上厕所途中由其母亲陪护,其监护人已尽到了监护责任,且即使监护人未陪护,事发时叶某已满 12 周岁,对独自上厕所有民事行为能力。餐饮公司未举证叶某有过错,故对其辩护意见,法院不予采纳。最终法院判定该餐饮公司承担全部赔偿责任。

案例四:因餐厅洗手间地面湿滑,致使顾客摔倒受伤案

2009 年 9 月 15 日晚,朱某与朋友在某某火锅店吃晚餐,席间朱某上洗手间时不慎摔倒受伤。事发后,朱某被送往医院住院治疗,此后又多次复诊。诊断结论为:朱某因外伤致鼻根部多处软组织创伤、鼻骨粉碎性骨折伴鼻中隔偏曲等,面部多处皮肤瘢痕形成(累计长度未达 10 厘米)。后双方未能就赔偿问题达成一致,朱某诉至法院,要求某某火锅店赔偿其医药费、住院伙食补助费、护理费、营养费、误工费、精神损害抚慰金、交通费、鉴定费等各项损失。

某某火锅店辩称,饭店内洗手间有专人负责打扫并保持地面干燥,且采取了防滑措施,已尽到安全保障义务。朱某在饮酒后没有尽到注意义务造成自己受伤,朱某自身具有较大过错,不应由火锅店承担赔偿责任。火锅店为证明其主张,申请证人张某某、荣某某出庭作证。证人张某某作证如下:2009 年 9 月 15 日,证人在某某火锅店吃饭。20 时 30 分左右,证人去洗手间时看见一男子在洗手间小便池呕吐,应该是喝多了,该男子捂着胸口往外走时撞在门框上,但伤势并不严重,该男子就是朱某。事发当时洗手间有一男服务员站在男女洗手间当中,洗手间地面并不湿滑且放置了警示牌以及防滑毯。证人荣某某(洗手间保洁员)作证如下:事发当时证人正在当班,20 时 30 分左右,证人在女洗手间门口看到一男子即朱某喝多了,从洗手间出来时撞在男洗手间门框上,鼻子流血,之后朱某到洗手池清洗伤口,事发时并无其他工作人员及顾客在场,洗手间走道以及洗手池前均有防滑毯,并放置有警示牌。对于上述证人证言,朱某表示证人张某某无法提供事发当日就餐

发票证明其确实在场,而证人荣某某系火锅店员工,与火锅店具有利害关系,故对两位证人证言不作认可。

法院审理认为,从事住宿、餐饮、娱乐等经营活动或者其他社会活动的自然人、法人、其他组织,未尽合理限度范围内的安全保障义务致使他人遭受人身损害,应承担相应的赔偿责任。受害人对于损害发生也有过错的,可以减轻侵害人的民事责任。本案中火锅店经营者理应为顾客提供安全、卫生、舒适的用餐环境以及服务。火锅店提供的证据尚不足以证明其已尽到安全保障义务,理应承担相应的赔偿责任。朱某在饮酒后上洗手间时未能尽到合理注意义务,对于本次受伤朱某亦具有较大过错,应减轻火锅店的赔偿责任。综合各方面的因素,最终判定由火锅店向朱某承担 30％ 的赔偿责任。

案例五:顾客咬到菜中钢丝导致牙齿受损纠纷案

2008 年 8 月 1 日中午,胡某某与两位同事前往某餐饮公司处就餐,就餐过程中,胡某某咬到菜中的一截钢丝(系餐饮公司用于洗刷锅碗的钢丝球断裂物)后感到不适,吐出了嘴中的菜肴,并告知餐饮公司服务人员其掉落了一小块牙齿碎片。当时,餐饮公司免去了胡某某的就餐费。胡某某于 2008 年 8 月 1 日、11 月 5 日前往医院就诊,医院建议对胡某某受伤的牙齿安装金属冠,并辅以根管治疗,预计费用为人民币 3000 元。当胡某某将相关治疗方案告知餐饮公司后,餐饮公司以“钢丝不会导致牙齿折裂”为由,拒绝承担胡某某的医疗费。2008 年 11 月 24 日,胡某某提起诉讼,要求该餐饮公司赔偿医疗费、误工费、交通费、精神损失抚慰金、后续治疗费用(以实际支出为准)。

某餐饮公司辩称,胡某某就餐时咬到的是用于洗刷锅碗的一截钢丝,不会导致胡某某的左上方磨牙折裂。胡某某提出的赔偿内容无事实依据,餐饮公司不予认可。由于某餐饮公司提供的食物中存有异物,故愿意酌情补偿胡某某人民币 1000 元。

法院审理认为,公民享有生命健康权。公民、法人由于过错侵害他人人身的,应当承担民事赔偿责任。胡某某到该餐饮公司就餐,餐饮公司理应提供卫生、合格的菜肴。餐饮公司提供的菜肴中留有洗刷锅碗的钢丝球断裂物,胡某某咀嚼时,口腔会受到相应的损伤,对此,餐饮公司应对胡某某承担相应的赔偿责任。但是,折裂健康的牙齿需要相当的外力才能实现,洗刷锅碗的钢丝球断裂物显然难以达到折裂健康牙齿的外力所需。因此,餐饮公司根据自身的过错程度，愿意对胡某某赔偿人民币 1000 元是合适的。

案例六：自助餐宴食物过敏中毒纠纷案

2009 年 4 月 15 日，沈某与某餐饮公司签订餐饮服务合同，约定 2009 年 5 月 16 日中午，沈某在某餐饮公司所属的某店举行宾客人数为 60 位的自助餐宴会。当日宴会中，餐饮公司根据约定提供了菜品及点心 30 余种，其中生食品包括生蚝、生鱼片及蔬菜色拉。经结账，沈某支付了价款 33500 元。餐后不久，包括沈某在内的 10 余位就餐宾客出现不同程度腹泻等身体不适，后分别于同月 18、19 日至医院初诊，经诊断为急性肠胃炎，为此沈某自行支出医疗费 210.97 元。沈某将相关情况告知某餐饮公司后，餐饮公司即于下午派员至医院探望了在该院就诊的部分就餐客人。2009 年 5 月 20 日，沈某向当地食品药品监督所投诉，该所开展了相关调查，但由于无法采集食物样品，故仅对某餐饮公司的餐具进行了采样，其调查结论为未发现某餐饮公司存在与本起投诉直接相关的违法行为，且综合各项调查材料无法认定就餐者的身体不适系某餐饮公司供应的午餐引起。

沈某认为，某餐饮公司作为知名餐饮企业，应对其供应的食品安全负责，现在沈某的婚宴上发生食物中毒，严重损害了沈某的合法权益，故诉至法院要求餐饮公司退还餐费 33500 元并赔偿 33500 元，并要求餐饮公司对沈某赔礼道歉并赔偿精神抚慰金 50000 元，赔偿沈某医疗费 211.69 元。

餐饮公司辩称，沈某预订 2009 年 5 月 16 日中午的自助餐时，并未告知是婚宴，双方于 2009 年 4 月 15 日签订的是宴会合同，并非婚宴合同。某餐饮公司当时提供的 140 只生蚝，其进货渠道正规，质量是有保证的。生蚝本身性寒，不宜多吃，沈某方参加宴会的有 58 位客人，而仅有 13 位客人出现过敏症状，如仅有这 13 位客人食用生蚝，难免产生不适，反之则说明有其他客人食用后并未感到不适，且沈某方也称有一位孕妇食用生蚝后并无不适。宴会上，餐饮公司提供了众多丰盛的食物，如食用不当，也可能产生不适，亦不能排除包括宴会上沈某方自带的 18 瓶红酒及宴会后宾客的用餐及自身身体等因素所引起的不适。出现过敏症状的 13 位宾客虽有就医情况，但均未住院，也没有医院通过细菌培养化验证明或直接认定是食物中毒。某餐饮公司于 2009 年 5 月 18 日下午接到沈某方电话称有客人就医后，立刻派人前往医院看望，有 3 位客人经初步诊断为急性肠胃炎并进行了细菌培养化验，但之后沈某方并未将化验结果告知餐饮公司及提供其他客人的就诊记录。后沈某方于 5 月 21 日、22 日向有关部门投诉，餐饮公司也提供了陈述材料，有关部门并未认定餐饮公司存在违法及不妥之处。餐饮公司认为，民事活动应遵循诚实信用、等价有偿的法律原则，本案中沈某无视引起腹泻的各种可能情况，主张系食用餐饮公司提供的生蚝所致而要求餐饮公司承担违约责任，于理于法均相违背，要求予以驳回。

　　法院审理认为，消费者的合法权益受法律保护。本案沈某在某餐饮公司处举办宴会并携宾客用餐，双方之间成立餐饮服务合同关系。餐后包括沈某在内的诸多在某餐饮公司处就餐的顾客，出现了腹泻等胃肠疾病反应并至医院就诊，根据发病及就诊时间节点以及相关的诊断结果，一定程度上可以证明与某餐饮公司提供的食物有关，故本案中相应举证责任即转移至某餐饮公司。某餐饮公司虽向法庭提供了生蚝检测报告，但其检测日期早于沈某就餐日期六个月，显然不能证明某餐饮公司所供生蚝属合格。虽然相关食品安全主管部门在事发之后的调查中未认定某餐饮公司存在食品安全违法行为，但主要是由于时间因素而无法对某餐饮公司提供的食品进行采样，也不能证明某餐饮公司提供的食物的安全性。而某餐饮公司主张沈某等宾客的身体不适可能是自身原因所致的抗辩事实及理由，则缺乏相应依据，法院亦难以采信。故本案某餐饮公司提供的证据不能证明沈某方的身体不适与餐饮公司提供的食品无关，可以认定某餐饮公司存在履约瑕疵，其依法应承担相应违约赔偿责任。关于沈某具体的诉讼请求，由于本案某餐饮公司的履约瑕疵尚不构成根本违约，且没有证据证明其存在欺诈的事实，故沈某要求某餐饮公司退还全部餐费并赔偿一倍餐费的请求，缺乏事实及法律依据，某餐饮公司仅应承担退还部分餐费的责任，具体数额法院酌定为 5000 元。沈某的医疗费损失，有相应病历及支出单据为证，法院凭据予以支持。沈某要求餐饮公司赔礼道歉并赔偿精神抚慰金的请求，缺乏相应法律依据，法院不予支持。

3.2　"住"环节

案例一：宾馆卫生间水盆落水管接口脱落漏水
　　　　导致旅客滑倒受伤案

　　2008 年 6 月 19 日，康某与某旅游公司签订《神舟漫游中老年旅游国内旅游合同》，约定康某参加某旅游公司组织的"朱家尖、沈家门、宁波五龙潭三日游"，时间为 2008 年 6 月 24 日至当月 26 日，导游服务为全陪，住宿条件为 2～3 人标房，团费总价 588 元。次日，某旅游公司将旅行团人员名单传真给某某旅行社，要求某某旅行社提供导游服务及安排团员餐饮住宿，某某旅行社回复传真表示接受。2008 年 6 月 24 日，旅游成行。当晚，某某旅行社将康某等人安排至某宾馆住宿，康某单独入住某标间。6 月 25 日下午，康某在卫生间摔倒致伤，后被送至当地医院救治，诊断为"左股骨颈骨折"。6 月 27 日，康某转至上海某医院住院手术治疗，于 7 月 16 日转入中国人民解放军某某医院住院康复治疗至 8 月 20 日出院。2008 年 12 月 1 日，经华东政法大学司法鉴定中心对康某伤残等级及休息、护理、营养期限进行鉴定。鉴定结论为："被鉴定人康某因外力作用致左股骨颈骨折经左全髋置换术，评定八级伤残，酌情给予治疗休息 10 个月，营养 3 个月，护理 5 个月。"康某支付鉴定费 1400 元。后因赔偿问题发生争议，致诉讼。

康某诉称，在客房卫生间洗漱时由于水盆落水管接口脱落漏水，地面积水使其滑倒在地受伤。康某认为，其参加某旅游公司组织的旅游活动，某旅游公司应保障其人身安全。但某旅游公司将旅行团交由某某旅行社地接，某某旅行社安排康某至宾馆住宿，由于宾馆设施瑕疵致使康某遭受人身伤害，导致医疗费等各项费用支出与财产损失，因某旅游公司、某某旅行社、宾馆三者对康某的受伤均存在过错，故要求三者共同赔偿康某的各项损失（医疗费、误工费、护理费、住院伙食补助费、营养费、残疾赔偿金、交通费、精神损害抚慰金、残疾辅助用具费、伤残鉴定费、工商查档费）共计 23 万余元。

某旅游公司辩称，与康某签订旅游合同的事实无异议，康某组团后由地接社某某旅行社负责组织旅游。当日旅游活动结束后，某某旅行社将康某安排在宾馆住宿。康某在住宿过程中自己不慎摔倒致伤，某旅游公司已经履行了旅游合同中约定的义务，康某受伤不是发生于旅游行程中，其受伤结果并非某旅游公司的旅游行为导致，故某旅游公司不应承担赔偿责任。

某某旅行社辩称，某某旅行社是康某在普陀山的地接社，接受某旅游公司委托提供导游服务及安排团员餐饮住宿。按照与某旅游公司之间的协议，某某旅行社已完成了约定义务。康某摔倒在宾馆的客房中，与某某旅行社提供的服务没有关系，某某旅行社不是实际侵权人，亦没有共同故意或过失，故不应承担赔偿责任。

宾馆方辩称，康某在客房中摔倒受伤是事实，但事发后经查看该房间台盆落水管并无损坏，因此康某摔倒致伤的原因不明。即使康某摔倒系因地面有水湿滑所致，也不能排除地面湿滑系康某自己用水不当造成。且在宾馆卫生间内铺有地巾、防滑垫并张贴有温馨提示提醒住客注意安全，宾馆已采取充分措施防止客人发生意外。因此,康某的摔倒并非因宾馆设施瑕疵所致,宾馆方也尽到了安全保障义务,不应承担赔偿责任。

法院审理认为,从事住宿、餐饮、娱乐等经营活动或者其他社会活动的自然人、法人、其他组织,未尽合理限度范围内的安全保障义务致使他人遭受人身损害,赔偿权利人请求其承担相应赔偿责任的,人民法院应予支持。本案中,康某入住某宾馆,某宾馆应提供功能完好的住宿设施及保障唐某的住宿安全,现康某在宾馆客房卫生间摔伤,双方的争议焦点在于该客房卫生间台盆落水管是否损坏以及与康某的摔倒是否具有因果关系。从事发后,宾馆向康某出具的《情况说明》可见宾馆已经认可存在落水管损坏的事实,且宾馆提供的证人亦陈述事发后经检查该客房卫生间台盆下确有水迹,故事发当日客房卫生间落水管损坏确系事实,在此情况下可以认定康某诉称的因地面积水导致其摔倒的事实成立。宾馆方辩称,卫生间地面积水系康某不当用水所致,康某擅自修复落水管时失去重心导致摔倒,但对此康某予以否认,宾馆亦未举证予以证明,故法院不予采信。即使康某系在修复落水管时摔倒,亦不能必然排除与落水管漏水致地面湿滑间的因果关系。综上,宾馆方提供的设施存在瑕疵导致康某受伤,又未能举证证明存在减轻或免除赔偿责任的事实,故应对康某的全部损失予以赔偿。某旅游公司在履行与康某签订的旅游合同过程中并无违约行为,康某受伤亦非某旅游公司与某某旅行社的旅游行为所致,且某旅游公司在地接社的选择与某某旅行社在住宿地点的选择上均无过错,因此,某旅游公司与某某旅行社不应承担赔偿责任。最终法院判宾馆方应赔偿康某医疗费、护理费、住院伙食补助费、营养费、残疾赔偿金、交通费、精神损害抚慰金、残疾辅助用具费、伤残鉴定费、工商查档费,合计人民币 17 万余元。

案例二:酒店游泳池跳水受伤案

2004 年 6 月 24 日,王某某在某旅行社的安排下,入住某温泉酒店。晚饭后,王某某与旅游团部分游客前往酒店内的游泳池游泳,在王某某跳水进入游泳池游泳时,王某某头部与游泳池底碰撞,造成颈部受伤,当场昏迷。事故发生后,王某某被送往医院抢救,后经诊断第 5 颈椎骨折并截瘫,其伤情经鉴定构成一级伤残。

王某某起诉要求某旅行社、某温泉酒店共同赔偿医疗费、护理费、误工费、住院伙食补助费、残疾辅助器具费、交通费、营养费、被抚养人生活费、残疾赔偿金、精神损害抚慰金及鉴定费共计 90 余万元,要求某旅行社和某温泉酒店承担连带责任。王某某诉请理由是酒店游泳池四周未设置注意事项警示牌和游泳池的水深标识，旅行社导游及酒店员工也未对其加以提醒。王某某提供了经公证处公证的 14 人签名的证明书作为证据材料。

某旅行社和某温泉酒店均主张游泳池周边已设置警示牌，已尽其安全保障义务。

某旅行社提供照片作为证据材料，照片显示游泳池边有一警示牌，告示内容为：一、泳池营业时间为 15：00—23：00；二、患高血压、心脏病、年老体弱及酒后者禁止入水；三、严禁跳水；四、须穿泳衣、泳裤入水。在游泳池对面墙上写有"严禁跳水"四个字。游泳池周边标明（深 1.2 米）的水深标识线。事发后，旅行社联系了旅行社责任保险的投保方太平洋财产保险公司某某中心支公司，由其出具一份《答复函》，表明该起事故是由于游客自身过错造成的，不属于旅行社保险责任范围。

酒店方面出具了当地旅游局对一名旅游团队成员和一名酒店保安所作的《事故情况了解笔录》，证实：①游泳池旁边设置有"严禁跳水"的警示牌；②游泳池管理人员在巡视时也提醒过王某某要注意安全；③为游泳者设置有两个专用扶梯；④在游泳池四周设置有标明游泳池水深的警示牌；⑤事故发生后，游泳池管理人员履行了充分的救助义务。

该案经法院开庭审理。王某某提供的证人未到庭作证，法院认为其提供的经公证的证言只能证明这些证人到过公证处作证，但并不能证明证人的证言真实，而某某旅行社以及酒店方面提供的证据能相互佐证。法院最终采信了旅行社和酒店方提出的事实。

法院认为，游泳池不是跳水台，在游泳池跳水具有危险性，是一般人应具有的常识。王某某作为一个具有完全民事行为能力的成年人，完全不顾警示牌中严禁跳水及水深标示的提醒，跳入游泳池游泳，由此导致的损害结果，完全是由于王某某的自身过错造成的，王某某本身应该负该事故的全部责任。某温泉酒店作为酒店的经营者，在其经营的游泳池边设有警示牌和水深标识，说明该公司对游泳池的管理规范，已尽到其合理限度范围内的安全保障义务，不应承担上述赔偿责任。王某某在所入住酒店的游泳池中游泳，并非旅行社导游组织的集体活动，应属旅游中的自由活动期间。游客在其自由活动期间遭受由其自身原因造成的损害，某旅行社不应承担责任。最终法院驳回了王某某的诉讼请求。

案例三:休闲中心停车场内车辆被盗案

某某公司是一家大型的水疗休闲中心,覃某见该馆环境较好且提供停车服务,自 2003 年起多次驾车到该公司处消费,每次停车都有保安看管。2005 年 12 月 22 日晚 8 点左右,覃某驾驶黑色帕萨特轿车到某某公司处消费,将车停放在该中心大门口正对面的过道处,随后进入中心。但当晚 9 点钟出来时,便发现停车位已无车辆,轿车被盗,同时还有另外两辆车内财物被盗,某某公司负责人当即向当地派出所报警(其后该案未能侦破),并称原来一直有保安,在 12 月 21 日将保安辞退了,当晚没有安排保安。

覃某认为,某某公司作为经营者,一直聘请保安但唯独事发当天没有安排保安,又未对覃某进行安全警示,对轿车被盗负有不可推卸的责任,应对消费者进行相应的赔偿。

某某公司辩称:覃某没有证据证明其车辆停放在某某公司的停车场内且在该停车场丢失;即使车辆确在停车场处丢失,覃某对此也存在重大过失,停车场的大门在营业时是敞开的,公司已在停车场内设置了警示标志,因此覃某明知当天没有保安,也没有尽到谨慎注意的义务,应对车辆遗失自负责任。

本案争议的焦点是车辆是否在该公司停车场被盗,覃某自己对此是否应当对车辆丢失承担过错责任。

法院经审理,结合覃某以及同伴的证言、原始的报警案件登记表、该公司负责人在消费者委员会主持下的座谈记录以及消费者委员会的工作人员当庭证词等证据,对覃某在某某公司处停车消费,车辆在停车场丢失的事实,予以了确认。

法院认为,覃某购买了某某公司的消费卡并于事发当天在某某公司水疗休闲中心处游泳,双方已经形成了服务与被服务的关系,某某公司理应依法及依约保证其提供的服务内容安全、周到,某某公司开设的休闲广场作为一个消费场所,其所附设的停车场是为了吸引消费者和方便消费者接受服务而提供的配套设施,是其提供的服务内容之一,而且该停车场具备相应的停车条件,也配备了保安,承担对车辆看管的义务没有超出其能力范围,但覃某的车辆在该公司停车场丢失,某某公司并没有证据能证明其在事发前将辞退保安的事实告知覃某或向覃某警示,因此某某公司并没有保证此项服务的安全性,对本案车辆的丢失有一定的过错。覃某在发现停车场没有保安后,没有及时向某某公司告知其停车的情况,对车辆丢失也有一定的过错，而且覃某系免费使用停车场，没有将车钥匙交给某某公司，某某公司对本案车辆的控制能力有限。法院最终综合本案实际情况，判定覃某应承担车辆折价后价值额的60％，某某公司应承担40％的责任。

案例四：温泉沐浴池死亡案

2000年4月8日，王某某携配偶往某岛休闲中心度假。当日15时许，王某某单独在该中心某室的天然温泉沐浴房内洗浴，一小时以后，王某某被发现已昏躺在浴池内，身体表皮大范围烫伤。当日，王某某死亡。

王某某配偶认为该休闲中心在履行服务合同过程中疏于向王某某提供符合人身安全保障的服务和设施，对王某某所处的危险情况未能及时发现和抢救，存在明显违约，对王某某的死亡负有不可推卸的责任，要求赔偿王某某丧葬费、鉴定费、交通费、误工损失费及办理签证等手续费，鉴于王某某的去世造成家人巨大的精神伤害，还要求支付精神损失费；并要求判令公开登报，赔礼道歉。

休闲中心辩称，根据司法部司法鉴定科学技术研究所〔2000〕病鉴字第49号鉴定书的结论，王某某的死亡是由其突发性的病变所致，该病变是由于其自身的条件状况所引起的，此种病变所造成的死亡是无法救治和难以避免的，与休闲中心的服务和设施没有因果关系，王某某发生意外后，休闲中心处的医生及懂得急救知识的服务人员立即采取了必要的掐人中等急救措施并及时将其送往附近的医院抢救。综上，休闲中心对王某某提供了符合规范的服务，在王某某发生意外时所采取的措施亦是合理和负责的，王某某的死亡是其自身的身体状况所致，与休闲中心的行为及所提供的设施、服务无因果关系，故不应对王某某的死亡负责。

法院查明，当日15时许，王某某与配偶一起到休闲中心的温泉保健中心洗温泉浴，王某某被单独安排在该中心5012室房内洗浴，该处服务员为其调试好水温后退出，约16时，王某某被发现昏躺在浴池内，经送附近医院抢救无效，于当日死亡。王某某沐浴时所在的5012室系包间，分沐浴间及休息室，两者间尚有一小段距离，沐浴间浴缸旁墙面上有电话线裸露在外，未连接电话机。休闲中心处其他同样标准的包房内沐浴间墙上均安装有电话机。

沐浴间的玻璃移门上张贴有"顾客须知"，上有"为了您的健康建议温泉时间不宜超过三十分钟"及"建议您不要在饱餐、酗酒后沐浴，餐后半小时方可进行"等内容。

　　此外,休闲中心处设有医务室,有医生并备有急救药品,但医务室离温泉保健中心尚有相当的一段路程,事发当天,当发现王某某昏迷后,休闲中心处的服务员及赶到的医生为王某某实施了掐人中等急救措施,但赶到的医生仅带血压计,未带其他急救药物。

　　经司法部司法鉴定科学技术研究所对王某某的死因鉴定,该所出具司鉴所〔2000〕病鉴字第 49 号鉴定书,结论为:王某某系胃内容物吸入,堵塞气管、支气管腔致窒息死亡。该鉴定书并具明:尸检发现王某某左心室轻度扩张,冠状动脉左前降支粥样硬化伴心肌灶性陈旧性纤维化,灶性肌溶解;主动脉内膜脂质斑块沉积,说明王某某生前有动脉硬化症及心肌缺血缺氧的病理学基础。不排除王某某在心功能差的基础上,因饱食和浴室内特殊环境等综合因素加重其心脏负担,致使心、脑缺血缺氧,胃内容物反流并吸入气管、支气管的可能。

　　法院认为:休闲中心作为集娱乐、休闲、温泉沐浴于一体的特殊服务性行业,面向全社会开放,理应向客户提供安全可靠的服务和环境。王某某付费后进入休闲中心的温泉保健中心洗温泉浴,其与休闲中心之间即形成以沐浴享受为内容的服务合同关系,故休闲中心应提供与其收费标准相当的设施和服务,除对前来沐浴的客户应尽最谨慎的安全注意义务外,还应采取切实防范措施以避免浴客在享受该项服务中发生危险。本案中王某某在沐浴中昏迷以致死亡,虽经有关部门鉴定,死因为胃内容物吸入,堵塞气管、支气管腔致窒息死亡,表明其死亡的直接原因系王某某自身身体病变所致,但休闲中心工作人员在履行与王某某的服务合同中,就提供安全服务及设施上存有缺陷,如单独的沐浴间内缺乏与外界联系的呼救设施;连本该安装的电话机亦未予安装;医务室距离沐浴场所有相当的一段距离;医务人员赶到急救现场时,本应携带的急救药物未予携带,这些不作为的行为致王某某在出现险情时无法及时与外界联系,亦无法得到最妥善的救治,从而延误抢救的最佳时机,故应当认定休闲中心由于疏于管理,对浴客王某某未能善尽安全保护之责,其行为构成违约,理应对王某某的死亡承担相应的违约赔偿责任。但违约赔偿的数额应以订立合同时预见到或者应当预见到因违反合同可能造成的损失为限。本案中,因王某某死亡发生的丧葬费、鉴定费、支出的合理的交通费、误工损失费、签证费以及对其他损失的合理补偿均应包括在此损失限度内,具体数额由法院根据本案的实际情况合理酌定。但鉴于本案系基于违约的法律事实提出赔偿的诉讼请求,根据有关法律对违约损害赔偿的一般原则规定及对违约责任承担方式的规定,对要求休闲中心支付的精神损失费及公开登报赔礼道歉的诉讼请求不予支持。

案例五：度假酒店海滩游泳被水母蜇伤案

2009年1月16日,郭某与家人参加某某旅行社组织的3晚5天沙巴旅游,时间为2009年1月16日至1月20日。郭某为此支付旅游费用7700元。1月18日上午,根据游程安排为自由活动,郭某在入住的某度假酒店海滩游泳时被水母蜇伤,双腿肿痛无法行走。事发后,酒店安排郭某至当地医院治疗,并支付了医疗费,郭某于1月19日返沪。返沪后郭某至医院继续治疗,支付医疗费788.82元。郭某认为旅行社安排的酒店事先未向郭某告知其浴场有水母,亦未派遣管理人员施救,未尽管理职责,应由旅行社承担赔偿责任。因与旅行社就赔偿事宜协商不成,故诉至法院,要求赔偿医疗费788.82元、精神损害抚慰金30000元、旅游费7700元。

旅行社辩称,事发时系自由活动,并非旅行社组织安排的活动,游客受伤非旅行社责任。事发后旅行社亦积极与地接旅行社、度假酒店联系,由入住酒店安排郭某至医院就诊,支付了相应医疗费,并与酒店协商赔偿事宜,酒店方表示其设置有警示标志,已尽告知义务,对郭某受伤无过错。旅行社按照旅游合同约定履行了合同,无过错,不应承担赔偿责任。

本案争议焦点在于郭某在旅游活动中受伤,某某旅行社是否应承担赔偿责任。郭某主张旅行社作为旅游活动组织者,其未向郭某告知安排入住的酒店海滩浴场有水母,亦未派遣管理人员施救,未尽管理职责。法院审理认为旅行社作为娱乐经营活动的法人,依法应承担合理限度范围内的安全保障义务,其承担的安全保障义务并非无所限制,如其提供的设施、服务中存在瑕疵导致游客伤害,则应承担相应责任。本案郭某系成年人,理应知晓海洋中存在多种会致人伤害的生物或其他危险,此系众所周知的风险,非旅行社应作特别提示或警告的义务范围,若要求旅行社对旅游活动中会遭遇的任意危险均作特别说明,既非必要,也不利于旅游行业的发展;且涉案意外发生后,旅行社作为组团社,积极与接待社、入住酒店联系,及时将郭某送入医院就医,已尽到安全保障义务。综上,法院认为郭某主张某某旅行社未尽管理职责,缺乏依据,不予支持。最终判决驳回郭某所有的诉讼请求。

3.3 "行"环节

案例一:运送旅行团晚点误车纠纷案

2008 年 9 月 18 日,某旅行社与某旅游运输公司签订一份《租车合同》,合同约定旅游运输公司负责运送旅行社的旅客从徐州到郑州火车站,具体内容为:"现订 9 月 19 日 33+1 座金龙车赴郑州火车站送团。全包价:2200元(送团时全程高速)。请 9 月 19 日(周五)早上 5:00 将车停在戏马台邮政局。"合同还约定:①出车前旅行社付 60%租车款,回团后拿发票结算。②旅游运输公司要保证旅行社客人的安全,如发生安全事故,责任由旅游运输公司承担。③行程中如因车辆问题造成损失,由旅游运输公司承担。另据旅行社法定代表人陈述,在签订合同过程中,其曾告诉旅游运输公司的业务经理,要求到达火车站的时间是上午 10 点半之前,且在客车出发前,旅行社业务经理也当面交代司机,在 10 点半之前一定要到达火车站。

合同签订后,旅游运输公司于 2008 年 9 月 19 日早 5 时派出苏 C00098号金龙客车在戏马台邮政局等候,接旅行社的旅行团一行 29 人。5 时 10分,该客车正常出发。路途中没有发生修车、交通事故和堵车等意外事件。由于驾驶员不熟悉路途,在驶下高速公路后,走错了道路,直到 11:05 才到达火车站。旅行团一行 29 人预购的火车票为 2008 年 9 月 19 日郑州至桂林的 1627 次列车的硬座普快卧铺票,开车时间为 11:08。当旅行团进入候车室检票口时,1627 次列车已开车并停止检票。因旅行团购买的是团体票,郑州站不予退票也不予转签。旅行团一行 29 人重新购买了当日中午 12:36 由郑州至桂林北的 K457 次列车车票,票价总计 9942 元。该重新购票费用在旅行团回到徐州后,旅行社进行了赔偿。车次的变更,使本应于 9 月 20 日早 6 时左右到达桂林站的旅行团于 9 月 20 日 9:35 到达桂林北站,再从桂林北站乘车赶往桂林,旅行团早餐及上午旅游行程均被耽误。由于此次误车,在行程中经旅行社与旅行团协商,通过桂林的旅行社另行向旅行团每人赔偿 300元,合计 8700 元。旅行社损失共计 18642 元。后经协商赔偿无果,旅行社起诉要求旅游运输公司赔偿其损失。

另查明,旅游运输公司的驾驶员在收取运费 2200 元后,给旅行社开具的收据署名为某某汽车旅游客运有限公司。旅游运输公司在庭审中亦承认苏

C00098 号客车是挂靠某某汽车旅游客运有限公司的，该公司原先安排的苏 C14800 号客车由于其他原因没有出发。

旅游运输公司辩称：一、其与旅行社之间的运输合同已解除，本案中，同旅行社实际履行运输合同的是某某汽车旅游客运有限公司。理由如下：从事客运业务的车辆苏 C00098 登记所有权人为某某汽车旅游客运有限公司；该客车的驾驶员不是旅游运输公司人员；收取租车费用、提供票据、享有合同利益的一方是某某汽车旅游客运有限公司。基于合同解除的前提，上诉人不存在违约事实。二、旅行社提供的合同中的起止地点是徐州至郑州，没有具体到达时间的约定，具体到达时间应根据具体情况确定，对乘坐车辆未来得及赶赴火车，应属合同法中合同一方无法预见的损失，不应由承运人承担。

法院审理后认为，旅行社与旅游运输公司之间存在合法的运输合同关系。虽然双方在《租车合同》中没有明确约定赴郑州火车站送团要求到达的具体时间，但作为行业惯例和交易习惯，双方对到达郑州火车站的时间应当是明知的。双方订立合同的目的就是能够按照既定的行程安排完成游客运输工作，旅游运输公司作为运输方，在签订合同时就应当清楚到达目的地的时间。另根据旅行社法定代表人的陈述，订车时已经将到达时间的要求告诉了旅游运输公司业务经理，且在车辆出发当日，旅行社业务经理又当面交代司机要求到达的时间。徐州至郑州行程 349 公里，在全程高速的情况下，以每小时 100 公里计算，旅游运输公司在正常情况下，5 个小时之内完全能够到达郑州火车站。旅行社法定代表人对于到达时间要求的陈述，符合旅游运输业的行业惯例和交易习惯，具有真实性。因此，"上午 10 点半前到达郑州火车站"应视为双方运输合同的组成部分。

由于旅游运输公司没有抗辩路途上曾出现修车、事故、交通堵塞等意外事件，旅行社的陈述及相关乘客的证言亦证明路途中没有出现意外情况，旅游运输公司应当按照双方的约定，履行安全、及时运送乘客的义务。因此，旅游运输公司没有及时将乘客送到合同目的地，致使乘客没能赶上预购车票的火车，应当承担相应的违约责任。退一步讲，假使旅行社方没有告知旅游运输公司到达目的地的要求时间，或者旅游运输公司因临时调车没来得及告知驾驶员，驾驶员也会在行程中得知火车的开车时间，其也应当在合理时间内将乘客安全运送到约定地点。对于长期从事旅游运输的旅游运输公司来说，在未出现意外的情况下，客车 5:10 时出发，全程高速 11:05 到达郑州火车站，显然不属合理的时间范围。至于因驾驶员不熟悉路途，下高速公路之后走错道路，造成晚点误车，责任显然在旅游运输公司。

旅行消费法律常识

关于旅游运输公司主张的运输合同已解除问题，首先，旅游运输公司无证据证实其向旅行社发出解除合同的通知。其次，苏 C00098 号车亦是按照旅游运输公司与旅行社签订的合同约定的时间、地点及路线履行的。至于苏 C00098 号车与旅游运输公司之间存在何种法律关系与本案争议无涉。不能仅因运费收据的署名而当然得出旅游运输公司与旅行社的运输合同已经解除的结论。

旅行社在误车情况出现后，能够采取措施，重新购买随后由郑州至桂林北的火车票，防止了损失进一步扩大，就旅行社防止损失扩大而支出的合理费用 9942 元，应当由旅游运输公司负担。对于旅行社因误车赔偿旅行团每人 300 元计 8700 元的费用，属于旅游运输公司应赔偿旅行社损失的范围，依法应由旅游运输公司负担。最终法院判决：旅游运输有限公司向旅行社支付赔偿款 18642 元。

案例二：旅游大巴剧烈颠簸导致乘客受伤案

2008 年 5 月 9 日，宁波市某某村与某某旅行社有限公司订立旅游服务合同，约定由该旅行社为村中几十名老年人提供去杭州的旅游服务。李某某属于该村旅游团的一员，在旅游途中，李某某在大巴车行驶的过程中被甩出座位受伤，经宁波市第二医院诊断为 L2 椎体压缩性骨折，并在该院两次住院治疗共计 29 天。2008 年 9 月 2 日，经宁波三益司法鉴定所鉴定，构成十级伤残。事后双方对赔偿协商未果。李某某认为某某旅行社有限公司作为旅游消费服务的提供者应当保证李某某在接受服务中的人身安全，现基于双方合同关系，根据消费者权益保护法的相关规定，要求赔偿护理费、住院伙食补助费、误工费、残疾者一次性生活补助费、残疾赔偿金、交通费、精神损失费、营养费等。

某某旅行社有限公司辩称：李某某所述在旅游过程中发生事故属实，但事故的主要责任在李某某自身。因为当时道路较正常，驾驶员开车及车辆制动措施均正常，李某某受伤主要是因为李某某未在座位就座，擅自站立起来，站立不稳致碰撞受伤。

法院认为：李某某与某某旅行社有限公司之间存在旅游合同关系。李某某作为接受旅游服务的消费者，享有人身安全不受损害的权利；某某旅行社有限公司作为提供旅游服务的经营者，提供的服务应符合保障人身安全的要求。某某旅行社有限公司在履行合同过程中未能保障消费者的人身安全，造成原告人身损害，依法应承担赔偿责任。某某旅行社有限公司辩称事故及损害系因李某某自己的原因造成,并无相关证据支持,法院不予采信。最终判决某某旅行社有限公司赔偿李某某护理费、住院伙食补助费、误工费、残疾者一次性生活补助费、残疾赔偿金、交通费合计11余万元。

案例三:导游误将游客领到货物通道行走,导致游客滑倒受伤案

2007年4月,某旅行社与某专科学校签订了一份国内组团旅游合同。刘某某是专科学校的旅游者之一,在依约向旅行社交纳旅游费后,于2007年4月6日参加了旅行社组织的"夕阳红"旅行团队赴海南至北海旅游。2007年4月13日凌晨5时许,旅游团在到达北海下船时,由于导游人员误将刘某某及其他游客带领到货物通道行走,致使刘某某滑倒在船底舱地板上受伤。之后,旅行社的导游随即将刘某某送到北海市人民医院救治。经该院诊断确诊为:腰椎中度压缩性骨折、左膝挫伤。刘某某经过住院治疗,花费医疗费近万元,后经司法鉴定构成九级伤残。事发后,双方因赔偿事宜协商无果,刘某某诉至法院。

旅行社辩称:刘某某滑倒伤害,旅行社没有过失,不应赔偿。刘某某作为成年人应当有注意安全的义务,在下船过程中摔伤系自身原因造成,应由本人承担主要责任。导游需听从船上工作人员的指挥,路线也是船上工作人员指定的,旅行社不存在过错。在旅行过程中发生的意外事件不是旅行社的合同义务,旅行社不应承担赔偿责任。刘某某摔伤后,旅行社已履行了道义上的义务,在当地住院时垫付了相关费用。旅行社指派了两个工作人员在医院陪护,直到刘某某家属到达后工作人员才离开。刘某某家属来回的车票也是旅行社联系购买的。综上,刘某某的请求应予驳回。

法院审理认为:旅行社作为旅游行业的经营者,有在其经营范围内提供安全保障的义务,包括设施设备安全、服务管理安全,防范制止侵害等。本案中,导游人员误将旅游团的游客带领到货物通道行走,致使刘某某滑倒在船底舱地板上受伤。旅行社未尽到合理的安全保障义务,应当承担主要的赔偿责任;刘某某作为成年人对于自己的安全没有尽到注意义务,致使身体受伤,也应承担次要责任。旅行社提出在旅行过程中发生的意外事件不是旅行社的合同义务,旅行社不应承担赔偿责任的抗辩理由没有事实和法律根据,法院不予支持。法院最终判决旅行社赔偿刘某某医疗费、误工费、护理费、营养费、住院伙食补助费、交通费、伤残补偿金总额的70%即4万余元,其余损失由刘某某自行负担。

案例四:旅行团交通事故追偿案

2007 年 7 月 10 日,抚顺市某某工程有限公司与辽宁某旅行社签订国内旅游示范合同,约定为该公司 33 人安排到青岛等地旅游 5 日。2007 年 7 月 11 日,辽宁某旅行社遂联系青岛某旅行社,由青岛某旅行社作为旅游目的地的地陪,具体负责接待抚顺市某某工程有限公司 33 人旅游团的接待。

2007 年 7 月 12 日,青岛某旅行社通过传真与张某签订租车合同,约定由青岛某旅行社租赁张某车辆,组织团队旅游,行程安排自 7 月 14 日至 7 月 17 日,33 座空调旅游车,租车价格为 3200 元(全包价)。张某在该传真件上注明"司机:孟师傅,电话:1365×××199,车号:鲁 A3××20",并在确认人处签字确认。

2007 年 7 月 15 日 13 时许,孟师傅驾驶鲁 A3××20 号客车行驶在国道 204 线时发生交通事故,经当地公安局交通警察大队交通事故认定书认定,孟师傅负事故全部责任。该客车上的乘员均是青岛某旅行社所承接的旅行团成员,该事故造成多人受伤。受伤乘客的医疗费、处理事故花费的交通费用、乘客成员及其家属往返青岛的交通费用、在处理事故过程中所产生的住宿和餐饮费用均由青岛某旅行社承担。

青岛某旅行社与张某系长期合作关系,双方通过传真签订合同,不定期结算。鲁 A3××20 号客车为李某某所有,挂靠于本案某某运输有限公司营运。

现青岛某旅行社以客运合同纠纷起诉要求张某和某某运输有限公司承担赔偿责任。

张某辩称:青岛某旅行社垫付的费用是因实际承运人孟师傅发生车辆肇事造成,故应由实际车主、司机孟师傅参加诉讼共同承担责任,且车辆所属单位某某运输有限公司也应共同承担责任。

某某运输有限公司辩称:本次事故车辆是公司的车辆造成,但青岛某旅行社起诉案由是客运合同纠纷,公司与青岛某旅行社之间没有合同关系,故公司不应承担责任。

法院审理认为:青岛某旅行社与张某之间的客运合同关系依法成立,受法律保护,双方当事人应全面履行各自义务。张某作为承运人应当对运输过程中旅客的伤亡承担损害赔偿责任,并应当赔偿原告因处理该事故而产生的各项费用。青岛某旅行社因此而垫付的医疗费、交通费、住宿费、餐饮费,应由张某负担。某某运输有限公司与青岛某旅行社没有合同关系,青岛某旅行社要求某某运输有限公司承担责任没有法律依据,法院不予支持。张某和青岛某旅行社订立客运合同后,与车主之间系另一法律关系,张某基于与本案所赔偿的费用,可以按照合同和约定另行向车主主张。

3.4 "游"环节

案例一:旅游度假区溺水死亡索赔案

某某山庄是某某东方公司投资开发并负责经营管理的集住宿、餐饮、娱乐等项目的旅游度假区,属于向公众开放的收费型营业场所。2005年6月,麦某等未成年人结伴从村内直通园区的道路进入度假区景点之一的碧波湖游玩,麦某到湖边洗脚过程中不慎掉入湖中溺水死亡,麦某溺水期间,陪同麦某进入景区的同伴曾呼叫请求救援,但某某山庄配备的、负责度假区安全保卫工作的保安未能及时出现。经查,在湖边设置有"水深危险、严禁下水"的警示牌,湖水蓄水较多,湖水水面与岸边基本持平,湖水水深3至4米,湖边没有设置防护栏等类似设施。

麦某父母要求某某东方公司对麦某的死亡应该承担全部责任,某某东方公司则认为自己无责。

法院审理认定:本案中,某某东方公司作为集住宿、餐饮、娱乐等多种经营活动于一体的公司法人,对进入其经营服务场所内的相关公众应当承担合理限度范围内的安全保障义务。某某东方公司允许周边村民经由历史形成的通道免费进入某某山庄游玩,亦应对其人身安全、财产安全负有保障义务。碧波湖经开发改造,湖面与岸边基本持平,湖水水深3至4米,且湖边没有设置防护栏等类似设施。某某山庄的这种开发改造行为创设了一种危险源,而这种危险源的存在,也加重了某某山庄的安全保障义务。某某山庄应当预见到碧波湖给游客带来的安全隐患,诸如游客可能擅自下水或者失足落水等,因此,应当在湖边设置醒目的警示标志,并配备一定的人员专门在湖边周围巡视,以便意外发生时,可以及时地施救。但本案中,某某东方公司疏于管理,没有采取足够的安全保障措施,先是任由几个未成年人在无成年人陪同的情况下得以进入园内游玩,继而在麦某落水后,同去的麦某同伴呼叫亦未见保安人员及时出现,导致救助的迟延,直到在一位路人的帮助下才找到保安人员,但为时已晚,故而对这一不幸后果的发生,不能不认为某某东方公司没有尽到经营者应当高于一般人的注意义务。法院最终认定，某某东方公司对麦某之死负有一定的责任，应当承担一定的民事赔偿责任。

造成本案不幸后果的另一原因，是麦某的父母未尽到监护职责。麦某年仅八岁，属于未成年人，其对事物的认识和判断能力都较成年人相去甚远，麦某的父母理应履行监护职责，但在事发当天未陪同麦某进入园区游玩，未能对麦某接近湖边的行为进行约束和保护，导致损害结果的发生。依照相关法律规定，监护人不履行监护职责的，应当承担责任。故法院认为麦某的父母未尽监护职责，应当对损害结果承担主要责任。

综合上述分析，法院认为麦某父母未尽到监护责任是本案损害结果发生的主要原因，某某东方公司未尽到最低合理限度的注意义务，是损害结果发生的次要原因。综合双方的过错程度，判令麦某父母和某某东方公司分别承担80%和20%的责任。

案例二：游客头发卷入卡丁车后传动轮轴致伤案

2002年10月2日12时许，陈某与其父母及亲友一行9人购票进入成都某乐园有限责任公司所属"世界乐园"内游玩。同日下午4时左右，陈某到张某某开设的娱乐场驾乘卡丁车游玩。当陈某驾驶卡丁车在车道上行驶至第二圈时，陈某的头发被卷入卡丁车后传动轮轴中，陈某父母闻讯后即刻将陈某送往邻近的医院，该医院经初步诊断为"颈椎脊髓损伤"，并建议送往四川大学华西医院救治。随即原告被送至四川大学华西医院附属一院住院治疗，经该院确诊为"颈6—胸1，脊髓挫伤伴不全四肢瘫"。2002年11月，原告被转往四川大学华西医院康复医学中心继续进行治疗至今。陈某的伤情经法医鉴定为一级伤残。

陈某认为致残的直接原因是由于成都某机器厂所生产的卡丁车在设计上存在严重失误，其提供的产品存在严重缺陷。成都某乐园有限责任公司、张某某在向陈某提供有偿服务时疏于监督管理，没有相应的人身安全防范措施，且未尽到保证陈某人身安全不受损害的法定义务。为此，陈某将成都某机器厂、成都某乐园有限责任公司、张某某告上法庭，要求承担赔偿责任。

成都某机器厂辩称：其申请法院进行司法鉴定所出具的"质量鉴定报告"证实生产的卡丁车不存在与本次事故有因果关系的缺陷，故不应承担赔偿责任；致陈某受到伤害的原因是由于成都某乐园有限责任公司、张某某违反装备安全规定，没有配备安全头盔，在陈某未采取任何安全防范措施的情况下，准许其驾驶卡丁车，是一种不作为的侵权行为，理应由成都某乐园有限责任公司、张某某向陈某承担全部的赔偿责任。

成都某乐园有限责任公司辩称：张某某是卡丁车的实际经营者，其与张某某之间存在的只是场地租赁合同关系。陈某受伤的直接原因是由于成都某机器厂生产的卡丁车存在产品缺陷所致。

张某某辩称：陈某受伤的直接原因是由于成都某机器厂生产的卡丁车后传动轮轴未有效覆盖所致，成都某机器厂生产产品的重大缺陷与陈某发生的损害后果之间存在直接的因果关系。

法院审理另查明：陈某驾驶的卡丁车是成都某机器厂生产的产品；张某某从成都某机器厂购买卡丁车后，在成都某乐园有限责任公司所属"世界乐园"内经营卡丁车游乐业务；张某某在陈某接受服务时未向陈某履行安全告知义务；司法鉴定中心出具的鉴定报告，未对法院委托事项（即卡丁车是否存在产品缺陷）作出明确答复，鉴定报告无鉴定机构和人员的资格证明；鉴定报告所引用的相关技术规范未向法院提供；鉴定报告中采用的"卡丁车国际规则"有人为涂改的痕迹。

法院认为：保障消费者人身财产安全是产品生产者和经营者必须履行的基本法律责任和义务。因产品造成的侵权损害结果，应依照《中华人民共和国产品质量法》和《中华人民共和国消费者权益保护法》的相关规定，由生产者与经营者予以赔偿，以维护社会公平与市场秩序。本案中陈某在张某某开设的娱乐场驾乘卡丁车游玩时，陈某因其头发被卷入卡丁车后裸露的传动轮轴中而受伤。在诉讼中，卡丁车生产厂家成都某机器厂申请对产品是否存在缺陷进行司法鉴定，但鉴定报告并未答复需要鉴定的事项，同时鉴定报告也未出具鉴定机构和人员的资格证明，鉴定报告中采用的"卡丁车国际规则"有人为涂改的痕迹。根据本案的性质，成都某机器厂作为肇事卡丁车的生产厂家应就免责事由承担举证责任。司法鉴定后所出具的鉴定报告，系成都某机器厂向本院举出的证据材料，但由于该鉴定报告自身存在矛盾和缺陷，该鉴定报告法院不能予以采信。鉴于此，成都某机器厂未能向本院举出确切证据证明其免责事由成立。法院根据案件的客观事实认定成都某机器厂将卡丁车出售给张某某作为公众游艺设施，应预见到裸露卡丁车后传动轮轴及链条存在危及人身安全的不合理危险隐患。卡丁车后裸露的传动轮轴和链条与陈某发生的损害后果之间存在直接的因果关系。成都某机器厂对其生产的卡丁车应依照《中华人民共和国产品质量法》承担产品责任，对陈某的人身损害后果承担民事责任。作为卡丁车游乐业经营者的张某某本应积极履行保障消费者人身安全的义务，但张某某在陈某接受其服务时疏于监督管理，未向陈某履行安全告知义务，且未采取人身安全防范措施,致使陈某人身受到损害,张某某应承担相应的民事责任。陈某进入成都某乐园有限责任公司所属的世界乐园后,在张某某经营的娱乐场驾乘卡丁车游玩时发生事故,因成都某乐园有限责任公司与张某某是场地租赁关系,故成都某乐园有限责任公司在本案中不应承担责任。

关于本案民事责任的分担:成都某机器厂作为肇事卡丁车的生产厂家,在其设计、制造卡丁车的过程中首先应将满足安全需要作为第一要素,在本案中,其生产的卡丁车后裸露部分直接对陈某造成了重大损害,卡丁车存在危及人身、财产安全的不合理危险隐患。张某某向陈某提供服务时未向陈某履行安全方面的注意义务。考虑到卡丁车自身存在的不合理危险隐患是引发本次事故的主要原因,就产品的生产者和经营者而言,产品在生产、设计、制造上满足使用时的安全性要求,是生产者较之于经营者所应承担的更重要的义务。为此,判定成都某机器厂应承担事故 70% 的主要责任,张某某承担本次事故 30% 的次要责任。

案例三:景区内游客意外摔倒受伤案

2006 年 10 月 28 日,包括李某某在内的某某食品有限公司的 39 名员工共同与旅行社签订了旅游合同一份。合同规定:旅行社组织该 39 名员工组成的团队到关山旅游公司开发的关山景区进行一日游活动,每位员工承担旅游费用 80 元。2006 年 10 月 31 日,旅行社为该 39 名游客向中国人寿保险股份有限公司某某支公司投保了旅游意外伤害保险。2006 年 11 月 1 日,依照合同约定,旅行社组织该旅游团队到关山景区进行一日游活动,到达景区时,旅行社出资为包括李某某在内的 39 名游客向中国平安财产保险股份有限公司河南分公司投保了意外健康险,并出资聘请了关山旅游公司的导游员为该旅游团队进行导游服务,景区门票是由旅行社以 10.5 元/人的价格向关山旅游公司团购的。李某某在景区旅游的过程中右脚不慎踩空而摔倒致伤,经医院急诊检查,李某某的伤情属右三踝骨折且踝关节脱位,后经医院两次手术救治,于 2007 年 10 月 29 日治疗终结出院。李某某共计花去医疗费 7098.99 元。2008 年 4 月 17 日,李某某的伤情经当地司法鉴定所鉴定构成九级伤残。另查明:2008 年 3 月 17 日,中国人寿保险股份有限公司某某支公司向李某某理赔医疗费 2318.7 元,2008 年 6 月 12 日,中国平安财产保险股份有限公司开封中心支公司向李某某理赔医疗费 2655.74 元。后李某某与旅行社和关山旅游公司协商索赔未果,将旅行社和关山旅游公司诉至法院。

李某某认为：因旅行社和关山旅游公司均与李某某形成了事实上的旅游合同关系，且旅行社未尽其法定的服务义务、关山旅游公司提供的设施未能确保李某某的人身安全，以致李某某在景区游玩时摔伤致残。李某某受伤后，旅行社及关山旅游公司均未赔付费用，故诉至法院，请求判令旅行社和关山旅游公司共同向李某某赔偿医疗费、护理费、误工费、住院伙食补助费、营养费、残疾赔偿金、鉴定费、交通费若干元。

旅行社辩称：旅行社与某某食品有限公司签订了旅游合同，在出发前，旅行社委派了导游员，还为每位游客投保了旅游意外伤害保险；进入景区前，又出资聘请了景区的导游员为游客进行讲解，且为每位游客购买了景区意外伤害保险。李某某作为完全民事行为能力人，应当具有安全意识，其走路踩空而造成骨折，不应是旅行社的过错；此外，在李某某摔伤后，旅行社及时与景区取得了联系，并向两家保险公司报了案，还及时将其送往医院救治；旅行社已尽到了应尽的责任和义务，为李某某付出了额外的服务，况且两家保险公司已对其进行了赔偿。所以，旅行社不应向李某某承担赔偿责任。

关山旅游公司辩称：关山旅游公司仅与旅行社签订了旅游合同，而与李某某之间不存在直接的旅游合同关系，李某某起诉关山旅游公司，诉讼主体上有误。此外，李某某作为一个完全民事行为能力人去山区游玩，对自身行为有无危险应当具有一定的认识和控制能力，在景区设有明显的警示标志的情况下，李某某未尽到足够的注意义务，导致失足倒地，其自身即存在过错；而本案旅行社未尽到告知义务，对事故的发生也存在过错；鉴于李某某与关山旅游公司之间不存在直接的旅游合同关系，所以李某某诉求关山旅游公司向其赔偿损失，依据不足。

法院审理认为：从李某某参加旅行社组团旅游并向其分担旅游费用80元的事实，以及包括李某某在内的某某食品有限公司的39名员工共同与旅行社签订合同的事实，足以说明李某某与旅行社之间形成了直接的旅游合同关系。那么，基于该旅游合同关系，旅行社在提供全程服务的过程中，即：无论在往返途中还是在关山景区旅游时，其均有义务保障包括李某某在内的所有团队成员的人身安全。本案中，因旅行社无证据证明李某某在关山景区旅游的过程中，其已对李某某的人身安全尽到了合理限度的保障义务、其出资聘请的导游员已对李某某充分尽到了安全告知义务，故造成李某某在景区旅游时受伤，旅行社应当承担相应的违约责任，其应赔偿由此给李某某造成的实际损失；但李某某作为完全民事行为能力人，在履行旅游合同的过程中，亦未对其人身安全尽到谨慎的注意义务，故李某某也应承担相应的违约责任;综上,法院酌定旅行社承担李某某实际各项费用的 60% 为宜,李某某则应自行承担其实际各项费用的 40%。就本案而言,鉴于李某某选择的是违约之诉,而李某某与关山旅游公司之间既无书面的旅游合同也无口头的旅游协议,且景区门票是由旅行社向关山旅游公司团购的,加之旅行社与关山旅游公司之间签有旅游合作协议,景区的导游员又是旅行社出资向关山旅游公司聘请的,所以李某某与关山旅游公司之间不存在直接的旅游合同关系;那么,根据合同的相对性,李某某诉求关山旅游公司向其承担违约责任,显然依据不足,故李某某要求关山旅游公司向其赔偿损失的诉讼请求,不应支持。因旅行社投保的两家保险公司已向李某某理赔了医疗费计 4974.44 元,那么旅行社应在保险公司承担保险责任的范围之外按本院酌定的比例向李某某赔偿医疗费损失。最终法院判定旅行社应向李某某赔偿医疗费、误工费、护理费、住院伙食补助费、营养费、伤残赔偿金、鉴定费若干元。

3.5　"购"环节

案例一:支付宝订购机票被骗案

赵某因要与其他三位同事一起出国到美国,故欲购买上海至美国洛杉矶往返机票。2008 年 11 月 17 日,赵某在淘宝网上联系到出售某某航空公司机票自称叫张某某的卖家,其网上报价为每张机票 6980 元。赵某随即把工商银行卡上的钱通过网络支付给支付宝 1000 元订金,预定了 2009 年 1 月 6 日上海至洛杉矶(航班号 MEU583)机票四张,其中一张为赵某所有。同年 11 月 18 日,赵某接到张某某的电话通知票已开好,并通过邮件发送了行程单。赵某收到航空运输电子客票行程单后,即通过某某航空公司热线进行查询,当时得到确认:"只要带好身份证、票号就可以按时登机。"由于当时账上钱不够,经张某某同意每张机票少付 1000 元,最终,赵某通过淘宝网向张某某共计支付了四张机票款 23920 元,每张为 5980 元。赵某支付款项后,通过航空公司客服热线查询发现信息吻合,但 2008 年 11 月 20 日赵某再次向某某航空公司核对上述机票时,发现机票被冻结挂起,赵某被告知机票已被"禁止使用"。赵某等遂与某某航空公司和代理销售公司交涉,调解协商未果后,赵某以某某航空公司侵犯了自身的财产权、知情权及公平交易权,导致自身经济损失为由,向法院提起诉讼,要求某某航空公司赔偿。

另查明,2008年11月18日,某某航空公司的机票销售代理企业上海某某公司所属的某某公司(机票销售代理商)接到客户张某某的订票请求,并使用信用卡担保要求购买上述赵某等四人的上海至美国洛杉矶往返机票,并要求出票,某某公司即在中航信网络系统根据客户张某某提供的赵某等人的身份信息,在网上办理了电子客票订票的登记,后因为客户张某某提供担保的信用卡是被盗的,扣款不成功,所以上述机票被冻结使用。

法院审理认为,代理人在代理权限内,以被代理人的名义实施民事法律行为,被代理人对代理人的代理行为承担民事责任。本案中,赵某仅通过网络联系到的卖家张某某,就轻易将自己的身份信息报给对方,委托其订票,而未作任何核查。庭审中,亦未能提出相应证据证明其有理由相信该人为有权代理销售某某航空公司机票的工作人员,却通过淘宝网支付系统向不明身份的张某某支付了机票款,而并非向某某航空公司或有权销售机票的代理公司支付机票款,故该机票损失系由赵某自身过错所致,与某某航空公司无关。赵某关于某某航空公司侵犯了赵某的财产权、知情权及公平交易权,导致赵某经济损失的主张,法院不予采纳。参照《中国民用航空电子客票暂行管理办法》相关规定,代理销售企业对已经登记购买的电子客票因未完成实际支付机票款的行为,可以冻结该登记购买的电子客票,待旅客付款后及时解除冻结。某某航空公司的销售公司根据要求将订票的赵某等人的身份信息进行了订票登记,完成了电子客票的登记手续,但因为赵某等人支付的机票款并未实际到达出售机票的代理公司账户,因此某某航空公司及其销售公司将赵某等人的电子客票作冻结使用,符合相关规定。至于赵某主张的在某某航空公司的咨询电话上进行询问后方向张某某付款问题,因某某航空公司的咨询热线系根据客户询问而向客户回答相关的问题,但赵某咨询时只提供了其原登记的购买机票的信息情况,从而被告知了"只要带好身份证、票号就可以按时登机"的基本乘坐规定,并未告知可以向赵某所称的张某某付款,故赵某关于某某航空公司在出售机票中存在过错的主张,法院不予采纳。最终法院判决驳回赵某的诉讼请求。

案例二:旅游购物退货纠纷案

2010年3月20日至25日,黄某参加了由某某旅游公司山东分公司负责组团的"港澳珠海5日游",在旅游过程中,黄某共刷卡消费22922元,其中900元系现金支付,其余款项均以银联卡支付。旅游结束回青岛后,因购买物品的质量问题,黄某等提出退货请求,某某旅游公司山东分公司将黄某等所购物品收回并办理了退货手续,后退回黄某购物款 21663.97 元,差额 1258.03 元未退回黄某。黄某认为某某旅游公司山东分公司扣留款于法无据,进一步与某某旅游公司山东分公司交涉,但某某旅游公司山东分公司拒不返还。黄某只得向法院起诉请求依法判令某某旅游公司山东分公司返还黄某 1258.03 元。

某某旅游公司山东分公司辩称:①本案案由是旅游合同纠纷,黄某在旅游过程中因购物发生的纠纷,是黄某与其购物商场发生的法律关系,与某某旅游公司山东分公司无关。而且旅游合同中约定,参团期间一切个人消费属自愿行为。②本案诉争的 1258.03 元差额款项系香港银行所扣 4% 的刷卡费,该刷卡费用是商场及银行与消费者之间关系,所扣刷卡费是香港当地银行行为,与某某旅游公司山东分公司无关。③黄某没有证据证明货物存在质量问题,即使有质量问题,黄某应向商场或厂家主张权利。旅游结束后,黄某购货反悔,要求某某旅游公司山东分公司帮助其办理退货事宜。某某旅游公司山东分公司遂帮助黄某联系地接旅行社和购物商场,整个退货过程中,某某旅游公司山东分公司只是协助办理相关事宜,某某旅游公司山东分公司支付了大量的人力、物力等相关费用,某某旅游公司山东分公司保留向黄某追缴相关费用的权利。

法院审理认为,本案争议焦点问题是某某旅游公司山东分公司主张的 1258.03 元刷卡费应否返还给黄某。黄某旅游结束后,将在旅游期间所购货物要求退回,某某旅游公司山东分公司予以协助,是某某旅游公司山东分公司履行旅游合同的附随义务,同时也是某某旅游公司山东分公司接受黄某委托解除黄某与购物商场的货物买卖合同。根据《合同法》第四百零四条之规定,受托人处理委托事务取得的财产,应转交给委托人。某某旅游公司山东分公司接受黄某委托后,应将办理委托事务时取得退货费用全部返还给黄某,某某旅游公司山东分公司接受了黄某 22922 元货物,应将退货货款全部返还。某某旅游公司山东分公司主张香港商家扣除了 4% 的刷卡费的唯一证据是中国工商银行青岛市香港中路支行给某某旅游公司山东分公司负责人所持有的 622×××××××××××××银联卡的转账记录,不能证明香港商家扣除了 4% 的刷卡费。且黄某刷卡消费 22022 元(22922−900 元),根据某某旅游公司山东分公司主张的 4% 刷卡费应扣除 880.88 元,而不是 1258.03 元。因此,某某旅游公司山东分公司主张 4% 刷卡费证据不足,因此,黄某起诉要求某某旅游公司山东分公司返还所扣款项 1258.03 元应予以支持。法院最终判决某某旅游公司山东分公司付给黄某购物款余款 1258.03 元。

案例三：旅游者购物受欺诈主张双倍赔偿案

　　吴某参加某某旅行社组织的新马泰三地出境旅游，2008年3月22日在新加坡境内的某某钻石行私人有限公司购买了三块"五星上将"牌手表，每块的单价为784新加坡元。吴某回国后因对手表的质量产生质疑，遂委托云南省珠宝玉石饰品质量监督检验所对手表进行鉴定，结论为所饰珠宝为仿钻石。2008年10月，吴某诉至法院，请求判令某某旅行社按消费者权益保护法规定的"欺诈"情形，双倍赔偿假手表货款人民币24000元（以下均为人民币）、鉴定费1000元以及为维护权益支出的交通费1705元，共计26705元。

　　法院审理认为：吴某要求双倍赔偿系基于《中华人民共和国消费者权益保护法》第四十九条①的规定，即"经营者提供商品或者服务有欺诈行为的，应当按照消费者的要求增加赔偿其受到的损失，增加赔偿的金额为消费者购买商品的价款或者接受服务的费用的一倍"。本案吴某、某某旅行社之间的法律关系为旅游服务合同关系，即某某旅行社为吴某提供景点门票、车费、餐费、住宿的安排和导游服务，并未产生经营者与服务者身份的混同。当事人订立的旅游合同中并没有关于某某旅行社对旅客出境购物出现质量问题后承担先行赔付义务的约定，某某钻石行私人有限公司也不属于合同约定的购物场所，故吴某要求某某旅行社承担应由出卖人承担的产品瑕疵赔偿责任既不符合双方当事人的约定，亦无相应的法律依据。吴某的权益是否受损，系基于吴某与出卖人之间的买卖合同关系，吴某未提交某某旅行社在提供服务的过程中有欺诈行为的证据支持其主张，故其要求某某旅行社承担出卖人违约责任的诉讼请求不予支持。法院最终判决驳回吴某的诉讼请求。

①　新修订的《中华人民共和国消费者权益保护法》第五十五条第一款规定："经营者提供商品或者服务有欺诈行为的，应当按照消费者的要求增加赔偿其受到的损失，增加赔偿的金额为消费者购买商品的价款或者接受服务的费用的三倍；增加赔偿的金额不足五百元的，为五百元。法律另有规定的，依照其规定。"

3.6　"娱"环节

案例一：卡拉 OK 厅地面摔伤索赔案

2002 年 12 月 31 日晚上,吴某某在某某公司经营的卡拉 OK 厅 C41 房内唱歌、娱乐消费。当晚 10 时许,吴某某在房间行走过程中摔倒在地,即时疼痛难忍、无法自行站立。在场的同事立即将其送到医院救治,经检查为"右踝关节半脱位并三踝骨折",后吴某某经手术、住院治疗,花费医疗费数万元。经查明,某某公司经营的卡拉 OK 厅 C41 房内铺设瓷砖地面,附设有洗手间,吴某某摔倒时房间的地面是干净的。

吴某某起诉到法院,要求某某公司赔偿医疗费、交通费、护理费、营养费、误工费、后继治疗费等共计 10 余万元。某某公司认为,吴某某在受伤当晚喝了一些酒,与其自身摔伤有直接的关系,根据公平责任原则,应由吴某某承担自己过失造成的损害;某某公司还提供照片若干证明公司自开业起已在经营场所设置多个警示标志。

法院经审理认为,吴某某到某某卡拉 OK 厅娱乐消费,接受某某公司的服务,双方之间成立了娱乐服务合同关系。吴某某在接受某某公司提供的服务时,依法享有人身、财产安全不受损害的权利;而某某公司作为经营者,应当保证所提供的商品或服务符合保障人身、财产安全的要求,对可能危及人身、财产安全的商品和服务,应当向消费者作出真实的说明和明确的警示。本案中,某某公司在房间地面上铺设的瓷砖表面坚硬光滑,且房内附设有洗手间,某某公司应当预知消费者在接受服务时会在房间内走动,因此,应当在服务设备上适当增加防滑设施和设置警示标志,防止消费者在走动时摔倒受伤。某某公司没有采取适当的措施来保护消费者在消费过程中的人身安全,在提供服务的过程中存在一定的缺陷,其并未完全履行作为经营者的义务,其行为已经构成违约。因当事人一方的违约行为侵害对方人身权益的,受害方有权选择违约之诉或侵权之诉,吴某某在庭审中选择要求某某公司承担违约责任符合法律规定。从吴某某摔倒的原因看,吴某某是在没有受到任何外力碰撞之下摔倒的,且某某公司也不能证明吴某某是因穿着不当或其他原因导致摔倒。吴某某作为消费者,在举证证明自己损害的事实以及损害事实为某某公司的违约行为所致以后,就应由某某公司提出自己不构成违约的证据,但某某公司提供的证据不能证明造成违约具备免责事由,也不能提供证据证明吴某某的损害是由其他原因所致,与其违约行为不具备因果关系。因此,应认定吴某某在房内摔倒致伤,是由于某某公司违约行为造成的,吴某某因此受到的人身权益的侵害与某某公司提供服务过程中存在的违约行为存在因果关系,某某公司应当承担民事责任。吴某某的损失包括医疗费、交通费、护理费及误工费,全部由某某公司承担。吴某某另外请求赔偿的营养费,不在法定的赔偿范围之内,后续治疗期间的护理费和实际支付的交通费等没有证据支持,均不予支持。

关于某某公司诉称吴某某当晚曾喝酒和某某公司自开业起已在经营场所设置多个警示标志的问题,法院则认为,因为本案是关于消费合同纠纷的违约之诉,违约责任适用严格责任(无过错责任)的归责原则,无须考虑当事人在履行过程中是否存在过错,因此吴某某当晚是否喝酒的事实无须去认定。值得一提的是,向顾客提供酒类饮料本就是某某卡拉 OK 厅的服务项目之一,因此顾客在某某卡拉 OK 厅消费时喝酒是理所当然的事,并无任何不当。某某公司应当预见每个顾客到卡拉 OK 厅消费时都有可能会喝酒,还应当预见会有酒水飞溅到地板上,令本来光滑的瓷砖地板更加湿滑。这种情形,也相应加重了某某公司作为经营者的注意义务。某某公司则更应采取切实有效的防滑措施,避免顾客在消费时因地板光滑而摔伤。某某公司虽提供照片佐证,其自开业起已在经营场所设置多个"小心地滑"警示标志,但这些照片只能证明拍摄的当时经营场所内确实设置了警示标志,并不能证明该经营场所在吴某某摔伤当晚甚至在开业之时已设有警示标志,因此该照片不具证明力。

案例二:入场券"一米二以下儿童谢绝入场"条款争议案

2002 年 1 月 13 日晚,某某歌舞团在保利剧院举办名为"蔚蓝色的浪漫"的大型异国风情歌舞晚会。小学生周某在其父母陪伴下前往观看演出。因其所持入场券背面的观众须知中有"一米二以下儿童谢绝入场,一米二以上儿童照章购票"的规定,在剧院入口处检票时,剧院工作人员在量完周某身高后,以其身高未满一米二为由拒绝周某入场。双方交涉未果,由此引发诉讼。

周某及某父母诉称:剧院关于"一米二以下儿童谢绝入场"的规定,违反了《中华人民共和国未成年人保护法》第二十二条"文化馆、影剧院等场所应当对中小学生优惠开放"和《中华人民共和国消费者权益保护法》"不得以格式合同方式作出对消费者不公平、不合理的规定"，严重侵害了周某依法享有的接受综合素质教育的权利，给其心灵造成一定伤害，某某剧院行为已构成侵权。

剧场辩称：在入场券背面声明"一米二以下儿童谢绝入场"不是该剧院一家所为，而是行业惯例，周某既然接受此票就应当按此条款履行义务；周某所称"接受综合教育的权利"没有相应的法律依据，故其没有违法和侵权行为。

法院审理认定：该场演出不是针对儿童特点举办的专场演出，剧场在入场券上注明"一米二以下儿童谢绝入场"的做法遵循了公序良俗，不属于以格式合同作出对消费者不公平、不合理的规定，故该条款对双方当事人具有法律约束力。周某及其父母在接受入场券的同时，即表示接受了被告关于"一米二以下儿童谢绝入场"的规定；该条款符合《全国剧场管理工作试行条例》的有关规定，对消费者无不公平、不合理的内容；周某及其父母诉称被告剥夺其接受综合教育的权利，系对《未成年人保护法》的片面理解，没有法律依据。最终法院判决驳回周某及其父母的诉请。

案例三：未成年人离开父母独自到儿童乐园玩耍受伤案

2010 年 7 月 10 日晚，未成年人李某某随同父母到某某餐饮公司就餐，期间，李某某离开父母独自到某某餐饮公司一楼的儿童乐园里面玩耍受伤，经诊断为右尺桡骨骨折，后经当地法医临床司法鉴定所对李某某伤残程度进行鉴定，李某某伤残程度为十级。后因赔偿事宜协商未果，故而成诉。

某某餐饮公司辩称：①李某某所受损害，实际上是因第三人（崔某某等人）侵权造成，不应由餐饮公司承担赔偿责任。②餐饮公司已经尽到合理的安全保障义务，不应承担赔偿责任。饭店的入口、儿童乐园等多处贴有不同颜色的警示标语。③李某某的监护人未尽到监护职责，应承担责任。④李某某受伤时的儿童滑梯高度只有 54 厘米，无任何安全隐患。

第三人崔某某辩称：某某餐饮公司没有警示标志，儿童乐园也没有人看管，第三人并没有推李某某，不应该承担责任。法院认为，公民的健康权应受法律保护。李某某随父母到某某餐饮公司就餐，双方之间建立了餐饮服务合同关系。某某餐饮公司作为经营者，应当保证其提供的服务符合保障消费者人身、财产安全的要求。从设立免费儿童乐园的目的来看，显然是为了招徕更多的消费者，从而赚取更多的利润。因此，儿童乐园实际上是经营者的一个商业策略，属于饭店提供的服务项目之一，故某某餐饮公司在法律上负有保证儿童在儿童乐园玩耍时人身安全的义务。其既未安排专人对儿童乐园进行管理、疏导，也未设立相应的警示标志，提醒家长看管好自己的孩子,未尽到安全保障义务。李某某受到的伤害与某某餐饮公司疏于管理之间具有因果关系,某某餐饮公司应依法承担相应的赔偿责任。李某某作为不满五周岁的幼儿,系无民事行为能力人,缺乏自我保护和安全防范意识,其监护人在某某餐饮公司就餐期间,放任李某某独自到具有一定人身危险性的儿童乐园去玩耍,未尽到监护之责,对李某某因此而造成的损害后果应承担相应的责任。根据李某某法定监护人与某某餐饮公司的过错程度,法院酌定李某某法定监护人承担40%的民事责任,某某餐饮公司承担60%的民事责任。关于李某某诉请第三人崔某某承担民事责任,因未提供相应证据证明李某某所受伤害与该被告之间具有因果关系,故对李某某该诉讼请求,法院不予支持。某某餐饮公司辩称已尽到了安全保障义务,但相关证据也不足以证明其已尽到了合理限度范围内的安全保障义务,故对此辩称不予采信。

第 **4** 篇 <<<

出境旅游

4.1　护照

中华人民共和国护照是中华人民共和国公民出入国境和在国外证明国籍和身份的证件。

2006 年 4 月 29 日,全国人民代表大会常务委员会颁布的《中华人民共和国护照法》将护照分为普通护照、外交护照和公务护照。普通护照的有效期为:护照持有人未满十六周岁的五年,十六周岁以上的十年。普通护照由公安部出入境管理机构或者公安部委托的县级以上地方人民政府公安机关出入境管理机构以及中华人民共和国驻外使馆、领馆和外交部委托的其他驻外机构签发。外交护照由外交部签发。公务护照由外交部、中华人民共和国驻外使馆、领馆或者外交部委托的其他驻外机构以及外交部委托的省、自治区、直辖市和设区的市人民政府外事部门签发。

公民因前往外国定居、探亲、学习、就业、旅行、从事商务活动等非公务原因出国的,由本人向户籍所在地的县级以上地方人民政府公安机关出入境管理机构申请普通护照。2007 年 10 月 25 日,公安部颁布的《中华人民共和国普通护照和出入境通行证签发管理办法》(公安部令第 96 号)第三条规定,公民申请普通护照,应当由本人向其户籍所在地县级以上地方人民政府公安机关出入境管理机构提出,并提交下列真实有效的材料:①近期免冠照片一张以及填写完整的《中国公民因私出国(境)申请表》(以下简称申请表);②居民身份证和户口簿及复印件;在居民身份证领取、换领、补领期间,可以提交临时居民身份证和户口簿及复印件;③未满十六周岁的公民,应当由其监护人陪同,并提交其监护人出具的同意出境的意见、监护人的居民身份证或者户口簿、护照及复印件;④国家工作人员应当按照有关规定,提交本人所属工作单位或者上级主管单位按照人事管理权限审批后出具的同意出境的证明;⑤省级地方人民政府公安机关出入境管理机构报经公安部出入境管理机构批准,要求提交的其他材料。现役军人申请普通护照,按照管理权限履行报批手续后,由本人向所属部队驻地县级以上地方人民政府公安机关出入境管理机构提出。

外交官员、领事官员及其随行配偶、未成年子女和外交信使持用外交护照。在中华人民共和国驻外使馆、领馆或者联合国、联合国专门机构以及其他政府间国际组织中工作的中国政府派出的职员及其随行配偶、未成年子女持用公务护照。除此之外的公民出国执行公务的,由其工作单位向外交部门提出申请,由外交部门根据需要签发外交护照或者公务护照。

申请人具有下列情形之一的,公安机关出入境管理机构不予签发普通护照:①不具有中华人民共和国国籍的;②无法证明身份的;③在申请过程中弄虚作假的;④被判处刑罚正在服刑的;⑤人民法院通知有未了结的民事案件不能出境的;⑥属于刑事案件被告人或者犯罪嫌疑人的;⑦国务院有关主管部门认为出境后将对国家安全造成危害或者对国家利益造成重大损失的。公民因妨害国(边)境管理受到刑事处罚或者因非法出境、非法居留、非法就业被遣返回国的,公安机关出入境管理机构自其刑罚执行完毕或者被遣返回国之日起六个月至三年以内不予签发普通护照。

短期出国的公民在国外发生护照遗失、被盗或者损毁不能使用等情形,应当向中华人民共和国驻外使馆、领馆或者外交部委托的其他驻外机构申请中华人民共和国旅行证。

4.2 大陆居民赴台湾地区旅游管理办法

2006 年 4 月 16 日,公安部、国家旅游局、国务院台湾事务办公室下发了《大陆居民赴台湾地区旅游管理办法》(国家旅游局、公安部、国务院台湾事务办公室令第 26 号),经 2011 年 6 月 20 日《国家旅游局、公安部、国务院台湾事务办公室关于修改〈大陆居民赴台湾地区旅游管理办法〉的决定》修订,该办法对大陆居民赴台湾旅游事宜作了专门的规定。

● 现阶段大陆居民赴台湾地区旅游,可采取团队旅游或个人旅游两种形式。

大陆居民赴台团队旅游须由指定经营大陆居民赴台旅游业务的旅行社组织,以团队形式整团往返。旅游团成员在台湾期间须集体活动。组团社由国家旅游局会同有关部门,从已批准的特许经营出境旅游业务的旅行社范围内指定,由海峡两岸旅游交流协会公布。台湾地区接待大陆居民赴台旅游的旅行社(以下简称接待社),经大陆有关部门会同国家旅游局确认后,也由海峡两岸旅游交流协会公布。除被指定的组团社外,任何单位和个人不得经营大陆居民赴台旅游业务。2008 年 7 月,海峡两岸旅游交流协会向社会公布了第一批指定经营大陆居民赴台旅游业务旅行社名单,全国 13 个首批开放台湾游的省市里,共有 33 家旅行社可经营台湾游。2009 年 2 月,海峡两岸旅游交流协会公布的第二批指定经营大陆居民赴台旅游业务旅行社名单达到 113 家。2010 年 7 月,海峡两岸旅游交流协会又公布了 18 家第三批指定经营大陆居民赴台旅游业务旅行社名单。2012 年 7 月，海峡两岸旅游交流协会公布了第四批指定经营大陆居民赴台旅游业务旅行社名单，共计 52 家旅行社，涉及 28 个省（区、市）。截至目前，大陆 31 个省、自治区、直辖市已全部开放赴台湾团队旅游的业务，四批公布的台游组团社共计达到 216 家。

2011 年 6 月 22 日，国家旅游局颁布的《关于开展大陆居民赴台湾地区个人旅游的通知》（旅办发〔2011〕75 号）规定，北京、上海、厦门三个城市（首批开放城市）已经具有当地正式户籍的居民，可向其户口所在地公安机关出入境管理部门申请办理《大陆居民往来台湾通行证》及个人旅游签注，之后委托城市所在地指定经营大陆居民赴台湾旅游业务的旅行社，经台湾有接待大陆居民赴台湾旅游资质的旅行社，向台湾相关机构申请、代办入台相关出入境手续。大陆居民赴台湾地区个人旅游，在台湾的停留时间，自入境次日起不超过 15 天，并应在规定时间内返回大陆。截至目前，大陆居民赴台湾地区个人旅游试点城市共计 26 个（分三批开放）：第一批试点城市为北京、上海、厦门；第二批试点城市为成都、天津、重庆、南京、杭州、广州、济南、西安、福州、深圳；第三批试点城市为沈阳、郑州、武汉、苏州、宁波、青岛、石家庄、长春、合肥、长沙、南宁、昆明和泉州。

• 大陆居民赴台团队旅游实行配额管理。

配额由国家旅游局会同有关部门确认后，下达给组团社。赴台旅游团须凭《大陆居民赴台湾地区旅游团名单表》（以下简称《名单表》），从大陆对外开放口岸整团出入境。2008 年 6 月 21 日施行的《〈大陆居民赴台湾地区旅游团名单表〉管理办法》规定，海峡两岸旅游交流协会根据大陆居民赴台湾地区旅游配额总量，印制相应数量的《名单表》，依据所指定经营大陆居民赴台旅游业务的旅行社的实际组团情况，将《名单表》委托有关省（市）旅游行政部门下达给组团社。《名单表》一式五联，分为：赴台湾地区边防检查专用联、返大陆边防检查专用联、省级旅游行政部门审验专用联、省级台办报备专用联、旅行社自留专用联。

• 大陆居民赴台旅游应持有效的《大陆居民往来台湾通行证》，并根据其采取的旅游形式，办理团队旅游签注或个人旅游签注。

《公安部关于大陆居民往来台湾地区管理工作有关问题的通知》（公通字〔2003〕77 号）规定，大陆居民可凭本人居民身份证、户口簿及"入台许可"申请办理《大陆居民往来台湾通行证》及签注。按《大陆居民赴台湾地区旅游管理办法》规定，大陆居民赴台旅游，应向其户口所在地公安机关出入境管理部门申请办理《大陆居民往来台湾通行证》及相应签注；参加团队旅游的，应事先在组团社登记报名。

●组团社须为每个团队选派领队。领队经培训、考核合格后,由地方旅游局向国家旅游局申领赴台旅游领队证。组团社须要求接待社派人全程陪同。

2008年6月21日颁布的《大陆居民赴台湾地区旅游领队人员管理办法》规定,大陆居民赴台旅游领队证(以下简称领队证)由组团社向所在地的省、自治区、直辖市旅游行政部门申领,并提交申请《赴台旅游领队证人员登记表》,省、自治区、直辖市旅游行政部门应当对申领人员进行资格审查、业务培训和考核。业务培训和考核内容包括:相关法规政策教育;思想道德教育;台湾地区的基本情况;领队人员的义务与职责;领队人员业务等。经考核合格的领队人员,由省、自治区、直辖市旅游行政部门向海峡两岸旅游交流协会申请办理领队证。领队人员应当履行下列职责并遵守下列规定:

(1)遵守《大陆居民赴台湾地区旅游管理办法》的相关规定,维护大陆赴台旅游者(以下简称旅游者)的合法权益。

(2)协同接待社实施旅游行程计划,协助处理旅游行程中的突发事件及其他问题。

(3)对旅游过程中,可能危及旅游者人身、财物等方面的安全问题,应及时向旅游者作出明确告知,或提出劝导,并相机采取有效措施防止事故的发生;如遇到特殊问题,应及时向组团社报告;对旅游者不文明的言行举止,应予以提醒和劝阻。

(4)不得诱导和组织旅游者参与涉及色情、赌博、毒品等内容和有损两岸关系的活动,也不得为旅游者参与上述活动提供便利条件。

(5)不得与接待社、导游及为旅游者提供商品或者服务的其他经营者串通欺骗、胁迫旅游者消费,不得向接待社、导游及其他为旅游者提供商品或者服务的经营者索要回扣、提成或者收受其财物。

赴台旅游人员,违反相关规定的,参照《出境旅游领队人员管理办法》的有关规定进行处罚。

●经营大陆居民赴台旅游组团社注意事项。

(1)组团社应当与接待社约定,按照合同安排完成旅游行程。不得安排涉及赌博、色情、毒品等内容和有损两岸关系的旅游活动。接待社违反合同约定的,组团社及其领队须及时予以纠正。

(2)组团社不得以"赴台旅游"名义组织大陆居民赴台从事经济、文化、卫生、科技、教育、宗教、学术等领域的两岸交流活动及国际性活动。接待社在行程中擅自安排相关交流活动的,组团社和领队应责其纠正。

(3)组团社应当与大陆赴台旅游者(以下简称旅游者)订立旅游合同(采纳国家旅游局会同国家工商行政管理总局联合制定的《大陆居民赴台湾地

区旅游合同》示范文本 GF—2008—2603)。合同应包括旅游起止时间、行程路线、价格、食宿标准、交通工具、旅行保险及违约责任等内容。旅游合同由旅游者和组团社各持一份。组团社应当遵守合同约定,不得擅自改变行程、减少旅游项目,不得强迫或者变相强迫旅游者参加非合同约定的付费项目。

(4)组团社应当向旅游者提供真实可靠的赴台旅游服务信息,不得做虚假宣传和虚假广告;不得以低于成本的价格进行不正当竞争,扰乱赴台旅游市场秩序。

(5)组团社应当认真开好赴台旅游团队的行前说明会,向旅游者介绍台湾地区的基本情况、相关规定、风俗习惯、文明旅游的有关要求和注意事项。

(6)组团社的领队人员须取得由海旅会颁发的"大陆居民赴台旅游领队证"后方可上岗。组团社在开展赴台旅游业务中,应组织领队人员参加培训,并建立相应的管理制度和责任制度。

(7)组团社应建立应对突发事件的应急机制,切实加强赴台旅游团队的安全管理工作。在团队出发前,对涉及人身、财物等方面的安全问题,应当向旅游者作出明确告知;在旅游过程中,如出现可能危及旅游者生命、财产安全的情况,应当事先向旅游者提出劝导,并相机采取有效措施,严格防止事故的发生。如遇突发事件,应立即启动应急机制,以将损害降至最低。

(8)团队在台旅游期间,组团社应当保持与领队的畅通联系。团队在台遇到特殊情况,如因病、因伤及其他自然灾害等不可抗拒的突发事件时,领队人员应当及时向组团社报告。组团社应当迅速报告省级旅游行政部门和有关部门,同时提出妥善的处理意见和建议。

(9)如发生旅游者在台滞留不归,领队人员应当及时向组团社报告,组团社应当及时向省级旅游行政部门和有关部门报告,省级旅游行政部门应当及时报告海峡两岸旅游交流协会。海峡两岸旅游交流协会和有关部门处理有关事项时,组团社应提供协助。

(10)组团社应当建立赴台旅游总结制度,不断提高赴台旅游组织能力、服务能力、预判能力、应急能力。

4.3　旅行社组织内地居民赴香港、澳门旅游相关规定

内地居民赴香港、澳门特别行政区旅游,应当持《往来港澳通行证》及有效签注。

组团社经营港澳游业务,须经国家旅游局批准,且应在经香港、澳门旅

游部门或行业协会推荐的范围内自行选择接待社。按照《关于内地居民赴香港澳门旅游有关问题的通知》（旅发〔2001〕91号）的相关规定，国家旅游局公告（2002年第1号）在已批准的4家港澳游组团社基础上，增加63家港澳游组团社，公布了内地共计67家港澳游组团社和香港68家接待社名单。2002年9月19日，国家旅游局颁布的《关于旅行社组织内地居民赴香港澳门旅游有关问题的通知》（以下简称《通知》）规定，从2002年10月1日起，按照《旅行社管理条例》，已批准的528家出国游组团社均可以经营内地居民赴港澳地区旅游组团业务。新颁布的《旅行社条例》规定，能经营出国旅游业务的旅行社均可组织内地居民赴香港、澳门旅游。

组团社与接待社应签订港澳游业务书面合同，明确双方的责任和义务。书面合同文本须报香港、澳门特区旅游管理部门（或行业协会）和内地省级旅游局备案。2011年1月28日，国家旅游局下发的《印发〈内地居民赴港旅游组团社与地接社合同要点〉的通知》（旅发〔2011〕3号）明确了内地居民赴港旅游组团社与地接社合同要点包括如下：

（1）明确双方名称、经营许可证及联络方式。

（2）明确组团社领队和地接社导游相关信息。

（3）双方确认旅游团吃、住、行、游、购、娱的具体安排，并特别指出在香港的购物场所、购物次数、停留时间。

（4）旅游团团费须注明包含项目、支付数额、支付时间、支付方式；如有自费项目，须注明内容和价格。

（5）明确组团社和领队的责任和义务。

①组团社须取得经营出境旅游业务许可，遵守《旅行社条例》；②领队必须具备出境领队资格，遵守《出境领队管理办法》；③组团社不得以低于接待服务成本的价格招揽游客；④组团社未经游客同意，不得将游客转交给其他旅行社组织、接待；⑤坚决维护游客合法权益，反对胁迫游客购物，如发生此类事情，领队有及时报告的义务。

（6）明确地接社和导游的责任和义务。

①地接社须持有香港特别行政区政府旅行代理商注册处发出的牌照；②地接社不得以低于接待服务成本的价格向内地组团社报价并承接旅游团；③地接社不得要求导游带领不支付或者支付的费用低于接待成本的团队出团，不得要求导游承担接待费用；④委派接待旅游团的导游必须具有香港旅游业议会颁发的导游证；⑤地接社及委派的导游在接待旅游团过程中，必须完全遵守香港旅游业议会的《会员的一般作业守则》、《经营入境旅行服务守则》、《导游作业守则》等相关规定；⑥导游在游客抵达香港时，须及时派发符合香港

旅游业议会规定的行程表和《内地赴港团体游游客须知》;⑦地接社和委派的导游不得欺骗或胁迫游客购物或强行要求游客参加需要另行自费的项目。

《通知》规定,组团社应当为港澳游团队派遣领队,领队由持有领队证的人员担任,每个领队人员一次带团人数不得超过 40 人。旅游团队应当按照确定的日期整团出入境,严禁参游人员在境外滞留。港澳游团队凭《往来港澳通行证》和《内地居民赴香港、澳门特别行政区旅游团队名单表》(以下简称《名单表》)出入境。《名单表》一式四联,出团前应当由省级旅游行政管理部门审核,审核后的《名单表》不得增加人员。《名单表》第一、二联由内地边防检查站查验并在出入境时分别留存,第三联由香港入境事务处查验留存,第四联由澳门出入境事务厅查验留存(如团队有减员,分别由相关的内地、港、澳三地查验机关在第二联上注明)。组团社可在团队出发前 24 小时将《名单表》通过传真或电脑网络发至内地出境口岸边防检查站和香港或澳门入境口岸初检。

4.4　边境旅游

为进一步扩大我国旅游业的对外开放,促进边境地区的经济繁荣和社会稳定,增进同毗邻国家人民的交往和友谊,自 1987 年实施以来,我国陆续开办了对蒙古、朝鲜和独联体、东南亚国家的一日或多日边境旅游业务,开展得比较早的线路有吉林珲春至斯拉夫扬卡二日游、辽宁丹东至平壤至南浦五日游、二连浩特至乌兰巴托五日游、勐腊至勐赛二日游等。边境旅游的开展促进了旅游业的发展,取得了显著的经济和社会效益。1996 年 3 月 8日,国家旅游局颁布了《边境旅游暂行管理办法》(以下简称《办法》)对边境旅游事宜作了专门的规定。

该《办法》所称的边境旅游,是指经批准的旅行社组织和接待我国及毗邻国家的公民,集体从指定的边境口岸出入境,在双方政府商定的区域和期限内进行的旅游活动。

该《办法》第六条规定,申请开办边境旅游业务的必备条件有:①经国务院批准对外国人开放的边境市、县;②有国家正式批准对外开放的国家一、二类口岸,口岸联检设施基本齐全;③有旅游行政管理部门批准可接待外国旅游者的旅行社;④具备就近办理参游人员出入境证件的条件;⑤具备交通条件和接待设施;⑥同对方国家边境地区旅游部门签订了意向性协议。意向性协议内容包括:双方组织边境旅游的具体形式、向对方旅游团提供的服务项目、活动范围以及结算方式;双方参游人员使用的出入境证件;双方组团单位负责教育本国参游人员遵守对方国家的法律法规,不携带双方国家禁止进出口的物品出入境;双方组团单位保障参游人员的合法权益,为参游人员办理人身意外保险;双方旅游部门维护边境地区的出入境秩序,保证旅游团按期返回本国,承担将对方滞留人员遣送回国的义务。

边境省、自治区公民参加本地区的边境旅游,应当向本地区有关承办旅行社申请,旅行社统一向公安机关出入境管理部门申办出境证件;非边境省、自治区的公民参加边境旅游,应当向其户口所在地授权经营出国旅游业务的旅行社申请,按规定向户口所在地公安机关出入境管理部门申办出境证件①,并由边境地区有关旅行社统一办理出入境手续和安排境外旅游活动。

双方参游人员应持用本国有效护照或代替护照的有效国际旅行证件,或两国中央政府协议规定的有效证件。双方旅游团出入国境的手续按各自国家有关规定办理,签有互免签证协议的,按协议办理;未签有互免签证协议的,须事先办妥对方国家的入境签证。双方旅游团应集体出入国境,并交验旅游团名单,由边防检查机关按规定验证放行。对双方参游人员携带的进出境行李物品,我国海关按《中华人民共和国海关对进出境旅客行李物品监管办法》及有关规定办理验放手续。

4.5　外国人签证、居留、旅行相关规定

● 签证

根据《中华人民共和国外国人入境出境管理法》、《中华人民共和国外国人入境出境管理法实施细则》及有关规定,外国人入境,应当向中国的外交代表机关、领事机关或者外交部授权的其他驻外机关申请办理签证,根据互免签证协议,免办签证入境的外国人可以不办理签证,此外,法律规定可免

---

① 2007 年 10 月 25 日,公安部颁布的《中华人民共和国普通护照和出入境通行证签发管理办法》(公安部令第 96 号)第 17 条规定,公民参加经国务院或者国务院主管部门批准的边境旅游线路边境旅游的,可以由本人向边境地区县级以上地方人民政府公安机关出入境管理机构申请签发三个月一次出入境有效的出入境通行证,并从公安部规定的口岸出入境。

签证地区除外①。外国人持有联程客票并已定妥联程座位搭乘国际航班从中国直接过境,在过境城市停留不超过 24 小时,不出机场的,免办过境签证;要求离开机场的,须向边防检查站申请办理停留许可手续。2004 年 4 月 1 日实施的《外国人签证和居留许可工作规范》第 2 条规定,受理、审批、制作和签发外国人签证和居留许可的机关是直辖市公安局出入境管理处(局)以及设有出入境管理专门机构的地市公安机关出入境管理部门。省、自治区公安厅出入境管理处(局)在特殊情况下也可以受理、审批、制作和签发外国人签证和居留许可。

根据外国人来中国的身份和所持护照的种类,分别发给外交签证、礼遇签证、公务签证、普通签证。签发普通签证时,根据外国人申请来中国的事由,在签证上标明相应的汉语拼音字母,可分 D 字、Z 字、X 字、F 字、L 字、G字、C 字、J—1 字、J—2 字签证。外国人申请签证须回答被询问的有关情况并提供有效护照或者能够代替护照的证件;填写签证申请表,交近期二寸半身正面免冠照片;交验与申请入境、过境事由有关的证明。不同的签证须提供的有关证明列表如下(见表 4-1):

表 4-1　签证类型、颁发对象以及相应的证明材料

申请签证类型	颁发对象	须提供的证明材料	备注
D 字签证	发给来中国定居的人员。	须持有定居身份确认表。定居身份确认表由申请人或者委托其在中国的亲属向申请定居地的市、县公安局出入境管理部门申请领取。	
Z 字签证	发给来中国任职或者就业的人员及其随行家属。	须有中国聘雇单位的聘请或者雇用证明,或者被授权单位的函电。	持 Z 字签证者须提供《外国人就业证》或者《外国专家证》或者《外国人在中华人民共和国从事海上石油作业工作准证》或者文化部、文化部授权的省、自治区、直辖市文化厅、局批准演出的批件及工作单位公函向出入境管理部门申请签发居留许可。

① 2010 年 5 月 29 日,海南省人民政府颁布的《外国人免签证来琼旅游团服务和管理办法》(海南省政府令第 229 号)规定,经国务院批准的国家的公民,在规定的停留时间内,持普通护照免办签证在海南省行政区域内的组团方式旅游的可以免签证。

申请签证类型	颁发对象	需提供的证明材料	备注
X字签证	发给来中国留学、进修、实习6个月以上的人员。	申请X字签证,须有接受单位或者主管部门的证明。	持X字签证者须提供就读院校注明学习期限的公函和《录取通知书》向出入境管理部门申请签发居留许可。
F字签证	发给应邀来中国访问、考察、讲学、经商、进行科技文化交流及短期进修、实习等活动不超过6个月的人员。	申请F字签证,须有被授权单位的函电。	(一)申请F字签证须提供本地接待单位公函。 可以签发有效期6个月以内零次、一次、二次签证以及6个月或者1年多次签证,签发次数不限,但自入境之日起每次在华停留期连续累计最长不得超过1年。 (二)申请团体签证分离,须提供接待单位公函。 可以为分离人员签发有效期1个月以内的零次或者一次签证。
L字签证	发给来中国旅游、探亲或者因其他私人事务入境的人员,其中9人以上组团来中国旅游的,可以发给团体签证。	申请L字签证,来华旅游的,须有中国旅游部门的接待证明,必要时须提供离开中国后前往国家(地区)的飞机票、车票或者船票。	旅游者申请L字签证,按照以下规定办理: (一)申请个人签证,须提供接待单位公函;无接待单位的,须提供能够保证在华生活费用的经济证明(现钞、旅行支票、汇票单据、现金卡等,每天按100美元计算)。可以签发有效期1个月以内的零次或者一次签证,最多签发两次。 (二)申请团体签证,原则上不予受理。对有不可抗力原因的,须提供接待单位公函。可以根据具体情况签发相应有效期限的零次团体签证,最多签发一次。 (三)申请团体签证分离,须提供接待单位公函。可以为分离人员签发有效期1个月以内的零次签证。 旅游团或者访问团成员丢失护照的,可凭公安机关出具的护照报失证明或者所属国驻华使馆或者领馆照会以及接待单位公函随团出境,不再签发签证。不随团出境的,按照申请团体签证分离的规定处理。

续表

申请签证类型	颁发对象	需提供的证明材料	备注
G 字签证	发给经中国过境的人员。	申请 G 字签证,须持有前往国家(地区)的有效签证。如果申请人免办前往国家(地区)的签证,须持有联程客票。	申请 G 字签证,须提供前往国家或者地区的有效签证及机(车、船)票。可以签发有效期 1 个月以内的零次或者一次签证,最多签发一次。
C 字签证	发给执行乘务、航空、航运任务的国际列车乘务员、国际航空器机组人员及国际航行船舶的海员及其随行家属。	申请 C 字签证,按协议提供有关的证明。	申请 C 字签证,须提供民航或者交通等部门的公函。可以签发有效期 1 个月以内的零次或者一次签证,最多签发一次。
J—1 字签证	发给来中国常驻的外国记者。	申请 J—1 字签证,须有主管部门的证明。	持 J—1 字签证者须提供记者证,向出入境管理部门签发居留许可。
J—2 字签证	发给临时来中国采访的外国记者。	申请 J—2 字签证,须有主管部门的证明。	申请 J—2 字签证须提供外交部新闻司或者省、自治区、直辖市人民政府外事办公室公函。可以签发有效期 1 年以内的零次、一次、二次和 6 个月或者 1 年多次签证,签发次数不限,但自入境之日起每次在华停留期连续累计最长不得超过 1 年。

　　根据《中华人民共和国外国人入境出境管理法》、《中华人民共和国外国人入境出境管理法实施细则》及《外国人口岸签证工作规范》有关规定,外国人可以依据特定的事由向设在北京、上海、天津、大连、福州、厦门、西安、桂林、杭州、昆明、广州、深圳、珠海、青岛、烟台、威海、海口、三亚、重庆、成都、南京、满洲里、黑河、沈阳、绥芬河、武汉、济南的口岸签证机关申请签证。个人签证申请可以由接待单位代办,团体旅游签证申请可以由我国国际旅行社和经批准的港澳旅行社代办。

　　申请口岸签证,须回答有关询问并提供有效普通护照,填写《外国人签证、居留许可申请表》,交一张近期二寸半身正面免冠照片,并根据申请签证类型的不同,提交相应的证明材料,具体如下表(见表 4-2):

表 4-2　口岸签证类型列表

申请签证类型	须提供的证明材料	获准签证期限
申请 F 签证	（一）申请多次入境有效 F 签证须提供一类授权单位邀请函电； （二）申请二次入境有效 F（包括团体）签证须提供一类或者二类授权单位邀请函电； （三）申请一次 F（包括团体）签证须提供一类或者二类授权单位或者我国乡镇以上地方政府或者各类公司、企事业单位（包括国营、集体、独资、商社、私人等公司）出具的邀请函电或者各类交易会（广交会、小交会、贸易洽谈会等）请柬。 一类、二类授权单位以外的邀请函电和请柬必须由口岸签证机关所在省、自治区、直辖市的单位出具。跨省、自治区、直辖市申请的，应当由邀请单位所在地市公安机关出入境管理部门核准同意。	对提供一类授权单位邀请函电的人员，可以获得 6 个月或者 1 年多次入境有效签证；对提供二类授权单位邀请函电的人员，可以获得有效期 6 个月多次或者 6 个月以内一次、二次签证；对提供其他邀请材料人员，可以获得有效期 3 个月以内一次、二次签证。
申请 L 签证	申请 L 签证，须提供处理紧急事务的相关证明。	可以获得有效期 3 个月以内一次入境有效签证。
	申请团体旅游签证，旅游团人数不限。须提供负责组织、接待的国际旅行社或者经批准的港澳旅行社的公函和旅游团人员名单。	可以获得有效期 2 个月以内的一次入境有效团体签证。
申请 G 签证	申请 G 签证，须提供前往国家或者地区的有效签证及机（车、船）票。	可以获得有效期 10 天以内的一次入境有效签证。
申请 C 签证	申请 C 签证，须提供民航或者交通等部门的公函。	可以获得有效期 10 天以内的一次入境有效签证。

- 居留

下列外国人在中国居留，必须持有中国政府主管机关签发的居留证件：

（1）持驻外使馆、领馆和香港、澳门公署签发的 Z、X、J—1 签证的外国人；

（2）根据互免签证协议免办签证来华，需超过协议规定的免签停留期的外国人，但不包括各国驻华使馆或者领馆、各国际组织驻华代表机构人员的随任子女、父母、岳父母、同居者、经外交部礼宾司同意的非直系亲属以及执行联合国援华项目或者根据两国间协议来华长期工作的联合国官员、政府公务员及其随任眷属以及其他因公来华人员；

（3）持 L、F、J—2 签证入境，持有相关材料申请居留许可的外国人；

（4）持《外国人居留许可》的外国人。

外国人居留证有效期可签发 1 年至 5 年，由市、县公安局根据外国人居留的事由确定；外国人临时居留证，发给在中国居留不满 1 年的人员；有显著成效的可以发给永久居留资格的证件①，具体如下：

（1）来华任职或者就业人员，对其中的投资者和企业的法人代表及其随行家属可以签发 2 年，对其他人员签发 1 年。

（2）来华常驻记者及其随行家属签发 1 年。

（3）来华学习，可以签发与其在华学习期限相同的居留许可。就读院校公函注明的学习期限与《录取通知书》注明的学习期限不一致时，以就读院校最终答复意见为准。

（4）根据互免签证协议入境但不属于上述居留事由的人员，可以根据实际情况签发，但自入境之日起每次在华停留连续累计最长不得超过 1 年。

符合一定条件的高层次人才和投资者申请居留许可可以签发 2 年以上、5 年以内的居留许可，签发次数不限。

在中国定居的外国人必须每年一次在指定的时间到居住地的公安局缴验外国人居留证。公安局认为必要时，可通知外国人到出入境管理部门缴验外国人居留证，外国人应按通知指定的时间前往缴验。持外国人居留证的人迁出所在市、县，须于迁移前向原居住地的公安局办理迁移登记，到达迁入地后，须于 10 日内向迁入地公安局办理迁入登记。未取得居留证件的外国人（即持 F、L、C、G 签证者），在中国留学、实习的外国人及持职业签证外国人的随行家属不得在中国就业。在中国就业的外国人应持职业签证入境（有互免签证协议的，按协议办理），入境后依据《外国人在中国就业管理

---

①　2004 年 8 月 15 日，公安部、外交部颁布的《外国人在中国永久居留审批管理办法》（中华人民共和国公安部、中华人民共和国外交部令第 74 号）规定：被批准在中国永久居留的外国人，由公安部签发《外国人永久居留证》。《外国人永久居留证》是获得在中国永久居留资格的外国人在中国境内居留的合法身份证件，可以单独使用，获得在中国永久居留资格的外国人，凭有效护照和《外国人永久居留证》出入中国国境。《外国人永久居留证》的有效期为五年或者十年，被批准在中国永久居留的未满十八周岁的外国人，发给有效期为五年的《外国人永久居留证》；被批准在中国永久居留的十八周岁以上的外国人，发给有效期为十年的《外国人永久居留证》。持有《外国人永久居留证》的外国人应当在证件有效期满前一个月以内申请换发；证件内容变更的，应当在情况变更后一个月以内申请换发；证件损坏或者遗失的，应当及时申请换发或者补发。

规定》(劳部发〔1996〕29 号)取得《外国人就业证》和外国人居留证件,方可在中国境内就业。

- 旅行

外国人持有效的签证或者居留证件,可以前往中国政府规定的对外国人开放的地区旅行。

外国人前往不对外国人开放的市、县旅行,须事先向所在市、县公安局申请旅行证,获准后方可前往。申请旅行证须履行下列手续:

(1)缴验护照或者居留证件;

(2)提供与旅行事由有关的证明;

(3)填写旅行申请表。

外国人旅行证的有效期最长为 1 年,但不得超过外国人所持签证或者居留证件的有效期限。外国人领取旅行证后,如要求延长旅行证有效期、增加不对外国人开放的旅行地点、增加偕行人数,必须向公安局申请延期或者变更。

外国人未经允许,不得进入不对外开放的场所。

外国人在宾馆、饭店、旅店、招待所、学校等企业、事业单位或者机关、团体及其他中国机构内住宿,应当出示有效护照或者居留证件,并填写住宿登记表,外国人住宿登记事项包括:英文姓名、中文姓名(选填)、性别、出生日期、国籍、职业、身份证件种类及号码、停(居)留证件种类及号码、来华事由、工作机构、住址、入住时间、拟离开时间、本人联系方式、紧急情况下的联系人及联系方式、备注等。

4.6 相关案例

案例一:上海飞抵巴西途经美国洛杉矶无过境签证被拘案

陈某为出席 2000 年 7 月 17 日在巴西里约热内卢举行的"技术服务经理研讨会",2000 年 7 月 16 日,持联合航空公司出售的上海至巴西里约热内卢的来回机票,到上海浦东机场准备登乘联合航空公司自上海途径洛杉矶的 UA890 航班,在办理登机手续的过程中,陈某将其护照、至里约热内卢的签证及所有机票均交该航空公司服务人员,该公司服务人员在了解陈某没有美国过境签证后,向陈某表示没有问题,可以办理 TWOV(无过境签证)手续,保证解决在美国洛杉矶及迈阿密过境问题。联合航空公司服务人员随即将陈某的所有证件及机票等均放入一个标有 TWOV 字母的大信封,出具了 United Air Lines TWOV 收据给陈某,并告知陈某待飞机抵达巴西里约热内卢机场后,方能归还给陈某。该公司服务人员为陈某办理完毕手续后,又将陈某带至 UA890 机舱门口,将 TWOV 信封交给飞机乘务员,并告知陈某 TWOV 信封将由乘务长保管。但是,陈某于当地时间 2000 年 7 月 16 日 10:30 左右抵达美国洛杉矶,一位女保安持联合航空公司乘务员交接的 TWOV 信封,带陈某到海关办理过境手续,海关工作人员在检查 TWOV 信封内容后,却告知陈某没有美国的过境签证不能过境,即不能采用 TWOV 过境。陈某随即被带到移民局办公室。联合航空公司工作人员曾与移民局接触试图寻找其他途径让陈某转道去里约热内卢,未果。陈某随后被办理作笔录、留档及备案等手续,被戴上手铐送往洛杉矶郊外的拘留中心,并遭受一系列屈辱的经历。期间,因回国航班取消及该航空公司未与移民局完成换机手续,陈某连续两天回国行程受阻。直至 7 月 18 日晚,在陈某的强烈交涉下,联合航空公司才安排陈某入住宾馆,有机会吃到正常的晚餐、洗澡及躺在床上休息。次日,陈某终于登上飞机回国。陈某认为其购买了航空公司的机票,应当得到相应的服务,上述经历是由于联合航空公司明知陈某无美国过境签证但未采取适当措施所致,陈某身心受到极大伤害,经济也蒙受损失。为此,向上海市第二中级人民法院提起诉讼,经过交涉,最终联合航空公司于 2000 年 7 月 31 日致函陈某向其致歉,并于同年 10 月向陈某退回了机票款,后经过法庭调解向陈某一次性补偿人民币 25000 元。

案例二:因签证未生效被航空公司拒绝登机案

2008 年 7 月初,高某某、曲某某在北京办理签证时,通过电话联系某某航空公司,要求购买两张 2008 年 7 月 9 日飞往比利时的机票,某某航空公司的工作人员刘某答复说没有 2008 年 7 月 9 日的机票,仅有 2008 年 7 月 8 日的。高某某、曲某某告诉刘某,签证 2008 年 7 月 9 日才生效,刘某说差一天也可以。之后高某某、曲某某向某某航空公司汇款 1.1 万元,购买了两张 2008 年 7 月 8 日从北京飞往比利时的机票。2008 年 7 月 8 日,当高某某、曲某某到首都机场准备登机时,遭到海南航空公司拒绝,只好在机场停留一夜,改乘 2008 年 7 月 10 日的航班。为此,高莫某、曲某某多支付改乘费 7700 元及欧洲火车通票的改期手续费 1828 元。高某某、曲某某认为,某某航空公司没有尽到代售机票的义务,明知 2008 年 7 月 9 日签证才生效,却出售 2008 年 7 月 8 日的飞机票，故起诉要求某某航空公司应赔偿改乘费 7700 元、欧洲铁票改期手续费 1828 元、交通费 36 元，共计 9564 元。本案经相关部门协调，某某航空公司和高某某、曲某某最终达成和解协议，共计赔偿 5500 元。

案例三：出国旅游发生交通事故追偿案

2009 年 2 月 11 日晚，张某和单位同事、家属一行共计 10 人参加了上海某某旅行社有限公司组团的马来西亚"沙巴五日游"，每人旅游费用 7570 元。张某一行于 2009 年 2 月 12 日中午抵达马来西亚沙巴，进餐完毕后乘坐旅行社安排的车辆前往旅游景点，途中该车辆发生了意外交通事故，致使张某左侧头部、肋骨、腰部、膝盖多处软组织挫伤及出血。事故发生后，张某一行未能到相关景点旅游，在该旅行社的安排下于 2009 年 2 月 15 日晚提前回国。在旅行社相关人员陪同下，张某到华山医院进行了治疗，发生了医疗费 1278.84 元，其中医保账户支付了 909.02 元。事后，保险公司理赔了张某医疗费 199.60 元。本次交通事故还造成张某如下损失：因受伤病假 2 周，误工费 4597.10 元；相机修理费 3250 元、价值 2500 元的眼镜损坏、衣服损失费 290 元、裤子损失费 495.74 元；事发后张某电话联系家属、大使馆及旅行社处理相关事宜的国际漫游通讯费 337 元。张某要求上海某某旅行社有限公司赔偿损失，因双方未能达成一致意见，张某遂提起诉讼，要求赔偿医疗费 1079.24 元、病假误工费 4597.10 元、旅游误工费 1379.31 元、财产损失费 6535.74 元、电话费 337 元、旅游费用 7570 元、精神损害抚慰金 1000 元、律师费 500 元、翻译费 10 元、调查费 8 元。

上海某某旅行社有限公司辩称，对于张某陈述的事发经过没有异议，张某一行 10 人由其安排至沙巴五日游。上海某某旅行社有限公司同意在合理的范围内赔偿张某。对于张某主张的各项损失，其中医疗费实际发生和保险理赔的数额没有异议，但对医保支出的部分，不予赔偿；国际漫游通讯费 337 元、误工费 4597.10 元以及张某主张的财产损失中衣服损失费 290 元、裤子损失费 495.74 元、翻译费 10 元、调查费 8 元无异议，同意赔偿；关于照相机修理费仅同意赔偿 1600 元、眼镜损坏费用 1700 元；鉴于实际已经发生了宾馆住宿费，飞机已经乘坐，故旅游费用 7570 元中应扣除部分费用，旅行社最多赔偿 80%；对于精神损害抚慰金、律师费不同意赔偿，因为本案系合同之诉，并非侵权之诉，故不属于合同违约之诉的赔偿范围。

法院审理认为，张某与上海某某旅行社有限公司约定了沙巴五日游的

旅行消费法律常识

旅行行程和服务内容,上海某某旅行社有限公司并收取了张某的旅游费用,双方之间形成了旅游合同关系。当事人应当按照约定全面履行自己的义务。上海某某旅行社有限公司在与张某履行旅游合同中,其委托案外人安排的车辆因发生道路交通事故,导致张某遭受人身、财产损害,应当承担相应的赔偿责任。审理中,张某与上海某某旅行社有限公司确定如下损失:国际漫游通讯费 337 元、误工费 4597.10 元、衣服损失费 290 元、裤子损失费 495.74 元、翻译费 10 元、调查费 8 元、照相机修理费 1600 元、眼镜损坏费用 1700 元等损失认可一致,于法不悖,法院予以确认。至于双方争议的医疗费中现金及医保账户支付的问题,法院认为医疗费用系张某治疗所必需,医保账户支付亦对张某的利益造成损害,上海某某旅行社有限公司理应予以赔偿。关于张某主张赔偿旅游费,虽然已经实际发生了住宿费用、乘坐飞机的交通费用等,但由于张某抵达沙巴后,在前往旅游景点途中发生交通事故受伤,致使其不能继续游玩,其旅游合同的目的无法实现,故应酌情扣除部分实际发生的费用,张某主张旅行社赔偿旅游费的 80% 计 6056 元的诉讼请求,并无不当,法院应予以支持。张某有权在法律规定的范围内处分自己的民事权利和诉讼权利,鉴于张某已经撤回要求上海某某旅行社有限公司赔偿精神损害抚慰金、律师代理费、旅游误工费的诉讼请求,法院予以准许。综上所述,上海某某旅游有限公司赔偿张某医疗费人民币 1079.24 元、国际漫游通讯费人民币 337 元、误工费人民币 4597.10 元、照相机修理费人民币 1600 元、眼镜损坏费用人民币 1700 元、衣服损失费人民币 290 元、裤子损失费人民币 495.74 元、旅游费人民币 6056 元、翻译费人民币 10 元、调查费人民币 8 元。

第 5 篇 <<<

旅游安全

5.1　旅游安全事故的类别与处理

　　旅游安全事故,是指旅游活动过程中所发生的涉及旅游者人身、财物安全的事故。《旅游安全管理暂行办法实施细则》第八条将旅游安全事故分为"轻微"、"一般"、"重大"和"特大"事故四个等级:①轻微事故是指一次事故造成旅游者轻伤,或经济损失在 1 万元以下者;②一般事故是指一次事故造成旅游者重伤,或经济损失在 1 万至 10 万(含 1 万)元者;③重大事故①是指一次事故造成旅游者死亡或旅游者重伤致残,或经济损失在 10 万至 100 万(含 10 万)元者;④特大事故是指一次事故造成旅游者死亡多名,或经济损失在 100 万元以上,或性质特别严重,产生重大影响者。

　　事故发生单位在事故发生后,应按下列程序处理:

　　1. 积极上报

　　事故发生后,现场有关人员应立即向本单位和当地旅游行政管理部门报告。地方旅游行政管理部门在接到一般、重大、特大安全事故报告后,要尽快向当地人民政府报告,对重大、特大安全事故,要同时向国家旅游行政管理部门报告。相关部门在接到旅游景区、饭店、交通途中或其他场合发生的重大旅游安全事故的报告后,除向当地有关部门报告外,还应同时以电传、电话或其他有效方式直接向"中国旅游紧急救援协调机构"报告事故发生的情况。

　　2. 现场处理

　　事故发生地的有关单位应严格保护现场,协同有关部门进行抢救、侦查,有关单位负责人应及时赶赴现场处理。事故发生后,相关部门应立即派人赶赴现场,组织抢救工作,保护事故现场,并及时报告当地公安部门。事故处理原则上由事故发生地区政府协调有关部门以及事故责任方及其主管部门负责,必要时可成立事故处理领导小组,按其部署做好有关工作。在公安部门人员未进入事故现场前,如因现场抢救工作需移动物证时,应做出标记,尽量保护事故现场的客观完整。有伤亡情况的,应立即组织医护人员进

---

　　①　《重大旅游安全事故报告制度试行办法》和《重大旅游安全事故处理程序试行办法》所称的"重大旅游安全事故"是指:①造成海外旅游者人身重伤、死亡的事故;②涉外旅游住宿、交通、游览、餐饮、娱乐、购物场所的重大火灾及其他恶性事故;③其他经济损失严重的事故。

行抢救，并及时报告当地卫生部门。伤亡事故发生后，应在及时组织救护的同时，核查伤亡人员的团队名称、国籍、姓名、性别、年龄、护照号码以及在国内外的保险情况，并进行登记。有死亡事故的，应注意保护好遇难者的遗骸、遗体。对事故现场的行李和物品，要认真清理和保护，并逐项登记造册。

3.事故善后与赔偿

在伤亡事故的处理过程中，责任方及其主管部门要认真做好伤亡家属的接待、遇难者的遗体和遗物的处理以及其他善后工作，并负责联系有关部门为伤残者或伤亡者家属提供以下证明文件：为伤残人员提供医疗部门出具的"伤残证明书"；为骨灰遣返者提供法医出具的"死亡鉴定书"以及丧葬部门出具的"火化证明书"；为遗体遣返者提供法医出具的"死亡鉴定书"、医院出具的"尸体防腐证明书"、防疫部门检疫后出具的"棺柩出境许可证"。责任方及其主管部门要妥善处理好对伤亡人员的赔偿问题。报告单位要协助责任方按照国家有关规定办理对伤亡人员及其家属进行人身伤亡及财物损失的赔偿；协助保险公司办理对购买入境旅游保险者的保险赔偿。

4.总结教训

事故处理结束后，报告单位要和责任方及其他有关方面一起，认真总结经验教训，进一步改进和加强安全管理措施，防止类似事故的再次发生。

对特别重大旅游事故①，应当严格按照 2007 年 6 月 1 日实施的《生产安全事故报告和调查处理条例》（中华人民共和国国务院令第 493 号）进行处理。

事故处理中，涉及外国旅游者重大伤亡事故时，应当注意下列事项：①立即通过外事管理部门通知有关国家驻华使领馆和组团单位；②为前来了解、处理事故的外国使馆人员和组团单位及伤亡者家属提供方便；③与有关部门协调，为国际急救组织前来参与对在国外投保的旅游者（团）的伤亡处理提供方便。

对在华死亡的外国旅游者严格按照外交部、最高人民法院、最高人民检察院、公安部、国家安全部、司法部《关于处理涉外案件若干问题的规定》（外发〔1995〕17 号）附件中《外国人在华死亡后的处理程序》的有关规定和《民政

---

① 特别重大旅游事故是指旅游过程中造成的人员伤亡或者直接经济损失达到《生产安全事故报告和调查处理条例》相关的事故等级，适用该条例进行处理的事故。《生产安全事故报告和调查处理条例》将生产安全事故等级分为特别重大事故、重大事故、较大事故、一般事故。其中一般事故是指造成 3 人以下死亡，或者 10 人以下重伤，或者 1000 万元以下直接经济损失的事故。

部、外交部、公安部关于外国人在华死亡后处理程序有关问题的实施意见》（民发〔2008〕39 号）进行处理。

5.2　旅行社安全管理事项

安全管理事项	内容
安全管理制度检查	安全工作管理制度;安全教育培训管理制度;服务质量稽查制度;安全奖惩制度;安全应急工作预案;处置突发事件应急预案制度;食品安全管理制度;安全事故报告制度;道路交通事故报告制度;旅游包车管理制度;驾驶人资质审验制度;车辆安全检查制度;道路交通违章登记制度;车辆管理制度。
安全履约	1.应检查旅行社是否建立游客资料登记制度,组接团是否按相关规定签订旅游合同。 2.应检查旅行社是否严格遵守旅游汽车租赁制度,是否与车辆单位签订《旅行社旅游团队接待用车合同》,是否存在违规租赁没有旅游包车牌照和超期服役的车辆接待旅游团队的情况。对于租车的各环节是否有详细的记录。
旅游保险	应检查旅行社是否按相关规定足额投保旅行社责任险,是否依法认真履行旅行社责任保险各项条款。
培训及安全宣传	1.应检查导游人员是否定期接受安全常识培训。在旅游的过程中,导游人员是否向旅游者进行安全提示。 2.应检查导游人员是否定期进行急救知识及紧急救援方面的培训。
消防安全	1.应检查旅行社是否建立消防设备维修保养制度,是否定期对旅行社办公区域、接待大厅及车队的消防设备进行维修保养,相关记录是否完善。 2.应检查旅行社办公区域和接待大厅是否按相关规定设置消防通道、出口,消防通道、出口是否保持畅通。 3.应检查旅行社办公区域、接待大厅、旅行社车队是否配齐消防设备。

安全管理事项	内容
旅游用车	1.车辆管理 ①应检查旅行社是否建立相关的车辆管理制度,是否建立驾驶员岗位技能与安全知识培训制度。 ②应检查旅游车辆是否按规定实施旅客承运人责任保险。 2.营运证照 ①应检查旅游车辆是否依法取得包括道路运输证、运管费缴讫证、旅游包车牌照等在内的各类证照,各证照是否在有效期限内,车辆与证照是否相符合。 ②应检查车辆驾驶人是否持有合法有效的从业资格证。 3.行车安全 ①应检查车辆在车厢内部醒目位置是否公布市交通局及市旅游局投诉电话。 ②应检查是否在醒目位置放置清晰无垢的旅游车辆线路标志牌及服务公约。 ③应检查旅游车辆的安全门能否正常打开,安全门的醒目位置是否粘贴标识。 ④应检查旅游车辆是否配备相应的灭火装置。 ⑤应检查旅游车辆是否配备必要的监控设备,是否安装 GPS 实时定位系统。 4.车辆驾驶人 ①应检查日行程超过 400 公里(高速公路为 600 公里)的旅游车辆是否按相关规定配备两名驾驶员。 ②应检查是否委托相关旅行社或自行对驾驶人员在沿途过夜停车点的休息情况进行监督。 5.车辆的维护和检测 ①应检查是否建立车辆的维修保养制度。旅游车辆是否依据国家有关规定和相应的标准进行定期维护。 ②应检查旅游车辆是否依法在规定的时间内,定期进行安全检测。 ③应检查旅游车辆是否严格执行"回场必检、合格放行"的安检制度。是否安排专门的安检员负责对旅游车辆技术性能进行检查,是否存在病车上路的情况,安检记录是否如实记载。 ④应检查旅游车辆是否每天进行清洁消毒,是否有相关记录。

5.3　旅游饭店安全管理事项

安全管理事项	内容
安全管理制度检查	1.饭店各类安全组织工作条例和例会制度； 2.安全教育培训安全检查制度； 3.食品安全管理制度； 4.客人入住登记和会客制度； 5.钥匙管理制度； 6.安全奖惩制度； 7.施工现场安全管理制度； 8.值班、值勤制度； 9.人事招用重点部位人员安全保卫部审查制度； 10.事故报告制度； 11.消防安全管理制度； 12.消防设施、消防器材维护保养制度； 13.长包房、出租、承包、合资、合作经营场所安全管理制度。
客房区域检查	1.检查是否配备以下消防安全设备,各消防安全设备能否正常使用：火灾报警系统；火灾自动喷水系统；消防水带；室内消防栓；消防广播；灭火器；楼层闭路电视探头；防毒防烟面具；正压送风系统；机械排烟系统；疏散指示图；疏散指示标志；应急照明灯等。检查楼梯间防火门是否保持完好、是否处于关闭状态。 2.应检查客房区域是否按相关规定设置消防通道,消防通道是否保持畅通。客房内是否配备应急手电筒。 3.应对万能钥匙的保管进行检查。检查中,应查看万能钥匙是否由饭店主要负责人责成专人保管使用,是否登记备案。 4.应对客房窗户打开的角度限制进行检查,推拉式窗户的最大拉动距离不超过 20 厘米,外推式窗户的最大外推角度不超过 30 度。 5.应检查客房卫生间是否采取有效防滑措施,浴缸是否配备防滑垫,是否有提醒客人小心滑倒的标志。 6.应对客房门镜和防盗链的安装情况进行检查。检查中,应查看门镜是否保持清洁、完好,防盗锁的安装是否牢固、有效。 7.应检查客房内是否设置"请勿卧床吸烟"提示,是否放置"宾客安全须知"。
厨房区域	1.应对厨房区域的消防安全设备进行检查。检查中,应查看是否配齐消防安全设备,各消防安全设备能否正常使用。 2.应对厨房的炉头抽油烟管道的定期清扫情况进行检查。检查中,应查看是否有专业公司或专人定期进行清扫,定期清扫记录是否完善。

安全管理事项	内容
其他公共区域	1.应对其他公共区域的消防安全设备进行检查。检查中,应查看是否配齐消防安全设备,各消防安全设备能否正常使用。 2.应检查楼梯间防火门是否保持完好、是否处于关闭状态。 3.应检查其他公共区域是否按相关规定设置消防通道,消防通道是否保持畅通。 4.应检查公共区域的落地玻璃门、窗是否有显著标志或做特殊处理,标志设置效果以不使客人误认为通道为宜。 5.游泳场所 ①应检查游泳场所是否依法取得卫生许可证,是否有《宾客安全须知》、中英文警示标志和明显的水深、水温及水质标志牌,是否有有效的防滑措施,是否确保地面无破碎玻璃或尖锐物品。 ②应对游泳池内水质的定期检测情况进行检查。检查中,应查看是否建立定期检测记录,定期检测结果是否符合卫生要求。 ③应检查游泳场所是否配备救生员及必要的救生器材,是否设有高位救生监护哨,救生员是否持有救生员合格证书。 6.贵重物品寄存处 应检查贵重物品寄存处是否设有探头进行监控。 7.医护设施 应检查旅游饭店是否设有必要的医疗急救设施。 8.闭路电视监控系统 ①应对旅游饭店摄像机的安装情况进行检查。检查中,应查看在前厅、电梯间、电梯轿厢、客房区、客房通道、公共娱乐场所、商场、地下车库及其他应安装摄像机的部位,是否按相关规定安装摄像机并保证运转良好、图像清晰。 ②应检查旅游饭店是否设置独立的闭路电视监视室,是否配备录放设备、监视器和专人值班。 9.报警装置 应对前台、外币兑换处手动报警装置的安装进行检查,确保安装规范、灵敏、有效。 10.雷电灾害防护装置 ①应检查旅游饭店建筑物安装的雷电灾害防护装置是否依法取得《防雷装置设计核准书》及《防雷装置验收合格证》。 ②应检查在用的防雷装置是否进行定期检测,是否取得合法有效的防雷装置合格证。 ③应检查旅游饭店是否制定防雷装置自检制度,是否对防雷装置的日常维护工作进行记录。 ④应检查旅游饭店对于雷击事故是否及时向市气象主管机构报告,是否协助气象主管机构对雷电灾害进行调查与鉴定。

续表

安全管理事项	内容
卫生安全	1. 应检查旅游饭店是否依法取得卫生管理部门核发的相应卫生许可证,卫生许可证是否在有效期限内。 2. 应对旅游饭店主要外购食品供应商三证(即营业执照、卫生许可证及生产许可证)的查验情况进行检查,并查看是否建立食品原料采购台账制度。 3. 应检查从事餐饮服务的员工是否持有效的健康证及卫生知识培训证上岗。
特种设备的安全	1. 应检查电梯、锅炉等特种设备是否依法向相关行政部门登记。 2. 应对特种设备技术档案的建立情况进行检查,查看定期实行检验、定期自检、日常使用状况、日常维护保养、运行故障和事故及处理等是否记录在案。 3. 电梯 ①应查看《安全检验合格》标志是否在有效期内,是否按规定张贴《安全检验合格》标志。 ②应对电梯的日常维护保养情况进行检查:在免保期内可由取得许可的安装、改造、维修单位或者电梯制造单位进行,免保期后应由取得电梯维修许可的单位进行;查看是否建立电梯日常维护保养记录。 ③应检查电梯运转是否正常、平稳,电梯轿厢内通风是否良好,各操作按钮动作是否灵活,信号显示是否清晰,控制功能是否正确有效。 ④应检查电梯的报警装置及应急照明是否能正常使用。 ⑤应检查旅游饭店是否制定客货梯层门钥匙管理制度及故障状态救援操作流程。 4. 锅炉 ①应检查锅炉使用登记证和定期检验标志是否悬挂在锅炉房内明显处,定期检验标志是否在有效期内。 ②应检查锅炉房内是否在明显位置悬挂诸如岗位责任制、交接班制度、巡回检查制度、定期检修制度、安全操作规程、维护保养、清洁卫生等安全管理制度。
特种设备作业人员	1. 应检查特种设备人员是否持有合法有效的《特种设备作业人员证》,是否经用人单位的法定代表人(负责人)或者其授权人雇(聘)用,是否在许可的项目范围内作业。 2. 应检查特种设备作业人员的证书是否按照相关规定进行定期复审,使用单位对本单位持有作业证书的人员是否建立档案,是否按相关规定定期及时组织作业人员参加证件复审。

5.4 旅游景区（点）安全管理事项

安全管理事项	内容
安全管理制度检查	各类安全组织工作条例和例会制度；食品安全管理制度；安全教育培训制度；治安保卫制度；值班、值勤制度；安全奖惩制度；出租、承包、合资、合作经营场所安全管理制度；施工现场安全管理制度；消防安全管理制度；重点要害部位人员安全管理制度；事故报告制度；动火、明火审批报告制度；安全生产检查制度；设施维护保养制度；景区安全行车制度。
消防安全	1. 应检查旅游景区（点）是否依法通过消防设计审核、消防验收及消防安全检查。 2. 应检查旅游景区（点）是否建立健全的消防安全组织机构，是否按相应规定配备义务消防员。消防人员是否经过相关培训，取得培训合格证。 3. 应检查旅游景区（点）内各有关场所是否按规定设置消防水源、消防设施，是否按规定配备消防器材。 4. 应检查旅游景区（点）内的消防器材是否登记造册，是否有专人管理，是否建立定期检查、维修保养制度，是否保持器材完好。 5. 应检查旅游景区（点）内的消防通道及安全出口是否保持畅通，是否设置消防安全疏散指示标志和应急照明设施，并保障处于良好状态。 6. 应检查旅游景区（点）内是否配备覆盖整个景区的消防广播，并保障处于良好状态。 7. 山林防火安全 　①对于具有山林的旅游景区（点），应检查是否制订相应的山林防火管理办法。 　②应检查各上、下山道等重点部位，是否设置明显的禁烟、禁火标志。 　③应检查是否根据山林大、小等特点，配备灭火物资、通讯设备及专门的护林队伍，进行巡山护林管理。
卫生安全	1. 应检查旅游景区（点）是否依法取得卫生管理部门核发的相应卫生许可证，卫生许可证是否在有效期限内。 2. 应对餐饮经营单位主要外购食品供应商三证（即营业执照、卫生许可证及生产许可证）的查验情况进行检查，并查看是否建立食品原料采购台账制度。 3. 应检查从事餐饮服务的员工是否持有效的健康证及卫生知识培训证上岗。

续表

安全管理事项	内容
特种设备的安全	1. 应检查电梯、锅炉、大型游乐设施及场（厂）内机动车辆等特种设备是否依法向相关行政部门登记。 2. 应对特种设备技术档案的建立情况进行检查，如定期实行检验、定期自检、日常使用状况、日常维护保养、运行故障和事故及处理等，是否记录在案。 3. 电梯 参见旅游饭店安全管理事项。 4. 锅炉 参见旅游饭店安全管理事项。 5. 大型游乐设施 ①应检查使用单位是否设置特种设备安全管理机构或者配备专职的安全管理人员，是否建立游乐设施维修保养制度。 ②应对游乐设施的定期检验情况进行检查。检查中，应查看《安全检验合格》标志是否在有效期内，是否固定在醒目位置。 ③应检查游乐设施的游乐规则、安全注意事项（乘客须知）和警示标志是否置于易于为乘客注意的显著位置。 ④应检查游乐设施每日投入使用前，是否进行试运行和例行安全检查，是否对安全保护装置进行检查确认，检查操作现场的试运行情况是否有相关记录。 ⑤应检查游乐设施的运营使用单位，是否结合本单位的实际情况，配备相应数量的营救装备和急救物品。 ⑥应检查游乐设施的所有者与运营单位是否制定救援预案，是否定期进行救援演习。 6. 水上游乐设施 ①游乐池是否取得卫生许可证。水上游乐设施是否配备足够的救生人员和救生设备，是否设有高位救生监护哨。 ②游乐池池壁周围和池内水深变化地点是否有醒目的水深标志。 ③游乐池内的水质是否定期进行检测，检测结果是否符合要求，是否建立定期检测记录。
特种设备作业人员	1. 应检查特种设备作业人员是否持有合法有效的《特种设备作业人员证》，是否经用人单位的法定代表人（负责人）或者其授权人雇（聘）用，是否在许可的项目范围内作业。 2. 应检查特种设备作业人员的证书是否按照相关规定进行定期复审，使用单位对本单位持有作业证书的人员是否建立档案，是否按相关规定定期及时组织作业人员参加证件复审。

安全管理事项	内容
游览场所	1. 应检查旅游景区(点)内各区域功能指示是否明确,标志是否明显;公共信息图形符号设置是否符合相关规定。 2. 应检查大门口是否有景区游客容纳数量标识,接待游客不超过规定容量。 3. 应检查旅游景区(点)内的道路、疏散通道及出口是否保持畅通。 4. 应检查公众文娱活动场所是否建立紧急疏散游客的安全通道,是否设置紧急安全标志。 5. 应检查旅游景区(点)内是否设置覆盖整个景区的有线广播和无线通讯网,是否设有公共电话。
大型活动、黄金周(节假日)安全	1. 应检查大型活动的举(承)办是否按国家相关规定执行,是否制定相应的安全工作方案和应急预案。在大型活动前,是否报上级主管部门同意,同时,是否按国家相关规定,报相关行政部门审查批准。 2. 应检查在大型活动、黄金周(节假日)等重点时期,景点、桥梁、狭窄路段等处,人员过多或有紧急情况和突发事件时,是否及时启动应急预案,采取临时关闭景区、展览馆,疏散游人等措施;是否及时向有关部门报告。
雷电灾害防护装置	参见 5.3 旅游饭店安全管理事项

5.5 探险旅游安全管理

为切实加强探险旅游安全管理工作,2006 年 6 月 18 日,国家旅游局颁布《国家旅游局关于加强探险旅游安全管理工作的通知》(旅发〔2006〕38号),该《通知》规定,各级旅游行政管理部门要切实履行监管责任,加强对探险旅游的重点地区、重点单位和重点环节的监管监查;对经营探险旅游的旅行社和景区,要落实企业和单位的主体责任,切实加强各项安全措施,完善组织接待条件和应急预案,增强安全保障能力;对已经形成规模的探险旅游项目,要依靠当地政府,形成部门联动、齐抓共管的责任体,共同做好安全保障工作。各级旅游管理部门要重点做好如下几个方面的探险旅游的调查研究:一是针对近年来本地组织和接待探险旅游的情况,进行认真总结,全面分析,查找安全工作漏洞。二是对已开展的探险旅游项目,要逐一进行摸查,对其组织实施、安全设施和风险防范等情况做到心中有数。三是主动会同当地民政、体育和工商等部门,对组织各类探险旅游的企业和单位进行调查备案,切实掌握情况。四是针对本地区探险旅游资源的特点、现有的保障条件和救援力量等情况,制定和完善安全保障措施。要加强探险旅游的规范化管理,把探险旅游纳入制度化和规范化管理轨道。

5.6　漂流旅游安全管理

为加强对漂流旅游的管理,保障漂流旅游者的安全,促进漂流旅游有序发展,1998 年 4 月 7 日,国家旅游局颁布的《漂流旅游安全管理暂行办法》(该法规已被《国家旅游局关于规章及规范性文件清理结果的公告》(国家旅游局公告 2010 年 6 号)宣布失效),明确漂流旅游安全管理工作以保障旅游者人身及财产安全为原则,实行"安全第一,预防为主"的方针。该《暂行办法》规定了省、自治区、直辖市人民政府旅游行政管理部门和地方旅游行政管理部门对开展漂流旅游活动的管理职责,规定了经营漂流旅游的企业的如下义务:应根据旅游安全管理的有关规定及有关部门的规章制度建立健全安全管理规章制度;应设置专门的安全管理机构或确定专人负责安全管理工作;应对从业人员特别是漂流工具操作人员进行旅游服务和旅游安全培训;应保证所提供的漂流旅游服务符合保障旅游者在漂流旅游活动中的人身及财产安全的要求,在码头、漂流工具上应放置足够的救生设备,组织旅游者乘坐漂流工具时,应要求旅游者穿救生衣或使用其他救生装备;应保证漂流工具安全可靠,严格遵守核定的载客量,严禁违章操作;应明确告示患有精神病、心脏病、高血压、痴呆病等病症的患者以及孕妇、老人、小孩和残疾人等不宜参加漂流旅游。该《暂行办法》明确开展漂流旅游应在有关部门考察核定的、符合安全标准的水域内进行,经营漂流旅游的企业应配合有关部门,保持漂流水域的畅通及航道标志明显。该《暂行办法》还对漂流工具的操作人员的资质要求、投入经营使用的漂流工具必须具备的条件以及漂流旅游安全事故处理等作了相关规定。

5.7 旅游安全的防患

1.旅游特种设施设备

加强诸如旅游车船、缆车、索道、大型游乐设施、电梯等旅游接待、游览设施设备的安全管理,防止出现因设施设备故障导致人身伤亡事故,要严格安全检查制度,注意隐患排查,制订应急预案。

一是旅游设施设备本身应合格达标,对于达不到安全要求的设施、设备应一律停止运营使用。投入使用时则应严格遵守旅游特种设备的安全使用规范,有国家强制性标准的,应严格遵守国家强制性标准。比如,旅游观光车的使用应遵守《非公路旅游观光车安全使用规范》(GB 24727—2009)。该规范明确规定了非公路旅游观光车的安全使用规则,对观光车安全维护、保养和修理也提出了具体要求。

二是旅游场所特种设备使用单位应加强安全管理人员和操作人员的安全教育,提高安全意识,落实安全责任,强化安全监控,做好安全监察、检验人员的组织落实,安排好人力部署。

三是加强旅游场所特种设备安全预警反应和应急准备,针对安全隐患和风险做好预警提示。

四是加强与旅游、公安等部门的沟通协作,完善应急预案,强化应急值守,并开展预案演练、现场疏导等工作,增强应急处置能力,及时有效应对各类突发事件。

2.旅游节庆活动

旅游节庆活动开展期间,往往道路交通拥挤、举办场地承载能力大幅增加,客流大量集中,比较容易发生旅游安全事故。为加强旅游节庆的安全防范,防止恐怖破坏、拥挤踩踏、设备故障、烟花爆竹等导致的旅游安全事故的发生,应做好如下工作:一是完善应急预案,加强与公安、安监等有关部门的应急联动,有效防范游客聚集场所发生安全事故。二是要加强对重点旅游活动区位(比如:承载力不足的旅游景区、短时内客流集中的区域、重大聚集性活动场所、拥挤旅游交通路段、人数众多的旅游餐饮卫生场地)的安全保障管理,一旦突破最高接待量,应迅速做好游客疏导工作。三是加强预警防范,主动与卫生、气象、食品监管等部门联合发布信息,及时对可能影响旅游活动的风险隐患进行预警。四是强化应急值守,加强假日值班,确保信息畅通,一旦发生突发事件,应按照相关规定及时上报,不得迟报、瞒报、漏报。

3. 旅游交通安全

旅游交通安全问题是指旅游者因乘坐飞机、火车、汽车、游船等交通工具而出现的安全问题。旅游交通安全事故已经成为旅游安全的最大隐患，在重特大旅游安全事故中旅游交通事故多年来一直占据首位。旅游运营车辆管理不规范、疲劳驾驶、危险路段、恶劣天气、不慎驾驶是造成旅游交通事故的主要原因。

做好旅游交通事故防范工作，须加强对旅行社用车的安全监管，杜绝其租用手续不全、安全要求不达标的车辆，要督促旅行社选择有资质、车况好、管理严、信誉佳、服务优的旅游汽车公司接待旅游团队。

相关部门应加强旅游线路沿线的安全保障体系建设，加强对自驾游的交通、安全及服务导示系统建设，加强车辆遇险的抢险救援工作，强化重点路段的安全保障措施。旅游交通安全相关执法机构应加强对旅游交通安全进行检查，依法从严查处旅行社、旅游运输企业的违章违规行为。严禁车辆和船舶超速、超载和超时等危及游客安全的运输行为，严查非法从事旅游客运的行为。严查旅游车辆公司违规运营等危及游客安全的行为，并在车况维护、安全驾驶、应急处置、保险救援等方面加强联合监管和引导。

要加强旅游交通安全的宣传和信息发布，引导游客规避恶劣天气等不良影响，营造平安、和谐、畅通的旅游道路交通环境。加强对旅游客运司乘人员和导游、领队人员的安全教育培训，提高安全意识，落实安全责任，增强对突发事件的处置能力。

4. 涉旅突发公共事件

加强对诸如传染性非典型肺炎、地震灾害、恶劣天气导致的涉旅突发公共事件的预防和管理，有助于减少公共卫生事件给旅游业可能造成的负面影响，对促进我国旅游业持续地健康发展具有重要的意义。加强旅游突发事件的管理，要求旅游行政管理部门应与交通、气象、海洋、国土资源等部门加强合作，高度关注旅游目的地安全风险提示信息，做好旅游突发事件的监测预警和应急防范，严防引发旅游安全事故。一旦发生涉旅突发事件及安全事故，要严格按照有关规定及时报送相关信息，并配合相关部门密切跟踪事态发展，做好游客的安抚善后工作。

2003 年 4 月 1 日，国家旅游局、卫生部下发了《关于发布施行〈旅游经营单位预防控制传染性非典型肺炎应急预案〉(简称《应急预案》)的通知》，规定了旅行社、星级饭店、旅游景区(点)、旅游定点餐馆、旅游车船公司预防控制传染性非典型肺炎应急预案。其后，2003 年 6 月 20 日，国家旅游局在《应急预案》的基础上，制定了《旅游服务健康安全工作基本要求》，规定公共卫生事件预防控制工作,由旅游企业法人代表或总经理亲自抓、负总责。旅游企业内部办公场所、所有接待游客场所及各种从事旅游服务的运输工具,要按照中国疾病预防控制中心公布的《社区综合性预防措施》、《各种污染对象的常用消毒方法》及本地人民政府的有关要求,搞好清洁卫生并加强卫生管理。旅游企业所有接触旅游者的工作人员应该熟知卫生防疫部门公布的传染性疾病、食物和职业中毒等疾病的症状、特征和预防措施,熟知所在地治疗传染性疾病或疑似病人留验站及医院的名称、地址和联系电话;能够对传染性疾病、食物和职业中毒等疾病的表现症状做出大致判断和及时向上反映,能够及时履行报告制度,并搞好现场控制。旅游企业应将防控工作作为应对公共卫生事件的工作重点,要根据自身特点,分别做好相应的工作。

第 **6** 篇 <<<<

旅游维权专题

6.1　旅游合同的签订与履行

旅游合同,是游客与旅行社就整个旅游行程的相关事项达成一致而签订的协议,属民事合同范畴。

1.合同事项

旅游合同涉及吃、住、行、游、购、娱等众多环节,为更好地维护游客的权益,旅游合同规定的事项应该尽量完整、约定的内容应该尽量明确、清楚。《旅行社条例》第二十八条规定:"旅行社为旅游者提供服务,应当与旅游者签订旅游合同并载明下列事项:

(一)旅行社的名称及其经营范围、地址、联系电话和旅行社业务经营许可证编号;

(二)旅行社经办人的姓名、联系电话;

(三)签约地点和日期;

(四)旅游行程的出发地、途经地和目的地;

(五)旅游行程中交通、住宿、餐饮服务安排及其标准;

(六)旅行社统一安排的游览项目的具体内容及时间;

(七)旅游者自由活动的时间和次数;

(八)旅游者应当交纳的旅游费用及交纳方式;

(九)旅行社安排的购物次数、停留时间及购物场所的名称;

(十)需要旅游者另行付费的游览项目及价格;

(十一)解除或者变更合同的条件和提前通知的期限;

(十二)违反合同的纠纷解决机制及应当承担的责任;

(十三)旅游服务监督、投诉电话;

(十四)双方协商一致的其他内容。"

《旅游法》第五十八条规定:"包价旅游合同应当采用书面形式,包括下列内容:

(一)旅行社、旅游者的基本信息;

(二)旅游行程安排;

(三)旅游团成团的最低人数;

(四)交通、住宿、餐饮等旅游服务安排和标准;

(五)游览、娱乐等项目的具体内容和时间;

(六)自由活动时间安排;

（七）旅游费用及其交纳的期限和方式；

（八）违约责任和解决纠纷的方式；

（九）法律、法规规定和双方约定的其他事项。

订立包价旅游合同时，旅行社应当向旅游者详细说明前款第二项至第八项所载内容。"

2.旅游合同签订注意事项以及相关法律规制（见表 6-1）

表 6-1　旅游合同签订注意事项

编号	注意事项	相关法律规制条款
1	旅游合同的内容应真实、准确、完整，不可误导游客。	《旅行社条例》第二十九条规定，旅行社在与旅游者签订旅游合同时，应当对旅游合同的具体内容作出真实、准确、完整的说明。
2	旅游者应按旅行社的要求提供与旅游活动相关的个人健康信息，承诺不参加不适合自身条件的旅游活动。	《最高人民法院关于审理旅游纠纷案件适用法律若干问题的规定》第八条第二款规定，旅游者未按旅游经营者、旅游辅助服务者的要求提供与旅游活动相关的个人健康信息并履行如实告知义务，或者不听从旅游经营者、旅游辅助服务者的告知、警示，参加不适合自身条件的旅游活动，导致旅游过程中出现人身损害、财产损失，旅游者请求旅游经营者、旅游辅助服务者承担责任的，人民法院不予支持。《旅游法》第十五条第一款规定：旅游者购买、接受旅游服务时，应当向旅游经营者如实告知与旅游活动相关的个人健康信息，遵守旅游活动中的安全警示规定。
3	在签订涉及"购物活动以及需要旅游者另行付费的旅游项目"的相关旅游合同条款时，应格外谨慎。	《旅行社条例实施细则》第三十三条规定，在签订旅游合同时，旅行社不得要求旅游者必须参加旅行社安排的购物活动或者需要旅游者另行付费的旅游项目。同一旅游团队中，旅行社不得由于下列因素，提出与其他旅游者不同的合同事项：（一）旅游者拒绝参加旅行社安排的购物活动或者需要旅游者另行付费的旅游项目的；（二）旅游者存在的年龄或者职业上的差异。但旅行社提供了与其他旅游者相比更多的服务，或者旅游者主动要求的除外。

编号	注意事项	相关法律规制条款
3	在签订涉及"购物活动以及需要旅游者另行付费的旅游项目"的相关旅游合同条款时,应格外谨慎。	《旅行社条例》第二十七条规定,旅行社不得以低于旅游成本的报价招徕旅游者。未经旅游者同意,旅行社不得在旅游合同约定之外提供其他有偿服务。 《旅行社条例》第五十四条规定,违反本条例的规定,旅行社未经旅游者同意在旅游合同约定之外提供其他有偿服务的,由旅游行政管理部门责令改正,处 1 万元以上 5 万元以下的罚款。 《旅游法》第三十五条规定,旅行社不得以不合理的低价组织旅游活动,诱骗旅游者,并通过安排购物或者另行付费旅游项目获取回扣等不正当利益。 旅行社组织、接待旅游者,不得指定具体购物场所,不得安排另行付费旅游项目。但是,经双方协商一致或者旅游者要求,且不影响其他旅游者行程安排的除外。 发生违反前两款规定情形的,旅游者有权在旅游行程结束后三十日内,要求旅行社为其办理退货并先行垫付退货货款,或者退还另行付费旅游项目的费用。
4	旅游目的地委托接待事项应在合同中明确。	《旅行社条例》第三十六条规定,旅行社需要对旅游业务作出委托的,应当委托给具有相应资质的旅行社,征得旅游者的同意,并与接受委托的旅行社就接待旅游者的事宜签订委托合同,确定接待旅游者的各项服务安排及其标准,约定双方的权利、义务。 《旅行社条例实施细则》第三十四条规定,旅行社需要将在旅游目的地接待旅游者的业务作出委托的,应当按照《条例》第三十六条的规定,委托给旅游目的地的旅行社并签订委托接待合同。 旅行社对接待旅游者的业务作出委托的,应当按照《条例》第三十六条的规定,将旅游目的地接受委托的旅行社的名称、地址、联系人和联系电话,告知旅游者。 《旅游法》第六十条规定旅行社委托其他旅行社代理销售包价旅游产品并与旅游者订立包价旅游合同的,应当在包价旅游合同中载明委托社和代理社的基本信息。 旅行社依照本法规定将包价旅游合同中的接待业务委托给地接社履行的,应当在包价旅游合同中载明地接社的基本信息。 安排导游为旅游者提供服务的,应当在包价旅游合同中载明导游服务费用。

编号	注意事项	相关法律规制条款
5	将旅游者转交给其他旅行社组织、接待，须经旅游者同意。	《旅行社条例实施细则》第三十五条规定，旅游行程开始前，当发生约定的解除旅游合同的情形时，经征得旅游者的同意，旅行社可以将旅游者推荐给其他旅行社组织、接待，并由旅游者与被推荐的旅行社签订旅游合同。未经旅游者同意的，旅行社不得将旅游者转交给其他旅行社组织、接待。《旅游法》第六十三条第二款："因未达到约定人数不能出团的，组团社经征得旅游者书面同意，可以委托其他旅行社履行合同。组团社对旅游者承担责任，受委托的旅行社对组团社承担责任。旅游者不同意的，可以解除合同。"《旅游法》第六十九条第二款："经旅游者同意，旅行社将包价旅游合同中的接待业务委托给其他具有相应资质的地接社履行的，应当与地接社订立书面委托合同，约定双方的权利和义务，向地接社提供与旅游者订立的包价旅游合同的副本，并向地接社支付不低于接待和服务成本的费用。地接社应当按照包价旅游合同和委托合同提供服务。"
6	若系代理招徕旅游者，须满足"代理"的法律要求。	符合《关于试行旅行社委托代理招徕旅游者业务有关事项的通知》相关规定。

3.旅游合同履行的注意事项

旅游合同一旦签订后，履行过程中，双方不得任意变更或解除，变更或解除合同需要符合法定要求。在实际操作中，旅游合同的变更或解除往往基于如下原由：一是发生不可抗力或双方当事人已尽合理注意义务仍不能避免的事件。比如突降暴风雪使得飞机不能按时起飞，影响到了旅游行程安排；对于因不可抗力等不可归责于旅游经营者的客观原因导致旅游合同无法履行的，旅游经营者与游客之间均不存在违约责任，对于尚未实际发生的旅游费用，游客可以请求旅游经营者退还。二是双方协商一致。比如全体游客与旅行社协商一致变更旅游线路。值得注意的是，旅游合同的履行有个鲜明的特点，就是游客是在导游人员的引导下完成旅游行程的。因此，导游人员在履行合同的过程中起着重要的作用。《导游人员管理条例》第十三条第二款规定："导游人员在引导旅游者旅行、游览过程中，遇有可能危及旅游者人身安全的紧急情形时，经征得多数旅游者的同意，可以调整或者变更接待计划,但是应当立即报告旅行社。"本来,旅游合同是游客和旅行社之间签订的,导游人员只是受旅行社委派提供导游服务,导游无私自变更旅游合同的权利,但该法条却赋予了导游人员调整或变更接待计划权,成为旅游合同履行的特别之处。总的来看,旅游合同的履行要本着诚实、信用的原则,全面地去履行,未经全体游客与旅行社协商一致,旅游合同一般不得任意变更、解除。

在合同的履行过程中,值得注意的是,即便旅游者在自行安排活动期间(包括旅游经营者安排的在旅游行程中独立的自由活动期间、旅游者不参加旅游行程的活动期间以及旅游者经导游或者领队同意暂时离队的个人活动期间等),旅游经营者仍应尽到必要的提示义务,一旦旅游者遭受人身损害、财产损失,旅游经营者须履行救助义务。

6.2　旅行社责任保险统保示范项目介绍(2013)

旅行社依法必须投保旅行社责任保险,但若让每个旅行社都与保险公司去协商,自行签订保险合同,旅行社往往面临着弱势:一是旅行社没有保险公司专业;二是保险公司不同,适用的保险合同条款就会不同,保险费率也不一样。

为了更好地维护大多数旅行社的利益,国家旅游局实行了统保示范项目,该项目实施的一个着力点,就是让国家旅游局代表全国的旅行社,直接去跟保险公司谈,因为代表的旅行社较多,通过"保险大数法则"就可以让保险公司在保险条款、保险费率上作出让步,从而形成一个旅行社投保旅行社责任保险的有利条件。

1.运作

该项目的运作步骤(2009—2011 年)列表如下(见表 6-2):

表 6-2　旅行社责任保险统保示范项目的运作步骤

时间	事　件
2009 年 7 月	国家旅游局通过公开招标确定江泰保险经纪股份有限公司作为统保示范项目保险顾问。

时　间	事　　件
2009 年 10 月	统保示范项目的组织方通过竞争性保险合同谈判确定中国人民财产保险股份有限公司(份额 46%)为该项目的首席承保公司,与中国太平洋财产保险股份有限公司(份额 16%)、中国平安财产保险股份有限公司(份额 11%)、中国人寿财产保险股份有限公司(8%)、中国大地财产保险股份有限公司(份额 9%)、太平财产保险有限公司(10%)作为共保体承保该项目。
2009 年 11 月	示范项目首席承保公司人保财险经过与江泰公司、国家旅游局多次商讨最终确定示范项目保险条款,将示范项目保险条款报中国保监会备案获准通过。
2009 年 12 月	国家旅游局综合协调司和人保财险、太平洋财险、平安财险、国寿财险、大地财险、太平洋财险 6 家共保公司以及江泰保险经纪公司在北京正式签署 2010 年度旅行社责任险统保示范项目三方框架协议,标志着统保示范项目进入实质操作阶段。
2010 年 9 月 16—17 日	23 个省推荐的 47 名旅行社代表、中国旅行社协会代表与江泰保险经纪公司举行了 2011 年度统保示范项目保险经纪服务合同谈判会议。围绕协助投保、索赔、风险管控咨询、培训等方面与江泰保险经纪公司进行了为期 1 天的谈判,细化了经纪服务内容,确定了 2011 年度旅行社责任保险统保示范项目保险经纪服务协议书(示范文本)。
2010 年 9 月 25—27 日	19 个省推荐的 41 名旅行社代表、中国旅行社协会代表和相关行业专家与保险公司举行了 2011 年度统保示范项目保险合同谈判会议。参会代表推选出旅行社代表 10 人、保险专家 4 人、法律专家 2 人、行业专家 3 人组成的 19 人谈判小组,围绕保险责任、赔付机制、费率机制等方面与共保体 6 家保险公司进行了为期 2 天艰苦、细则、深入的谈判,2011 年统保示范产品在费率基本不变的基础上,保险责任与服务内容更加明确并有所优化。
2011 年 9 月 6—8 日	国家旅游局在北京组织展开 2012 年旅行社责任保险统保示范项目保险经纪服务合同,保险合同谈判会议。经过 3 天的艰苦谈判,确定了统保示范项目经纪合同服务合同(示范文本)和保险合同及提供服务的保险机构数量、服务地区和份额。 经国家旅游局审核同意,于 2011 年 10 月 31 日与项目服务保险机构签署了 2012—2013 年度统一示范项目框架协议及保险经纪服务协议。确定 2012—2013 年度统保示范项目继续由江泰保险经纪公司提供保险经纪服务,由人保财险(份额 46%)、太平洋财险(份额 16%)、平安财险(份额 11%)、太平财险(份额 10%)、大地财险(份额 9%)和国寿财险(份额 8%)6 家保险公司共同承保。

旅行消费法律常识

总的来看,示范项目是以三方框架协议、保险经纪服务协议、保险合同作为运作的法律依据。

三方框架协议:由国家旅游局、江泰保险经纪公司、中保财险等 6 家保险公司作为三方当事人共同签署的《年度旅行社责任保险统保示范产品框架协议书》(以下简称《协议书》),在该《协议书》中,确定由江泰保险经纪公司为拟投保旅行社责任保险的旅行社提供保险经纪服务,由人保财险(份额 46％)、太平洋财险(份额 16％)、平安财险(份额 11％)、太平财险(份额 10％)、大地财险(份额 9％)和国寿财险(份额 8％)6 家保险公司共同承保,并大致规定了各方的权利与义务。

保险经纪服务协议:与江泰保险经纪公司签订年度的《旅行社责任保险统保示范项目保险经纪服务协议书》。江泰保险经纪公司作为经纪机构,主要是为投保人(旅行社)与保险公司提供中介服务,并按约定收取佣金的机构。在统保示范项目中,主要是提供销售与代理保险理赔等服务的。

保险合同:与 6 家保险公司进行保险合同的谈判,最终确定年度具体的保险条款及保险费率。

2.投保数据

旅行社责任保险统保示范项目于 2010 年开始实施,按照国家旅游局公布的数据:

2010 年度:截至 12 月 10 日,全国有效投保统保示范项目的旅行社共 10789 家,统保率达 52.14％。项目共接到报案 5795 起,其中旅游者人身伤害案件 3735 起,占比 64％,非旅游者人身伤害案件 2060 起,占比 36％。其中已结案 857 起,赔款 9498553.97 元。销案 2499 起,待销案 610 起,未结案件 1829 起,结案率为 75.79％(不含治疗中案件)。[①]

2011 年度:截至 10 月 31 日,全国有效投保示范项目的旅行社共 13563 家,统保率达 63％。其中内蒙古、宁夏、海南、青海和山西 5 省实现 100％统保,广东、陕西、福建、湖南、贵州、天津、云南、山东 8 省统保率超过 80％。项目已在 25 个省会城市(含直辖市)、计划单列市成立城市调处中心,共接到报案 6320 起,其中已结案 773 起,销案 2005 起,待销案 558 起,未结案件 2984 起,结案率为 67.19％(不含治疗中案件)。赔款 1051.77 万元,预估赔款近

---

① 数据来源:关于推动实施 2011 年度旅行社责任保险统保示范项目的通知,附件:2011 年旅行社责任保险统保示范项目宣传提纲。

4000万。①

2012年度：截至11月18日，有效投保2012年度示范产品的旅行社共15465家，保费金额12493.67万元，统保率67.88%（以2010年全国旅行社总数为基数）。②

"祝善忠在2012年全国旅游安全与保险工作会议上的讲话"提及截至10月20日，参加2012年度统保示范项目的旅行社达15336家，统保率达到67.3%，比去年同期提高近5个百分点；全国有27个省（直辖市、自治区）的统保率超过50%；13个省（直辖市、自治区）的统保率超过80%，其中山西、内蒙古、海南、青海、宁夏5省（区）实现100%统保。③

由上述数据可见，参保旅行社责任保险统保示范项目的旅行社数量逐年增加。

3.理赔范围及相关规定

2010年11月25日颁布的《旅行社责任保险管理办法》（以下简称《办法》）取代了2001年5月15日颁布的《旅行社投保旅行社责任保险的规定》，成为现行适用的指导旅行社投保旅行社责任保险的行政规章。在该《办法》第四条中规定："旅行社责任保险的保险责任，应当包括旅行社在组织旅游活动中依法对旅游者的人身伤亡、财产损失承担的赔偿责任和依法对受旅行社委派并为旅游者提供服务的导游或者领队人员的人身伤亡承担的赔偿责任。

具体包括下列情形：

（一）因旅行社疏忽或过失应当承担赔偿责任的；

（二）因发生意外事故旅行社应当承担赔偿责任的；

（三）国家旅游局会同中国保险监督管理委员会（以下简称中国保监会）规定的其他情形。"

但在该《办法》中，并没有具体细则的列明：旅行社的疏忽与过失具体包括哪些事项，诸如旅游者出现食物中毒、旅游辅助者或者第三人导致旅游者的受伤是不是适用旅行社责任保险等这些规定不是很明确。

146

①　数据来源：关于推动实施2012年度旅行社责任保险统保示范项目的通知，附件：2012年度旅行社责任保险统保示范项目情况介绍。

②　数据来源：国家旅游局关于进一步做好2013年旅行社责任保险统保示范项目工作的通知（旅发〔2012〕136号）。

③　参见网址：http://www.cnta.gov.cn/html/2012-11/2012-11-5-15-42-41503.html。

这些不明确的事项,最终依赖旅行社与保险公司签订的保险条款予以确认。在以前的旅行社责任保险合同中,食物中毒在保险范围中往往是不予赔偿的(或附加保险费赔)。至于旅游辅助者或第三人导致旅游者受伤的情形,其处理原则大都是受伤的旅游者凭借旅游合同向旅行社先行主张赔偿,而后旅行社再向旅游辅助者或第三人进行追偿。如果旅游辅助者或第三人缺乏履行能力的话,那么旅行社只好自认倒霉。

但在统保示范项目中,依照 2012—2013 年旅行社责任保险统保示范项目条款,保险公司予以理赔的范围其包括但不限于如下情形:

(1)在被保险人(即旅行社)组织、接待的旅游活动中发生交通事故的;

(2)在被保险人组织、接待的旅游活动中发生旅游者食物中毒事件的;

(3)被保险人因过失,未尽到谨慎选择旅游辅助服务者义务,发生旅游者人身伤害事件的;

(4)被保险人因过失,在行前未尽到询问旅游者与旅游活动相关的个人健康信息义务或对行程中可能危及旅游者人身、财产安全的事项未向旅游者作出必要的真实说明和明确的警示或未采取防止危害发生的必要措施,发生旅游者人身伤害事件的;

(5)发生危及旅游者人身安全事故时,被保险人因过失未采取必要的保护、救助措施,致使损害进一步扩大的;

(6)被保险人因过失,对旅游行程或旅游项目安排不当,发生旅游者人身伤害事件的;

(7)发生本保险条款第五条约定的延误情形后,遭遇自然灾害、事故灾难、突发公共卫生事件、战争、敌对行为、军事行动、武装冲突、骚乱、暴动、恐怖活动等不可归责于被保险人及其旅游辅助服务者的客观原因导致的事件,致使旅游者人身受到伤害的;

(8)由于被保险人的旅游辅助服务者的原因,导致在被保险人或其旅游辅助服务者的经营场所发生旅游者人身伤害事件的;

(9)由于第三人的原因,导致发生旅游者人身伤害事件,且被保险人或其旅游辅助服务者未尽到安全保障义务,被保险人应承担补充赔偿责任的;

(10)被保险人的工作人员履行职责的过程中,由于其导致旅游者人身伤害的;

(11)保险事故发生后,根据旅游者治疗的实际情况或经医生要求,旅游者需要转院进行后续治疗,包括但不限于从境外医院转往境内医院或从境内医院转往境外医院,为此发生的被保险人应承担的合理、必要的交通费、食宿费用。

可见,统保项目中旅行社责任保险的保障范围较为完善。

另外,统保项目中还有无责救助费用也赔偿的规定。在以往的旅行社责任保险理赔中,只有属于旅行社的责任,保险公司才会去陪。但在一些旅游事故的实践处理过程中,即使旅行社无责,但对于事后的救助,旅行社仍然会支付相应的费用,而这笔费用,在以往的处理实践中,保险公司是不会赔偿的。但现行的统保项目明确地规定了无责救助费用也予以赔偿(其限额为每次责任限额的10%。若按责任限额最低20万元计算,则为2万元)。

目前,现行的最低的无出境游经营资格的旅行社其每次事故每人人身伤亡责任限额为20万元,每次事故责任限额为200万元,一年累计责任限额为400万元,但假如发生保险责任范围内的人身伤亡事故,损失金额超过了旅行社投保的每次事故责任限额的,其超过部分,可由公共责任限额进行赔付。可见,即使发生巨大的事故,旅行社也有保险公司保驾。

统保示范项目中还有关于垫付处理和预付处理的相关规定。2012—2013年旅行社责任保险统保示范项目保险条款第三十七条规定:"在被保险人组织、接待旅游活动期间发生一次事件造成旅游者至少5人重伤或1人死亡,或一次造成至少20人严重食物中毒或1人死亡的事故,不论是否属于保险责任范围内的事故,根据案件情况,当地旅游行政管理部门认为被保险人无力支付且旅行社责任保险调解处理中心认为符合支付条件的,被保险人提交垫付申请,经国家旅游行政管理机构书面同意后,旅行社责任保险调解处理中心收到申请(扫描或传真件)后在1个工作日内划付垫付资金。"2012—2013年旅行社责任保险统保示范项目保险条款第三十九条规定:"在被保险人组织、接待旅游活动期间发生保险责任范围内的人身伤害、财产损失事故,且预估损失超过人民币5万元的,经被保险人向全国调解处理中心申请,全国调解处理中心核准后转保险人启动预付程序;发生保险责任范围内的其他损失的,经被保险人向保险人申请,保险人核准后启动预付程序;每次事故预付资金的使用额度不得超过案件预估损失金额的60%。在案件处理过程中,就同一案件,可以根据事故处理需要多次支付预付赔款。"这些规定,能有效地解决旅行社资金紧张问题,有助于及时化解纠纷,处理好赔偿事宜。

4.总结

统保示范项目施行以来,国家旅游局一直在大力地推行,每年都会下发文件,要求各地按照"政府引导、市场运行"的原则,通过下发文件、召开会议、推动行业协议参与、组织专题培训、案例讲解等多种形式,向旅行社宣讲该项目的优势。

　　总的来看,统保示范项目有如下优势:

　　(1)统保项目除了前文所述具有保险保障范围广、无责救助费用也赔、巨大事故也赔、可以垫付处理和预付处理优势外,还有优良的保险经纪服务。

　　(2)随着《旅游法》的出台,今后旅行社的责任会明显加大,相应的纠纷也会逐渐增多。为更好地化解风险,建议参保统保项目。

　　(3)统保项目中的垫付处理和预付制度,为化解事故出现后,旅行社资金紧缺,无法垫付(赔付)相关的费用提供了帮助。这也间接地减轻了旅游主管部门所面临的诸如上访等压力。

　　(4)保险公司向旅行社的赔偿,再代为向第三人或旅游辅助者行使追偿权,可以避免旅行社自行向第三人或旅游辅助者追偿时,付出的律师费、交通费等损失,也可避免当第三人或旅游辅助者无履行能力时的诉讼风险。

　　(5)在保险事故的认定上,有别于以往单独由保险公司自行认定的范例,统保示范项目专门设立调解处理中心和事故鉴定委员会。

　　(6)购买统保项目后,第二年保险费率会逐渐降低,也不是一成不变的。

　　(7)旅行社积极参保统保项目,通过该机制能积极地化解与受伤游客的纠纷,积极地赔付,减少游客的痛苦与损失,这会成为旅游行政主管部门在旅游行政处罚过程中,在行使自由裁量权方面给予从轻的一个参照点。相信随着统保示范项目的推进,今后组团社在选择代理社或者委托地接业务方面,也会将是否参保统保示范项目作为一个重要参照点。

　　任何保险都不是万能的,旅行社在参保示范项目时,也有如下值得注意的地方:

　　(1)示范项目中涉及的精神抚慰金数额相对而言是比较低的。

　　(2)航班延误在本示范项目中,属附加险范畴。

　　(3)相关保险条款解释方面,可能偏向于保险公司,今后也可能存在投保人与保险经纪公司、保险公司之间的争执。

　　(4)随着旅行社责任保险的不断完善,今后有可能会将示范项目涉及的成熟条款,由保监会立法吸收,然后让全国所有的保险公司都使用,改变由 6 家保险公司共同垄断的现状。

6.3　出国保证金事宜

　　某些旅行社在组织公民出国旅游的时候,会向旅游者收取几万元的出国保证金。其收取理由如下：

(1)如果游客非法滞留境外不归，当旅游行政部门对旅行社予以罚款处理后，旅行社可以没收保证金的方式来获得补偿。如果旅游结束后，参团人员按时回国的话，保证金会全部退还给游客。

(2)收取出国保证金是旅行社为游客办理签证的一项必备的事项。

(3)收取出国保证金是我国从事出境游的旅行社的行业惯例。

实际上，上述理由均不成立，分述如下：

(1)游客非法滞留境外，旅行社并非一定会受到旅游行政部门的处罚。理由如下：

首先，游客非法滞留境外，主责在游客自身，并非旅行社的过错。实践中，游客出国旅游前，旅行社会告知出国旅游注意事项，往往会提醒游客不得非法滞留境外；游客与旅行社签订的出境旅游合同也会明确约定，游客不得在境外非法滞留。

其次，游客非法滞留境外，旅行社也并不是必然会被处罚。《旅行社条例》第六十三条规定："违反本条例的规定，旅行社及其委派的导游人员、领队人员有下列情形之一的，由旅游行政管理部门责令改正，对旅行社处 2 万元以上 10 万元以下的罚款；对导游人员、领队人员处 4000 元以上 2 万元以下的罚款；情节严重的，责令旅行社停业整顿 1 个月至 3 个月，或者吊销旅行社业务经营许可证、导游证、领队证：（一）发生危及旅游者人身安全的情形，未采取必要的处置措施并及时报告的；（二）旅行社组织出境旅游的旅游者非法滞留境外，旅行社未及时报告并协助提供非法滞留者信息的；（三）旅行社接待入境旅游的旅游者非法滞留境内，旅行社未及时报告并协助提供非法滞留者信息的。"《旅游法》第五十五条规定："旅游经营者组织、接待出入境旅游，发现旅游者从事违法活动或者有违反本法第十六条规定情形的，应当及时向公安机关、旅游主管部门或者我国驻外机构报告。"《旅游法》第九十九条规定："旅行社未履行本法第五十五条规定的报告义务的，由旅游主管部门处五千元以上五万元以下罚款；情节严重的，责令停业整顿或者吊销旅行社业务经营许可证；对直接负责的主管人员和其他直接责任人员，处二千元以上二万元以下罚款，并暂扣或者吊销导游证、领队证。"

从上述法规条文可见，当出现出境旅游的旅游者非法滞留境外时，只有当旅行社未及时报告并协助提供非法滞留者信息时，才会被旅游行政管理部门责令改正，处 2 万元以上 10 万元以下的罚款。

(2)游客缴纳的出国保证金也不等同于游客的资信证明，也并非办理签证时的必备事项。

游客出境必须办理签证(免签证地区除外)。实践中,多数出境旅游目的地国家驻中国的使领馆在办理涉及旅游目的的签证事项时,往往并不直接针对游客个体办理,而是规定必须由旅行社来代办。办理签证时,往往要求游客出具能证明游客具备特定经济资信状况的存款证明书或房产权属证明,并不要求游客缴纳一定的保证金。由此可见,游客缴纳出国保证金并非办理签证时的必备事项。

(3)收取出国保证金并非我国从事出境游的旅行社的行业惯例。

缴纳保证金体现的是以保证金为内容担保法律关系,与旅游合同关系并非同一法律关系,我国法律法规也未明确规定出国旅游,游客必须向旅行社缴纳出国保证金。

当游客与旅行社发生返还保证金纠纷时,若未将保证金条款之内容写到旅游合同内,法院往往会将纠纷性质认定为以保证金为内容的担保法律关系,而非以旅游合同法律关系来认定,最终在确定案由时,就会将其作为与旅游合同纠纷不同的案由来处理。一旦保证金支付与旅游合同分割开来的话,若保证金并非由与游客直接签订旅游合同的旅行社来收取时,那么游客起诉时,就不便将签约旅行社作为被告起诉,可能导致无法胜诉。实践中曾发生过,旅行社将游客的保证金交给邮轮公司来办理签证,虽然邮轮公司最终办好了签证,但却携保证金款而逃的事件。旅行社为何要将保证金都交给邮轮公司呢? 究其原因在于,出游目的地国家驻中国某一区域的领事馆根据其驻地的不同,往往只受理具备周边某几个省份户籍的签证,对于非特定户籍省份的游客的签证,往往不予办理。为此,旅行社只得走捷径,试图通过邮轮公司代办签证,结果上当受骗。

6.4　旅游经营者的安全保障义务

旅游经营者违反安全保障义务的侵权类型,法律并没有明确规定。最高人民法院印发的《关于修改〈民事案件案由规定〉的决定》的通知,将"违反安全保障义务责任纠纷"案由项下增设有"(1)公共场所管理人责任纠纷"、"(2)群众性活动组织者责任纠纷"两个子案由。通常认为,经营者违反安全保障义务分为四种类型:一是设施服务未尽安全保障义务;二是服务管理未尽安全保障义务;三是防范制止侵权行为未尽安全保障义务;四是对儿童未尽安全保障义务。

目前涉及经营者安全保障义务的相关法律条文、司法解释见表 6-3:

表 6-3　经营者安全保障义务的相关法律条文

编号	名称	具体条款
1	最高人民法院关于审理人身损害赔偿案件适用法律若干问题的解释（法释〔2003〕20号）	第六条　从事住宿、餐饮、娱乐等经营活动或者其他社会活动的自然人、法人、其他组织，未尽合理限度范围内的安全保障义务致使他人遭受人身损害，赔偿权利人请求其承担相应赔偿责任的，人民法院应予支持。 因第三人侵权导致损害结果发生的，由实施侵权行为的第三人承担赔偿责任。安全保障义务人有过错的，应当在其能够防止或者制止损害的范围内承担相应的补充赔偿责任。安全保障义务人承担责任后，可以向第三人追偿。赔偿权利人起诉安全保障义务人的，应当将第三人作为共同被告，但第三人不能确定的除外。
2	中华人民共和国侵权责任法（2010年7月1日实施）	第三十七条　宾馆、商场、银行、车站、娱乐场所等公共场所的管理人或者群众性活动的组织者，未尽到安全保障义务，造成他人损害的，应当承担侵权责任。 因第三人的行为造成他人损害的，由第三人承担侵权责任；管理人或者组织者未尽到安全保障义务的，承担相应的补充责任。
3	中华人民共和国消费者权益保护法（修订版）	第七条　消费者在购买、使用商品和接受服务时享有人身、财产安全不受损害的权利。 消费者有权要求经营者提供的商品和服务，符合保障人身、财产安全的要求。 第十八条　经营者应当保证其提供的商品或者服务符合保障人身、财产安全的要求。对可能危及人身、财产安全的商品和服务，应当向消费者作出真实的说明和明确的警示，并说明和标明正确使用商品或者接受服务的方法以及防止危害发生的方法。 宾馆、商场、餐馆、银行、机场、车站、港口、影剧院等经营场所的经营者，应当对消费者尽到安全保障义务。 第十九条　经营者发现其提供的商品或者服务存在缺陷，有危及人身、财产安全危险的，应当立即向有关行政部门报告和告知消费者，并采取停止销售、警示、召回、无害化处理、销毁、停止生产或者服务等措施。采取召回措施的，经营者应当承担消费者因商品被召回支出的必要费用。

编号	名称	具体条款
4	最高人民法院关于审理旅游纠纷案件适用法律若干问题的规定	第七条　旅游经营者、旅游辅助服务者未尽到安全保障义务，造成旅游者人身损害、财产损失，旅游者请求旅游经营者、旅游辅助服务者承担责任的，人民法院应予支持。 　　因第三人的行为造成旅游者人身损害、财产损失，由第三人承担责任；旅游经营者、旅游辅助服务者未尽安全保障义务，旅游者请求其承担相应补充责任的，人民法院应予支持。 　　第八条　旅游经营者、旅游辅助服务者对可能危及旅游者人身、财产安全的旅游项目未履行告知、警示义务，造成旅游者人身损害、财产损失，旅游者请求旅游经营者、旅游辅助服务者承担责任的，人民法院应予支持。 　　旅游者未按旅游经营者、旅游辅助服务者的要求提供与旅游活动相关的个人健康信息并履行如实告知义务，或者不听从旅游经营者、旅游辅助服务者的告知、警示，参加不适合自身条件的旅游活动，导致旅游过程中出现人身损害、财产损失，旅游者请求旅游经营者、旅游辅助服务者承担责任的，人民法院不予支持。

6.5　营业场所"谢绝顾客自带酒水消费"问题

　　在日常餐饮消费实践中，高档消费场所常有一条不成文规定，即"谢绝客人自带酒水消费"。一旦客人自带酒水消费后，餐饮场所往往会收取一定比例的酒水服务费（俗称开瓶费）。对于此项规定是否合理，顾客与餐饮经营者往往各执不同的看法。实践中对于此类纠纷的司法裁判也不尽一样。下面就各方观点列表如下（见表6-4）：

表 6-4　"谢绝客人自带酒水消费"的各方观点

编号	对"谢绝客人自带酒水消费"的态度	提出的具体理由
1	认为不合理（消费者）	1.在顾客自带酒水消费前,经营场所未明确告知,认为侵权了消费者的知情权,系消费陷阱。
		2.收取"酒水服务费"这个项目没有法律依据。
		3.收取的"酒水服务费"的多少无明确的标准衡量。
		4.认为"谢绝自带酒水"的规定属强迫消费者接受内容不公平、不合理的格式条款,违反了《消费者权益保护法》第24条之规定,应认定无法律效力。
		5.认为"谢绝自带酒水"的规定侵犯了顾客的自主选择权和公平交易权。
		6.认为在是否可收取"酒水服务费"方面,顾客与餐饮经营者从未形成合意,该条款系霸王条款。
2	认为合理（餐饮经营者）	1.认为餐饮经营方已经明确告知顾客会收取一定比例的酒水服务费,顾客以实际消费行为认同了该主张。
		2.认为收取服务费系自主经营权的体现,法律并无明文规定不能收取。
		3.顾客自带酒水消费符合要约与承诺的民事行为构成要件,是双方真实的意思表示。
		4.《中国旅游饭店行业规范》明文规定,"饭店可以谢绝客人自带酒水和食品进入餐厅、酒吧、舞厅等场所享用"。

综上所述,可将争论焦点归纳如下:

(1)餐饮消费场所收取"酒水服务费"的项目和金额是否合理、合法。

餐饮经营者的价格行为属于企业经营自主权的范围。餐饮消费场所"酒水服务"实行的是市场价,经营者依照价格法的规定,可根据自己的生产经营成本和市场供给情况自主定价。若顾客认为餐饮消费场所收取的"酒水服务费"不合理、不合法,可以按照《价格法》等相关法律法规,向物价部门举报,请求追究餐饮经营者的行政违法行为。但在"酒水服务费"项目未经行政司法机关认定为无效或违规之前,顾客不可以餐饮消费场所收取"酒水服务费"违规为由,主张返还"酒水服务费"。

(2)餐饮消费场所"谢绝自带酒水"的规定,是否属"以格式合同、通知、声明、店堂告示等方式作出对消费者不公平、不合理的规定"。

《消费者权益保护法》第二十四条规定:"经营者不得以格式合同、通知、声明、店堂告示等方式作出对消费者不公平、不合理的规定,或者减轻、免除其损害消费者合法权益应当承担的民事责任。格式合同、通知、声明、店堂告示等含有前款所列内容的,其内容无效。"

这里所述的"不公平、不合理"属抽象的陈述,餐饮消费场所"谢绝自带酒水,收取酒水服务费"的规定是否构成以格式合同、通知、声明、店堂告示等方式作出对消费者不公平、不合理的规定而无效,应结合具体情况认定。我国餐饮服务业的价格行为受《价格法》的调控,同时应该符合《禁止价格欺诈行为的规定》、《关于商品和服务实行明码标价的规定》等相关法规的规定。餐饮消费场所"谢绝自带酒水、收取酒水服务费"若未违反价格管制之法规,则不易认定属不公平、不合理。

须知,高档消费场所具备的优良环境、特定氛围、宜人照明、精致餐具、高水准的服务,都是需要花费大量的成本投入的,也是吸引顾客前来消费的一个动因。酒水消费本身就是餐饮消费场所盈利收入的主要来源之一。若允许顾客自带酒水前来消费,那么餐饮公司必然失去酒水盈利部分,因此通过收取顾客适当比例的"酒水服务费",对餐饮经营者来讲,本身就体现了公平、合理。

(3)餐饮消费场所是否侵犯了顾客的知情权和自主选择权。

《消费者权益保护法》第八条、第十九条明确规定了经营者有保障消费者知情权、明码标价的法定义务。《中华人民共和国价格法》中也对经营者明码标价的法定义务进行了明确。关于经营者明码标价达到何种标准可以认定其保障了消费者的知情权,国家计委、国内贸易部、中华全国供销合作总社 1995 年 11 月 17 日联合发布了《餐饮修理业价格行为规则》、国家发展计划委员会 2000 年 10 月 31 日发布了《关于商品和服务实行明码标价的规定》,确定了经营者在履行明码标价的法定义务时应当达到的标准。《餐饮修理业价格行为规则》第十一条规定,"各种服务项目的价格,应当按照项目、品类进行明码标实价,价签价目齐全、价标详尽准确、字迹清晰、价目表或标价签制作规范、摆放位置醒目";《关于商品和服务实行明码标价的规定》第十六条规定,"提供服务的经营者应当在经营场所或缴费地点的醒目位置公布服务项目、服务内容、等级或规格、服务价格",上述行政规章规定经营者应当保证标示价格的位置显著、醒目,确保消费者有知悉的条件,遏制欺诈行为。因此,餐饮经营者在保障"自带酒水"消费的顾客知情权时,应在醒目位置公布其收取费用的项目和价格的标准,服务人员也应明确提示告知。

《消费者权益保护法》第九条规定了消费者享有自主选择商品或者服务

的权利。其具体的含义是指"消费者有权自主选择提供商品或者服务的经营者，自主选择商品品种或者服务方式，自主决定购买或者不购买任何一种商品、接受或者不接受任何一项服务。消费者在自主选择商品或者服务时，有权进行比较、鉴别和挑选"。餐饮经营者收取顾客的"酒水服务费"，是否侵占了顾客的自主选择权，关键就在于餐饮经营者是否在顾客自带酒水消费之前，已经明确告知顾客自带酒水需收取一定比例的酒水服务费。顾客自带酒水消费的行为不必然构成接受餐饮消费经营场所的收取酒水服务费的承诺，只有当餐饮消费场所没有事先告知，在顾客不知情的情况下收取了酒水服务费的情形下，方可认定系侵犯了顾客自主选择商品或服务的权利。

（4）餐饮消费场所收取"酒水服务费"体现的民事法律关系。

从《合同法》的基本理论来看，餐饮经营者将符合规定的自带酒水收费项目及价格标示店堂或菜单，在被顾客知悉后构成要约，顾客知悉后仍然在餐饮消费场所消费，双方遂形成餐饮消费合同。因此，在顾客的消费行为完成后，餐饮经营者可依约收取酒水服务费。

餐饮消费一般属于实践性合同，消费者与经营者往往通过消费者的消费行为达成合意。但若在消费者未明确知晓消费经营场所要收取酒水服务费的前提下，餐饮结束后，当经营者向消费者索要酒水服务费时，消费者单纯的支付酒水服务费的行为并不属于消费者认同餐饮经营者收取酒水服务费的合意。因为这一单纯的支付行为，缺乏订立合同的意思表示。餐饮消费场所从消费者处收取的酒水服务费既无合同上的依据，也无其他法律依据，实属不当得利，应返还顾客。

6.6　航班延误问题

1.国际航空旅客运输延误纠纷

当航班出发地与目的地位于不同国家时，因航空运输延误发生的纠纷，属国际航空旅客运输合同纠纷。我国是《经1955年海牙议定书修订的1929年华沙统一国际航空运输一些规则的公约》（以下简称《1955年在海牙修改的华沙公约》）和1961年《统一非订约承运人所办国际航空运输某些规则以补充华沙公约的公约》（以下简称《瓜达拉哈拉公约》）的缔约国，《中华人民共和国民法通则》第一百四十二条第二款规定："中华人民共和国缔结或者参加的国际条约同中华人民共和国的民事法律有不同规定的，适用国际条约的规定，但中华人民共和国声明保留的条款除外。"因此，当航班出发地与目的地国家均缔结或参加上述公约时，则须按照该公约的规定来处理国际航空旅游运输延误纠纷。

公约对管辖、当事人的选择、旅客运输延误的相关条款列表如下(见表6-5):

表 6-5　相关公约条款列举

编号	相关事项	具体条款
1	案件管辖	《1955 年在海牙修改的华沙公约》第二十八条(1)款规定:"有关赔偿的诉讼,应该按原告的意愿,在一个缔约国的领土内,向承运人住所地或其总管理处所在地或签订契约的机构所在地法院提出,或向目的地法院提出。" 第三十二条规定:"运输合同的任何条款和在损失发生以前的任何特别协议,如果运输合同各方借以违背本公约的规则,无论是选择所适用的法律或变更管辖权的规定,都不生效力。"
2	被告确定	《瓜达拉哈拉公约》第一条第二款规定:"'订约承运人'指与旅客或托运人,或与旅客或托运人的代理人订立一项适用华沙公约的运输合同的当事人。"第三款规定:"'实际承运人'指订约承运人以外,根据订约承运人的授权办理第二款所指的全部或部分运输的人,但对该部分运输此人并非华沙公约所指的连续承运人。在没有相反的证据时,上述授权被推定成立。" 第七条规定:"对实际承运人所办运输的责任诉讼,可以由原告选择,对实际承运人或订约承运人提起,或者同时或分别向他们提起。如果只对其中的一个承运人提起诉讼,则该承运人应有权要求另一承运人参加诉讼。这种参加诉讼的效力以及所适用的程序,根据受理案件的法院的法律决定。"
3	航空运输延误	《1955 年在海牙修改的华沙公约》第十九条规定:"承运人对旅客、行李或货物在航空运输过程中因延误而造成的损失应负责任。"第二十条(1)款规定:"承运人如果证明自己和他的代理人为了避免损失的发生,已经采取一切必要的措施,或不可能采取这种措施时,就不负责任。"

案例一:从上海途经香港中转至卡拉奇国际航空旅客运输延误纠纷案

案情介绍:2004 年 12 月 29 日,阿某某购买了一张由香港某某航空公司作为出票人的机票,机票列明的航程安排为:12 月 31 日 11 点,从上海乘坐国内某某航空公司的 MU703 航班至香港;同日 16 点,乘坐香港某某航空公司的航班至卡拉奇。机票背面条款注明,该合同应遵守华沙公约所指定的有关责任的规则和限制。该机票为打折票,机票上注明不得退票、不得转签。后因浦东机场地区下大雪，机场被迫关闭，导致从浦东机场起飞的MU703航班延误3小时22分钟方起飞，以致阿某某一行到达香港机场后，未能赶上香港某某航空公司飞往卡拉奇的衔接航班。

在浦东机场候机时，阿某某及家属已经意识到MU703航班延迟到达香港，会错过香港某某航空公司的衔接航班，于是多次到内地某某航空公司的服务台咨询如何处理。内地某某航空公司工作人员曾让阿某某填写了《续航情况登记表》，并表示填好表格后会帮助解决。

阿某某及家属到达香港后，内地某某航空公司工作人员向阿某某告知了两个处理方案：其一为在香港机场等候三天，然后搭乘香港某某航空公司下一航班，三天费用自理；其二为自行出资购买其他航空公司的机票至卡拉奇。阿某某当即表示这两个方案均无法接受，交涉无果后，阿某某迫于无奈，购买了阿联酋航空公司的机票及行李票，搭乘该公司航班绕道迪拜到卡拉奇。为此，阿某某支出机票款4721港元、行李票款759港元，共计5480港元。

案件分析：因阿某某是巴基斯坦国公民，其所购买的机票，出发地为我国上海，目的地为巴基斯坦卡拉奇。我国和巴基斯坦都是《1955年在海牙修改的华沙公约》和《瓜达拉哈拉公约》的缔约国，故这两个国际公约对本案适用。《1955年在海牙修改的华沙公约》第二十八条（1）款规定："有关赔偿的诉讼，应该按原告的意愿，在一个缔约国的领土内，向承运人住所地或其总管理处所在地或签订契约的机构所在地法院提出，或向目的地法院提出。"据此，在阿某某持机票选择向上海市浦东机场所在地法院起诉的情形下，上海市浦东新区人民法院有权对这起国际航空旅客运输合同纠纷进行管辖。

因阿某某所持机票是由香港某某航空公司出票，故国际航空旅客运输合同关系是在阿某某与香港某某航空公司之间设立，香港某某航空公司是订约承运人。内地某某航空公司与阿某某之间不存在直接的国际航空旅客运输合同关系，也不是连续承运人，只是推定其根据香港某某航空公司的授权，完成该机票确定的上海至香港间运输任务的实际承运人。《瓜达拉哈拉公约》第七条规定："对实际承运人所办运输的责任诉讼，可以由原告选择，对实际承运人或订约承运人提起，或者同时或分别向他们提起。如果只对其中的一个承运人提起诉讼，则该承运人应有权要求另一承运人参加诉讼。这种参加诉讼的效力以及所适用的程序，根据受理案件的法院的法律决定。"据此，阿某某有权选择香港某某航空公司或者内地某某航空公司或者两者同时为被告提起诉讼。

2004年12月31日的MU703航班由于天气原因发生延误，对这种不可抗力造成的延误，内地某某航空公司不可能采取措施来避免发生，故其对延误本身无需承担责任,但依据《1955 年在海牙修改的华沙公约》第十九条、第二十条(1)款之规定,还需证明其"已经采取了一切必要的措施"来避免延误给旅客造成的损失发生,否则即应对旅客因延误而遭受的损失承担责任。

结合本案的实际情况,在浦东机场时,阿某某已经预见到 MU703 航班的延误会使其错过香港某某航空公司的衔接航班,曾多次向内地某某航空公司工作人员询问怎么办。内地某某航空公司应当知道香港某某航空公司从香港飞往卡拉奇的衔接航班三天才有一次,有义务向阿某某一行提醒中转时可能发生的不利情形,可劝告阿某某一行改日乘机。但内地某某航空公司没有这样做,却让阿某某填写《续航情况登记表》,并告知会帮助解决,使阿某某对其产生合理信赖,从而放心登机飞赴香港。鉴于阿某某一行是得到内地某某航空公司的帮助承诺后来到香港,根据当时具体情况,尽管阿某某一行所持机票上标注着不得退票、不得转签,内地某某航空公司也应当把阿某某一行签转给其他航空公司,以帮助其尽快飞抵卡拉奇。但是内地某某航空公司却向阿某某告知了要么等待三天乘坐下一航班且三天中相关费用自理,要么自费购买其他航空公司机票的所谓"帮助解决"方案,将阿某某一行陷入走无法走、留不能留的两难境地。由此可见,内地某某航空公司没有采取一切必要的措施来避免因航班延误给旅客造成的损失发生,不应免责。阿某某迫于无奈自费购买其他航空公司的机票支出的 5480 港元损失,内地某某航空公司应承担赔偿责任。

内地某某航空公司辩称 MU703 航班是由于不可抗力造成延误,该公司已将航班延误信息通知给阿某某,并遵从阿某某的意愿将其运抵香港,因打折机票上注明了"不得退票,不得转签",所以无法将机票改签。该公司已经完成了国际航空旅客运输合同中己方的义务,主张阿某某的剩余航程与己无关。

但实际上,航空公司在打折机票上注明"不得退票,不得转签",只是限制支付了打折票款的旅客由于自身原因而退票和转签,但不能剥夺旅客在支付了票款后享有的按时乘坐航班抵达目的地的权利。当 MU703 航班因不可抗力延迟起飞时,内地某某航空公司和阿某某都知道该航班抵达香港后,肯定会错过香港某某航空公司的衔接航班;如果要飞往卡拉奇,则必须转签机票。内地某某航空公司既然不准备在香港机场给注明"不得退票,不得转签"的机票办理转签手续,就有义务在始发机场向阿某某明确告知,劝阻其乘坐延误的 MU703 航班。内地某某航空公司不尽此项义务,以致阿某某在相信该公司会转签机票的情况下乘坐 MU703 航班抵达香港,由此陷入既无法走又不能留的艰难处境,无奈之下只得另行购票。内地某某航空公司不负责任的处理方式，显然是造成阿某某机票损失的根本原因，理应承担赔偿责任。

2.航班延误类别分述

航空旅客运输合同是旅客支付运输费用，由航空承运人运输至指定地点的合同。该合同自承运人向旅客出票时起即告成立，并同时生效。航空客运合同系消费性服务合同，适用《中华人民共和国民法通则》、《中华人民共和国合同法》、《中华人民共和国消费者权益保护法》的规定。《中华人民共和国民用航空法》作为特别法，按照特别法优于一般法的原则，应优先适用。

航班延误分可为下列几种情形：

(1)天气延误。

航空公司须遵照民航总局关于航班飞行的气象标准和空管局关于航道和流量的控制标准执行航班任务，航班的正常运行受天气、道路、流量控制的影响都非常大，因天气原因等不可抗力因素发生时，航班必然会延迟。因天气原因导致航班延误，航空公司除应采取一切必要措施来避免损失外，仍应依照相关法律、行业规范及惯例，本着善良管理人的注意义务，做好对旅客的安抚、解释工作，提供适时、良好的服务，保障旅客权利的正常行使，采取必要措施尽快恢复航班运行。

首先，当发生延误时，航空公司应秉持提供良好服务的准则，依据《中国民用航空旅客、行李国内运输规则》第五十八条之规定，即"由于天气、突发事件、空中交通管制、安检以及旅客等非承运人原因，造成航班在始发地延误或取消，承运人应协助旅客安排餐食和住宿，费用可由旅客自理"；第五十九条之规定，即"航班在经停地延误或取消，无论何种原因，承运人均应负责向经停旅客提供膳宿服务"，适时向旅客提供餐食服务。

其次，应始终如一全面、迅速、及时地将航班延误或取消以及新的飞行计划等信息向旅客进行告知和解释，保障旅客的知情权，并根据旅客要求改签其他班次或退票。

最后，应尽量做好航班旅客的安排、接待、照顾工作，做好管理协调方面的工作。

航空公司与延迟旅客之间即已建立航空旅客运输合同关系，双方就应按照合同约定和法律、法规的规定履行合同义务。基于合同履行的严格责任原则，航班无论基于何种原因延误，航空公司都属违约。但航空公司是否承担责任，参照《中华人民共和国民用航空法》第一百二十六条"旅客、行李或者货物在航空运输中因延误造成的损失，承运人应当承担责任；但是，承运人证明本人或者其受雇人、代理人为了避免损失的发生,已经采取一切必要措施或者不可能采取此种措施的,不承担责任"的规定,关键取决于是否采取一切必要补救措施来避免损失。至于航班延误后,航空公司辩称的"因延误航班付出了包括停场费、备降费、新增的飞机租金、汽油以及延误旅客的服务费等额外费用,自身也是航班延误的直接受害者"的主张,并不能成为规避违约责任的理由。

对于航空延迟违约责任的承担,我国《民用航空法》仅作原则性的规定,《合同法》也只规定了承担责任方式的种类,对航班延误赔偿标准未作具体规定,《消费者权益保护法》关于双倍赔偿的规定,只有在销售者收到欺诈时方可适用。实践中,往往是根据公平原则、合理性原则予以酌情认定的。

(2)飞机故障导致延误。

飞机出现机械故障,需要维修检查,导致飞机延迟,这一情形不是航空公司免责的法定事由,作为承运人的航空公司应当承担违约责任。

案例二:飞机故障导致飞行延误纠纷

案情介绍:2005 年 3 月 24 日,王某购买了某某航空公司从广州到悉尼双程往返机票,往返票总价 10217 元,约定从悉尼返回的时间为悉尼时间 2005 年 4 月 4 日 9:50。2005 年 4 月 4 日当地时间早上 7 点多王某到达悉尼国际机场准备乘坐 CZ326 航班返回广州,并办理了出境和安检手续后换取了登机卡。当地时间 8:40,准备执行飞返广州的 CZ326 航班任务的飞机被查出存在机械故障,某某航空公司及机场将航班动态信息及时发布给旅客,由于王某已办理了出境手续,根据当时的情况,只能停留在候机厅休息,等候新的出发时间。在飞机延误期间,某某航空公司为王某等在候机厅继续等待航班起飞的乘客分别发放了午、晚餐券以换取餐食、饮料。因飞机维修,该航班实际延误至当地时间 22:22 起飞,共延误 12 小时 20 分。当日,某某航空公司向被延误乘客出具《航班延误致歉补偿确认单》,决定对该次航班延误作现金补偿 200 元。王某对该补偿额不予接受,要求某某航空公司按机票的 50% 予以折价补偿,支付延误折价补偿金 5108.5 元。

案件分析:王某购买某某航空公司广州往返悉尼的客运机票并办理了相关乘机手续,双方之间旅客航空运输合同关系成立。依据王某与某某航空公司之间的航空运输合同,某某航空公司本应在约定期间将王某安全运输到目的地,但航班被查出存在机械故障,导致飞机延误起飞。飞机出现机械故障导致航班延误并不是承运人免责的法定事由,因此,作为承运人的某某航空公司应付相应的违约责任。根据《合同法》第一百一十三条的规定"当事人一方不履行合同义务或者履行合同义务不符合约定,给对方造成损失的,损失赔偿额应当相当于因违约所造成的损失违约一方赔偿由于违约行为给对方造成的相应损失",王某应对违约行为给自己造成的损失出具相应的法律量化依据。在本案中,王某最终实际乘坐了该航班,故王某要求按该航班全程往返票价款的50%给予补偿显然不合理,既缺乏法律依据,也无损失数额的说明。但航班的延误,必然会增加王某的候机时间,增添了王某身体的疲惫,因此,航空公司应给予王某适当补偿。

(3)航空公司无法及时给超售机票乘客转签,导致延误。

这里所称的"超售",是指航空公司超过航班实际座位数过量销售机票。在航空旅客运输中,因机票可以先行预定并且允许转签、改签,所以如有乘客订票后放弃购买或者改乘其他航班,即有可能出现航班座位空出。机票超售不必然导致航班满员,但是,如果转签或改签的乘客数量,少于过量销售的机票的数量,则必然有乘客因航班满员而无法登机。

机票超售是航空公司对机票进行管理的手段,它是目前国际上的一种先进的通行作法,航空公司在合理估计的基础上实际销售的机票要大于航班座位数,这样可以避免航班座位虚耗,充分利用航空资源。我国国内航空公司使用机票超售,系近年来学习国外航空公司做法所得,但目前实行的超售规则及事后补救措施与国外并不相同。

从超售对合同履行的影响来看,它将使所有不特定的购票旅客均面临不能登机的风险,导致合同履行障碍。从超售的社会知晓度来看,超售引入我国时间较短,没有在公众中形成广泛认知。因此,超售行为应当向乘客进行明确告知,保障航空客运合同中旅客的知情权,而不能将其看做是航空公司内部的管理手段而不予公示。

当航空公司发现持超售机票的乘客无法按时登机,又不能及时安排转乘其他航班时,持超售机票的乘客必然会被延误,对此航空公司构成合同履行迟延,应当承担违约责任。即使航空公司事后另行安排持超售机票的乘客转乘其他航班,也仅能视为履行原合同义务,不能免除其本应承担的违约责任。由于合同迟延,导致持超售票的乘客必须重新安排行程、增加候机时间,增添身体劳顿,因此,航空公司理应对持超售机票的乘客予以酌情补偿。

第 **7** 篇 <<<

旅游行政处理与救济

7.1　解决旅游纠纷的法律依据和途径

旅游纠纷,是指在旅游当事人之间因旅游发生的合同或者侵权纠纷。按照争议主体分类,可分为旅游者与旅游经营者之间的纠纷、旅游者与旅游辅助服务者①之间的纠纷、旅游经营者与旅游辅助服务者之间的纠纷。按纠纷发生的旅游环节不同来分,可分为旅行交通环节的纠纷、旅游住宿纠纷、景区游览纠纷、旅行社之间业务与资金纠纷等。

旅游纠纷属于民事纠纷,旅游者则属于接受旅游服务的消费者范畴,因此除《旅游法》外,诸如《民法通则》、《合同法》、《消费者权益保护法》、《侵权责任法》等民商事法律对旅游纠纷均适用,但随着旅游业的迅猛发展,旅游纠纷愈来愈呈现多元化和复杂化的趋向,一般性的民商法律对旅游纠纷缺乏具有可操作性的专门规定,使得旅游纠纷的处理难度越来越大。为此,2010 年 10 月 26 日,最高人民法院颁布了《最高人民法院关于审理旅游纠纷案件适用法律若干问题的规定》(法释〔2010〕13 号),该司法解释针对近年来旅游纠纷出现的新情况、新问题,秉承公平合理的原则,为妥善处理旅游纠纷,平衡旅游者与旅游经营者、旅游辅助服务者之间的合法权益,提供了切实可行的参照依据。该司法解释在界定旅游纠纷案件的受案范围、旅游者的诉讼权利及权益、旅游经营者的责任等方面作出了全面规范。

旅游纠纷一旦发生,有关当事人就不得不寻找适当的途径和方式,以求合理解决旅游纠纷,维护当事人的合法权益。根据我国有关法律、法规的规定,当事人可以通过协商、调解、旅游投诉、仲裁、诉讼方式来解决旅游纠纷。协商是指旅游纠纷发生后,旅游纠纷双方当事人在互谅互让的基础上,自愿、平等地进行磋商和谈判,自行达成和解协议从而解决争议的方式。调解是指旅游纠纷发生后,由第三方居中对争议双方当事人进行说服劝导、沟通调和,最终达成调解协议解决争议的方式。旅游投诉是旅游纠纷发生后,通过向旅游投诉受理部门提出投诉申请,请求旅游行政管理部门进行处理,从而解决旅游纠纷的行为。2010 年 5 月 5 日颁布的《旅游投诉处理办法》具体

---

①　"旅游辅助服务者"是指与旅游经营者存在合同关系,协助旅游经营者履行旅游合同义务,实际提供交通、游览、住宿、餐饮、娱乐等旅游服务的人。类似于履行辅助人的提法,《旅游法》第十章"附录"部分载明"履行辅助人,是指与旅行社存在合同关系,协助其履行包价旅游合同义务,实际提供相关服务的法人或者自然人"。

规定了旅游投诉的管辖、受理和处理事宜。仲裁是旅游纠纷当事人之间，通过达成的仲裁协议，请求仲裁机构对旅游纠纷进行审理，从而解决旅游纠纷的一种方式。诉讼是旅游纠纷当事人通过向法院起诉，由人民法院按照法定的诉讼程序进行处理旅游纠纷的方式。

7.2 旅游投诉及处理

2010年5月5日颁布的《旅游投诉处理办法》所称的旅游投诉，是指旅游者认为旅游经营者损害其合法权益，请求旅游行政管理部门、旅游质量监督管理机构或者旅游执法机构（以下统称旅游投诉处理机构），对双方发生的民事争议进行处理的行为。

1.旅游投诉管辖范围

旅游投诉由旅游合同签订地或者被投诉人所在地县级以上地方旅游投诉处理机构管辖。需要立即制止、纠正被投诉人的损害行为的，应当由损害行为发生地旅游投诉处理机构管辖。上级旅游投诉处理机构有权处理下级旅游投诉处理机构管辖的投诉案件。发生管辖争议的，旅游投诉处理机构可以协商确定，或者报请共同的上级旅游投诉处理机构指定管辖。

2.旅游投诉的受理

投诉人可以就下列事项向旅游投诉处理机构投诉：①认为旅游经营者违反合同约定的；②因旅游经营者的责任致使投诉人人身、财产受到损害的；③因不可抗力、意外事故致使旅游合同不能履行或者不能完全履行，投诉人与被投诉人发生争议的；④其他损害旅游者合法权益的。

当出现下列情形时，旅游投诉处理机构不予受理：①人民法院、仲裁机构、其他行政管理部门或者社会调解机构已经受理或者处理的；②旅游投诉处理机构已经作出处理，且没有新情况、新理由的；③不属于旅游投诉处理机构职责范围或者管辖范围的；④超过旅游合同结束之日90天的；⑤旅游投诉不符合下列两个条件的：投诉人与投诉事项有直接利害关系；有明确的被投诉人、具体的投诉请求、事实和理由；⑥其他经济纠纷。

旅游投诉一般应当采取书面形式，并载明下列事项：①投诉人的姓名、性别、国籍、通讯地址、邮政编码、联系电话及投诉日期；②被投诉人的名称、所在地；③投诉的要求、理由及相关的事实根据。投诉事项比较简单的，投诉人可以口头投诉，由旅游投诉处理机构进行记录或者登记，并告知被投诉人；对于不符合受理条件的投诉，旅游投诉处理机构可以口头告知投诉人不予受理及其理由,并进行记录或者登记。

投诉人 4 人以上,以同一事由投诉同一被投诉人的,为共同投诉。共同投诉可以由投诉人推选 1 至 3 名代表进行投诉。代表人参加旅游投诉处理机构处理投诉过程的行为,对全体投诉人发生效力,但代表人变更、放弃投诉请求或者进行和解,应当经全体投诉人同意。

旅游投诉处理机构接到投诉,应当在 5 个工作日内作出以下处理:①投诉符合本办法的,予以受理;②投诉不符合本办法的,应当向投诉人送达《旅游投诉不予受理通知书》,告知不予受理的理由;③依照有关法律、法规和本办法规定,本机构无管辖权的,应当以《旅游投诉转办通知书》或者《旅游投诉转办函》,将投诉材料转交有管辖权的旅游投诉处理机构或者其他有关行政管理部门,并书面告知投诉人。

3. 处理

旅游投诉处理机构处理旅游投诉,除本办法另有规定外,实行调解制度。

旅游投诉处理机构应当在查明事实的基础上,遵循自愿、合法的原则进行调解,促使投诉人与被投诉人相互谅解,达成协议。

旅游投诉处理机构处理旅游投诉,应当立案办理,填写《旅游投诉立案表》,并附有关投诉材料,在受理投诉之日起 5 个工作日内,将《旅游投诉受理通知书》和投诉书副本送达被投诉人。对于事实清楚、应当即时制止或者纠正被投诉人损害行为的,可以不填写《旅游投诉立案表》和向被投诉人送达《旅游投诉受理通知书》,但应当对处理情况进行记录存档。

被投诉人应当在接到通知之日起 10 日内作出书面答复,提出答辩的事实、理由和证据。

投诉人和被投诉人应当对自己的投诉或者答辩提供证据。旅游投诉处理机构应当对双方当事人提出的事实、理由及证据进行审查。旅游投诉处理机构认为有必要收集新的证据,可以根据有关法律、法规的规定,自行收集或者召集有关当事人进行调查。需要委托其他旅游投诉处理机构协助调查、取证的,应当出具《旅游投诉调查取证委托书》,受委托的旅游投诉处理机构应当予以协助。对专门性事项需要鉴定或者检测的,可以由当事人双方约定的鉴定或者检测部门鉴定。没有约定的,当事人一方可以自行向法定鉴定或者检测机构申请鉴定或者检测。鉴定、检测费用按双方约定承担。没有约定的,由鉴定、检测申请方先行承担;达成调解协议后,按调解协议承担。鉴定、检测的时间不计入投诉处理时间。

在投诉处理过程中,投诉人与被投诉人自行和解的,应当将和解结果告知旅游投诉处理机构；旅游投诉处理机构在核实后应当予以记录并由双方当事人、投诉处理人员签名或者盖章。

旅游投诉处理机构应当在受理旅游投诉之日起 60 日内，作出以下处理：

（1）双方达成调解协议的，应当制作《旅游投诉调解书》，载明投诉请求、查明的事实、处理过程和调解结果，由当事人双方签字并加盖旅游投诉处理机构印章；

（2）调解不成的，终止调解，旅游投诉处理机构应当向双方当事人出具《旅游投诉终止调解书》。

调解不成的，或者调解书生效后没有执行的，投诉人可以按照国家法律、法规的规定，向仲裁机构申请仲裁或者向人民法院提起诉讼。

在下列情形下，经旅游投诉处理机构调解，投诉人与旅行社不能达成调解协议的，旅游投诉处理机构应当做出划拨旅行社质量保证金赔偿的决定，或向旅游行政管理部门提出划拨旅行社质量保证金的建议：

（1）旅行社因解散、破产或者其他原因造成旅游者预交旅游费用损失的；

（2）因旅行社中止履行旅游合同义务、造成旅游者滞留，而实际发生了交通、食宿或返程等必要及合理费用的。

7.3 旅游纠纷涉诉事宜

依据最高人民法院 2010 年 10 月 26 日颁布的《最高人民法院关于审理旅游纠纷案件适用法律若干问题的规定》（法释〔2010〕13 号），涉及旅游者诉讼的相关事项如下：

1. 受案范围

旅游者与旅游经营者、旅游辅助服务者之间因旅游发生的合同纠纷或者侵权纠纷。其中，对于以单位、家庭等集体形式与旅游经营者订立旅游合同，在履行过程中发生纠纷，除集体以合同一方当事人名义起诉外，旅游者个人提起旅游合同纠纷诉讼的，人民法院也应予受理。

签订旅游合同的旅游经营者将其部分旅游业务委托旅游目的地的旅游经营者，因受托方未尽旅游合同义务，旅游者在旅游过程中受到损害，要求作出委托的旅游经营者承担赔偿责任的，人民法院应予受理。

旅游经营者委托除前款规定以外的人从事旅游业务，发生旅游纠纷，旅游者起诉旅游经营者的，人民法院应予受理。

2.案由的确定

因旅游经营者方面的同一原因造成旅游者人身损害、财产损失,旅游者选择要求旅游经营者承担违约责任或者侵权责任的,人民法院应当根据当事人选择的案由进行审理。

旅游者提起违约之诉,主张精神损害赔偿的,人民法院应告知其变更为侵权之诉;旅游者仍坚持提起违约之诉的,对于其精神损害赔偿的主张,人民法院不予支持。

3.诉讼主体的确定

因旅游辅助服务者的原因导致旅游经营者违约,旅游者仅起诉旅游经营者的,人民法院可以将旅游辅助服务者追加为第三人。旅游经营者已投保责任险,旅游者因保险责任事故仅起诉旅游经营者的,人民法院可以应当事人的请求将保险公司列为第三人。因旅游辅助服务者的原因造成旅游者人身损害、财产损失,旅游者可选择请求旅游辅助服务者承担侵权责任。旅游经营者对旅游辅助服务者未尽谨慎选择义务,旅游者可请求旅游经营者承担相应的补充责任。

4.旅游者的诉求主张

(1)旅游经营者以格式合同、通知、声明、告示等方式作出对旅游者不公平、不合理的规定,或者减轻、免除其损害旅游者合法权益的责任,旅游者可请求依据《消费者权益保护法》第二十四条的规定认定该内容无效。

(2)旅游经营者、旅游辅助服务者未尽到安全保障义务,造成旅游者人身损害、财产损失,旅游者可请求旅游经营者、旅游辅助服务者承担责任。因第三人的行为造成旅游者人身损害、财产损失,由第三人承担责任;旅游经营者、旅游辅助服务者未尽安全保障义务,旅游者可请求其承担相应补充责任。

(3)旅游经营者、旅游辅助服务者对可能危及旅游者人身、财产安全的旅游项目未履行告知、警示义务,造成旅游者人身损害、财产损失,旅游者可请求旅游经营者、旅游辅助服务者承担责任。但旅游者未按旅游经营者、旅游辅助服务者的要求提供与旅游活动相关的个人健康信息并履行如实告知义务,或者不听从旅游经营者、旅游辅助服务者的告知、警示,参加不适合自身条件的旅游活动,导致旅游过程中出现人身损害、财产损失,旅游者不得请求旅游经营者、旅游辅助服务者承担责任。

(4)旅游经营者、旅游辅助服务者泄露旅游者个人信息或者未经旅游者同意公开其个人信息,旅游者可请求其承担相应责任。

(5)旅游经营者将旅游业务转让给其他旅游经营者,旅游者不同意转让,可请求解除旅游合同、追究旅游经营者违约责任。旅游经营者擅自将其旅游业务转让给其他旅游经营者,旅游者在旅游过程中遭受损害,可请求与其签订旅游合同的旅游经营者和实际提供旅游服务的旅游经营者承担连带责任。

(6)除合同性质不宜转让或者合同另有约定之外,在旅游行程开始前的合理期间内,旅游者可将其在旅游合同中的权利义务转让给第三人。若费用减少,旅游者可请求旅游经营者退还减少的费用。

(7)旅游行程开始前或者进行中,因旅游者单方解除合同,旅游者可请求旅游经营者退还尚未实际发生的费用。因不可抗力等不可归责于旅游经营者、旅游辅助服务者的客观原因导致旅游合同无法履行,旅游经营者、旅游者均可请求解除旅游合同的。旅游经营者、旅游者双方均不承担违约责任。因不可抗力等不可归责于旅游经营者、旅游辅助服务者的客观原因变更旅游行程,在征得旅游者同意后,若费用增加,旅游经营者可请求旅游者分担因此增加的旅游费用;若费用减少的,旅游者可请求旅游经营者退还因此减少的旅游费用。

(8)签订旅游合同的旅游经营者将其部分旅游业务委托旅游目的地的旅游经营者,因受托方未尽旅游合同义务,旅游者在旅游过程中受到损害,可要求作出委托的旅游经营者承担赔偿责任。

(9)旅游经营者准许他人挂靠其名下从事旅游业务,造成旅游者人身损害、财产损失,旅游者可请求旅游经营者与挂靠人承担连带责任。

(10)旅游经营者违反合同约定,有擅自改变旅游行程、遗漏旅游景点、减少旅游服务项目、降低旅游服务标准等行为,旅游者可请求旅游经营者赔偿未完成约定旅游服务项目等合理费用。

旅游经营者提供服务时有欺诈行为,旅游者可请求旅游经营者双倍赔偿其遭受的损失。

(11)因飞机、火车、班轮、城际客运班车等公共客运交通工具延误,导致合同不能按照约定履行,旅游者可请求旅游经营者退还未实际发生的费用。合同另有约定的除外。

(12)旅游者在自行安排活动期间(包括旅游经营者安排的在旅游行程中独立的自由活动期间、旅游者不参加旅游行程的活动期间以及旅游者经导游或者领队同意暂时离队的个人活动期间等)遭受人身损害、财产损失,旅游经营者未尽到必要的提示义务、救助义务,旅游者可请求旅游经营者承担相应责任。

旅游者在旅游行程中未经导游或者领队许可,故意脱离团队,遭受人身损害、财产损失,不得请求旅游经营者赔偿损失。

(13)旅游经营者或者旅游辅助服务者为旅游者代管的行李物品损毁、灭失,旅游者可请求赔偿损失,但下列情形除外:①损失是由于旅游者未听从旅游经营者或者旅游辅助服务者的事先声明或者提示,未将现金、有价证券、贵重物品由其随身携带而造成的;②损失是由于不可抗力、意外事件造成的;③损失是由于旅游者的过错造成的;④损失是由于物品的自然属性造成的。

(14)旅游者可要求旅游经营者返还下列费用的:①因拒绝旅游经营者安排的购物活动或者另行付费的项目被增收的费用;②在同一旅游行程中,旅游经营者提供相同服务,因旅游者的年龄、职业等差异而增收的费用。

(15)旅游经营者因过错致其代办的手续、证件存在瑕疵,或者未尽妥善保管义务而遗失、毁损,旅游者请求旅游经营者补办或者协助补办相关手续、证件并承担相应费用。若因上述行为影响旅游行程,旅游者可请求旅游经营者退还尚未发生的费用、赔偿损失。

(16)旅游经营者事先设计,并以确定的总价提供交通、住宿、游览等一项或者多项服务,不提供导游和领队服务,由旅游者自行安排游览行程的旅游过程中,旅游经营者提供的服务不符合合同约定,侵害旅游者合法权益,旅游者可请求旅游经营者承担相应责任。

但旅游者在自行安排的旅游活动中合法权益受到侵害,不得请求旅游经营者、旅游辅助服务者承担责任。

7.4　旅游司法救济案例

旅游者、旅游经营者、旅游从业人员不服旅游行政管理部门作出的行政处理决定,可向法院提起行政诉讼,请求撤销原行政行为。

案例一:不服旅游局降低星级的处理提起行政诉讼案

案情介绍:1998 年 8 月,某某饭店经星级评定机构确认评定为二星级旅游涉外饭店。依照《评定涉外饭店的规定》,星级饭店每年度均要复核一次。在其后的 1999 年、2000 年旅游局派员对某某饭店复核过程中,旅游局未按照规定将复核报告向某某饭店通报,并签名、盖章确认。2001 年 8 月,旅游局经授权委托派员再对某某饭店进行年度星级复核。在复核报告书中的整改部分一栏的铅印内容与原底手写内容及时间不吻合，旅游局仍未将复核结果向某某饭店通报签名、盖章确认。2002年11月，某某市旅游局经上级旅游局的授权再次派出星级评查员对某某饭店进行年审复核，在对某某市某某饭店进行年度复核评定中认定某某饭店未能达到二星级涉外旅游饭店标准，遂作出"关于某某市某某饭店降星处理的通知"（以下简称降星通知），某某饭店不服，认为"降星通知"违反程序，依照《中华人民共和国评定旅游涉外饭店星级的规定》（以下简称《评定涉外饭店的规定》）第十八条的规定，旅游局未向其通报过任何复核报告；依据《评定涉外饭店的规定》第十九条第四项规定，旅游局对未被警告过的饭店直接降低星级实属行为明显不当。遂向当地人民法院提起诉讼，要求撤销某某市旅游局作出的"降星通知"，责令消除影响。

旅游局辩称：局属旅游涉外饭店星级评定机构根据事实和行业标准以及规范性文件采纳星级评定检查员的建议，对某某饭店的降星处理是正确的。旅游涉外星级饭店星级评定与考核工作，是依据国家标准进行的星级饭店行业管理活动，与旅游行政主管部门的具体行政行为有本质上的区别。根据我国《行政诉讼法》第十二条第二项，本案不属于人民法院受理行政案件的范围，故某某饭店的诉请不能成立，应依法裁定予以驳回。

案件①分析：

焦点一：降星处理是否属于行政行为，是否属于行政诉讼受案范围。

首先，旅游局是法定的旅游行政管理部门，构成行政执法主体特征。其次，旅游局在降星处理上适用对外公布的规章、文件具有普遍的约束力，而不是内部规章文件，并且按照规程进行操作。最后，降星处理涉及行政管理相对人的权益，其中星级的内涵包括了相对人的经营权与收益权，由此表明降星处理已具备行政行为的特征。故旅游局认为降星处理是对旅游市场审核管理的活动而不是行政行为的辩解理由不能成立，依据最高人民法院《关于执行〈中华人民共和国行政诉讼法〉若干问题的解释》第一条的规定，属于人民法院行政诉讼受案范围。

焦点二：旅游局的行政行为是否合法。

首先，行政机关应依法行政，依据《评定涉外饭店的规定》第十八条的规

① 现行的星级饭店评定有别于本案例（时间过早），国家旅游局设全国旅游星级饭店评定委员会，各省、自治区、直辖市设省级旅游星级饭店评定委员会，副省级城市、地级市（地区、州、盟）旅游局设地区旅游星级饭店评定委员会。目前，星级饭店评定的职责有待向饭店业协会移转的趋势。

定："复核工作结束后,应由检查员写出复核报告,并通报饭店的最高管理层……"由于旅游局未将复核报告向某某饭店通报签名、盖章确认,属程序违法。其次,旅游局提供的 2001 年复核报告中存在年度涂改、添加条款、笔迹不同、铅印内容与手写内容相矛盾及时间不一致的现象,该证据材料违背了证据的合法性、真实性,不能作为该行政行为认定事实的证据使用。

综上,旅游局违反程序,认定事实不清,要求撤销降星处理行政行为的诉讼理由成立,应予支持。最终该案经过法院判决,撤销了旅游局 2002 年 11 月作出的"关于给予某某饭店降星处理的通知"。

案例二:李某状告某旅游质量监督管理所行政不作为案

案情介绍:2003 年,李某到某某市质监所处投诉其参加的海南游的组织者某某国际度假旅行社,在旅游质量投诉登记中,简单填写了该次行程乱、住宿脏、失诚信、导游素质差等问题,并未提出投诉请求,也未提供相关证据予以佐证。质监所受理投诉后,于当天将投诉转旅行社处理,并要求答复,同时,就李某投诉问题开展多方调查、核实、复查,并向有关导游(全陪、地陪)进行询查。此间,质监所曾通知李某到质监所处作进一步调查核实并就投诉提供证据,经质监所再三要求,李某也未提供实质性意见与证据。质监所在对李某与旅行社进行协调无果的情况下,以李某投诉没有请求、缺乏证据为由,作出《某某市旅游质量投诉处理决定书》,认为李某投诉不成立,并将决定书送达李某。李某对此不服并提起诉讼。

李某诉称:某某市旅游质量监督管理所于 2003 年 1 月所制作《某某市旅游质量投诉处理决定书》任意杜撰理由,事实不清,程序违法,拒绝李某维权诉求,拒绝纠正旅行社违法行为(甩团、擅改行程、质量不达标、误机),属行政违法,损害李某的合法利益。李某请求:撤销原质监所所作决定,确认行政违法行为;并要求追究违法行为人的法律责任,适当赔偿经济损失和精神损失。

质监所辩称:李某的"投诉"并不符合《旅游投诉暂行规定》的要求。质监所作为规章授权的组织,只能根据《旅游投诉暂行规定》等对质监所有明确授权的规章行使职权。《旅游投诉暂行规定》第八条规定:投诉必须有具体的投诉请求。也就是说单纯的抱怨、指责并不能构成一个有效的投诉。本案中李某于 2003 年到质监所处投诉某某国际度假旅行社,对旅行社的服务质量提出了许多抱怨,但是李某并没有提出具体的请求,没有提出退费或赔偿之类的请求。另外,李某投诉不实,没有任何事实根据。虽然李某的抱怨并不构成一个有效的投诉,但质监所还是及时进行了调查工作,通知了旅行社,旅行社作了书面答复,质监所进行了复查。通过调查核实,认为李某的投诉没有证据支持,与旅行社的答复及质监所调查得到的情况不符。因此,质监所作出了《某某市旅游质量投诉处理决定书》,认定投诉不能成立,并送达李某。质监所的处理程序合法,实体得当。

案件①分析:质监所作为旅游质量监督机关,其主要职责是,监督检查旅游市场秩序和服务质量,受理旅游者投诉,具体负责旅行社质量保证金的理赔工作。李某于 2003 年 1 月,到质监所处投诉某某国际度假旅行社组织的海南游存在的质量问题时,尽管其在投诉登记表中填写了旅游行程乱、住宿不达标、导游素质差等七个方面的内容,却只是简单罗列,未作具体陈述,没有明确的投诉请求,不愿也无法向质监所提供客观真实的证据,借以证明旅游质量确实存在问题的事实。相反,从质监所调查核实的众多证据中,却可彼此印证、互为因果,清楚显示了旅行社的旅游质量价质相符,服务达标。

根据《旅游投诉暂行规定》第八条的规定,投诉必须具备的条件之一是"有具体的投诉请求和事实根据",第十一条规定,"投诉状必须说明投诉请求和根据的事实与理由"。李某到质监所处投诉旅行社,一直到质监所作出处理决定前,始终没有提出明确的投诉请求,也未能提供证明其投诉请求成立的事实与理由的证据,李某的投诉行为,不符合《旅游投诉暂行规定》的要求。因此,质监所作出的认为李某投诉不能成立的旅游质量投诉处理决定,事实清楚,证据充分,符合法律规定。质监所作出决定书后,依法送达李某,故质监所的行政行为,程序合法。李某无法提供客观真实、合法有效的证据,以证明其投诉成立,故其请求确认质监所的行政行为违法的主张不成立。

行政赔偿的归责原则为违法原则。依法执行职务的行为,即使发生了损害后果,也不属行政赔偿的范围。质监所受理李某对旅行社的投诉,从中进行调解,作出裁决,以李某没有提供相关证据、投诉内容与事实不符为由,作出李某投诉不能成立的处理决定。质监所的行政行为,未对李某造成任何损害后果。李某要求行政赔偿的诉请,缺乏事实和法律依据。

法院最终判定驳回李某在本案中的所有诉讼请求。

---

① 依据《旅游行政处罚办法》(2013 年 5 月 12 日颁布)第九条之规定,旅游质监执法机构只能以委托的旅游主管部门的名义实施行政处罚。本案例提及的《旅游投诉暂行规定》已被《旅游投诉处理办法》取代。

案例三:尚某不服旅游局吊销导游证提起行政诉讼案

案情介绍:尚某系某某市注册的导游员,因不认同当地的旅游政策,尚某作为骨干成员参加了当地没有经过申请和许可的集会、游行、示威活动,部分参加非法集会、游行、示威人员用塑料盆、土块、鸡蛋打砸运载着游客的大巴车,造成严重后果。该事件严重地扰乱社会秩序,给当地旅游业造成了极坏的影响。

该事件发生后不久,尚某又于某年某月某日通过自己使用的手机编辑短信向 100 多人发送如下内容:"听说几天后的某月某日,导游、司机将组织到某某地点再次请愿。"短信发出两三天后,公安机关即掌握了该情况,当地导游管理中心随即派人就此事与尚某谈话。当地公安局于某月某日将尚某传唤至当地派出所对其进行询问、训诫。由于控制即时,并没有在预计时间发生导游、司机请愿事件。

不久后,某某省旅游局作出《行政处罚事先告知书》,拟对尚某作出吊销导游证的行政处罚,该告知书向尚某交代了其所享有的权利义务,但尚某未能在有效期限内提出行政处罚异议。某某省旅游局遂作出《行政处罚决定书》,内容为:"某年某月某日,导游尚某用自己的手机给多人发送短信,内容为:'听说几天后的某月某日,导游、司机将组织到某某地点再次请愿',共发了 100 多条。其行为情节恶劣,在社会上造成不良影响,妨害了社会的稳定,公安机关已经对其行为进行训诫和口头警告。根据公安机关的认定,其行为违反了《中华人民共和国治安管理处罚条例》第 19 条第 5 项的有关规定,依据《某某省旅游条例》第 53 条第 8 项和第 73 条第 2 款的规定,决定对尚某作出吊销导游证的行政处罚。"尚某不服,向法院提起行政诉讼,请求撤销行政处罚。

案情分析:尚某对其用手机编辑短信并给多人发送及发送内容均无异议,《行政处罚决定》认定的事实清楚;某某省旅游局在作出处罚决定前向尚某发出了《行政处罚事先告知书》,告知了尚某具有听证的权利,没有证据表明尚某在规定期限内提请听证。之后某某省旅游局作出《行政处罚决定书》,合法送达并告知其权利义务,程序合法;某某省旅游局作出被诉具体行政行为的法律依据是《中华人民共和国治安管理处罚条例》第 19 条第 5 项和《某某省旅游条例》第 53 条第 8 项、第 73 条第 2 款的规定。其中《中华人民共和国治安管理处罚条例》第 19 条第 5 项规定:"造谣惑众、煽动闹事的,尚不够刑事处罚的,处十五日以下拘留、二百元以下罚款或者警告。"《某某省旅游条例》第53条规定了旅游从业人员或者其他人员不得有八类行为,其中第8项规定:"法律、法规禁止的其他行为。"《某某省旅游条例》第73条第2款规定:"导游人员、驾驶人员等旅游从业人员违反本条例第53条第(2)项至第(8)项的,由旅游行政主管部门或者有关行政管理部门责令其改正,处1000元以上3万元以下的罚款;有违法所得的,并处没收违法所得;对违法情节严重的导游人员,依法吊销导游证。"尚某明确承认短信内容是其本人编写,不是听说而来。尚某实施该行为有造谣惑众、意图煽动闹事之实。因尚某在发出短信后,有关部门即掌握了该情况,并已对尚某进行警告谈话,故并未发生如短信内容的集会事件。尚某的行为违反了《中华人民共和国治安管理处罚条例》第19条第5项的规定,某某省旅游局依此根据《某某省旅游条例》第53条第8项及《某某省旅游条例》第73条第2款对尚某作出吊销导游证的行政处罚具有法律依据。

尚某的发送短信的行为虽未直接产生严重后果,但该行为是在尚某作为骨干成员参加了在当地引发了较大的社会秩序混乱的非法游行、集会后发生的,事后政府做了很多工作方予以平息,并一再告诫参与人员这种违法行为的危害性。尚某未听从劝告,事隔半年又以发短信的形式意图再次制造混乱,具有较大的社会危害性。故某某省旅游局作出吊销其导游证的处罚决定并未显失公正。最终法院判决维持某某省旅游局对尚某的行政处罚决定。

案例四:不服旅游局吊销旅游业务经营许可证提起行政诉讼案

案情介绍:2000年,某某省旅游局对当地旅游市场检查时发现某某旅游公司聘用无证导游,随即对此事进行调查。调查后某某省旅游局认定某某旅游公司2000426旅游团导游廖某是冒用导游龙某某名义的无证导游。同年5月,某某省旅游局向某某旅游公司发出行政处罚告知书,随后又发出听证通知书。在某某省旅游局举行行政处罚听证会上,某某旅游公司承认其聘用无证导游的事实并作出检讨,请求某某省旅游局从轻处罚。同年10月,某某省旅游局向某某旅游公司送达了《行政处罚决定书》,认定某某旅游公司使用无证导游上岗带团,违反《某某省旅游管理条例》第29条的规定,并适用该条例第42条的规定,决定吊销某某旅游公司业务经营许可证。同日,某某省旅游局向各市县旅游局、各有关旅行社下发了《关于吊销某某旅游公司国内旅行社业务经营许可证的决定》。次日,某某旅游公司向某某省人民政府提出行政复议申请。后因某某省人民政府对某某旅游公司的复议申请在

旅行消费法律常识

法定期限内未做答复,某某旅游公司遂向法院提出行政诉讼,要求恢复某某旅游公司旅游业务许可证,撤销某某省旅游局作出的关于吊销某某旅游公司业务经营许可证的行政处罚决定书。

　　某某旅游公司起诉的理由是:①根据《某某省旅游管理条例》第 42 条第 2 款规定,必须情况严重才能吊销业务经营许可证,可某某旅游公司违规行为只是初犯,而且情节较轻,根本不是情况严重,因此某某省旅游局处罚太重。②处罚不平等。2000 年 5 月,某某省旅游局曾作出的《关于某某省某旅行社违规处罚情况的通报》称:某某省某旅行社擅自聘用没有导游资格证书的人员为游客提供导游服务,该导游又讲低级趣味的谜语,引起游客投诉,遂对其作出了停业整顿 30 天、罚款 1 万元的较轻处罚。某某旅游公司认为,与上述某旅行社违规行为都是发生在 5 月 1 日前后,而且违规行为同是用无证导游,但某某省旅游局却对某旅行社作出的只是停业整顿 30 天、罚款 1 万元的较轻处罚,但对某某旅游公司的处罚确是吊销旅游业务经营许可证,显然这是不公平的。③吊销业务经营许可证,是最重的处罚,某某省旅游局应慎重处理,以教育为主给某某旅游公司改正的机会。某某旅游公司现有中巴车 3 辆,办公室 400 平方米,人员 20 多人,公司已投入近百万元。吊销业务经营许可证后,将给某某旅游公司造成惨重的经济损失。

　　案件①分析:某某旅游公司作为旅游企业在经营活动中聘用无证导游上岗带团,该行为属于《某某省旅游管理条例》第 42 条第 1 款列举的八种违法行为之一,即该款第 2 项"旅行社招聘使用未取得资格证书的人员从事导游、旅游车司机业务的"行为。某某省旅游局作为旅游市场行政主管部门对某某旅游公司该行为给予相应的行政处罚是正确的。但某某省旅游局在处罚决定中没有确认某某旅游公司违法行为属于《某某省旅游管理条例》第 42 条第 2 款规定的"旅行社违反前款规定,情节严重的"行为,且某某省旅游局在决定以某某旅游公司聘用无证导游上岗带团为由吊销其业务经营许可证前,未发现某某旅游公司有其他的违法行为,某某省旅游局也没有对某某旅游公司采用过《某某省旅游管理条例》第 42 条第 1 款规定的"责令限期改正"、"没收违法所得"、"逾期不改的,依法责令停业整顿"或"并处罚款"等处罚,即在事实上无法辨认某某旅游公司的违法行为属于"情节严重"。在此情况下,某某省旅游局直接适用《某某省旅游管理条例》第 42 条作出吊销某

---

　　①　现行判定旅游行政处罚合法性的依据主要是《旅游法》、《旅行社条例》及《旅游行政处罚办法》。

某旅游公司业务经营许可证的行政处罚,系适用法规错误。此外,某旅行社在同一时期,也聘用了一名无证导游上岗带团,被游客投诉,但某某省旅游局对其作出的处罚决定却适用了《某某省旅游管理条例》第42条第1款的规定,即给予其停业整顿30天、罚款1万元的行政处罚。某某省旅游局未能举证用事实区别某某旅游公司与某旅行社两者之间违法行为的不同,就应对犯有同样性质违法行为的行政管理相对人给予同种类的行政处罚,以确保执法公正及平等保护行政管理相对人的合法权益。

综上,某某省旅游局处罚决定依据《某某省旅游管理条例》第42条之规定,吊销某某旅游公司业务经营许可证,系适用法规错误,应予撤销。法院最终判决撤销某某省旅游局作出的吊销某某旅游公司业务经营许可证的行政处罚决定。

旅行消费法律常识

<<<

附　　录

附录一：

中华人民共和国主席令
第三号

　　《中华人民共和国旅游法》已由中华人民共和国第十二届全国人民代表大会常务委员会第二次会议于 2013 年 4 月 25 日通过，现予公布，自 2013 年 10 月 1 日起施行。

中华人民共和国主席　习近平

2013 年 4 月 25 日

《中华人民共和国旅游法》
（2013 年 4 月 25 日第十二届全国人民代表大会
常务委员会第二次会议通过）

目录

第一章　总则

　　第一条　为保障旅游者和旅游经营者的合法权益，规范旅游市场秩序，保护和合理利用旅游资源，促进旅游业持续健康发展，制定本法。

　　第二条　在中华人民共和国境内的和在中华人民共和国境内组织到境

外的游览、度假、休闲等形式的旅游活动以及为旅游活动提供相关服务的经营活动,适用本法。

第三条　国家发展旅游事业,完善旅游公共服务,依法保护旅游者在旅游活动中的权利。

第四条　旅游业发展应当遵循社会效益、经济效益和生态效益相统一的原则。国家鼓励各类市场主体在有效保护旅游资源的前提下,依法合理利用旅游资源。利用公共资源建设的游览场所应当体现公益性质。

第五条　国家倡导健康、文明、环保的旅游方式,支持和鼓励各类社会机构开展旅游公益宣传,对促进旅游业发展做出突出贡献的单位和个人给予奖励。

第六条　国家建立健全旅游服务标准和市场规则,禁止行业垄断和地区垄断。旅游经营者应当诚信经营,公平竞争,承担社会责任,为旅游者提供安全、健康、卫生、方便的旅游服务。

第七条　国务院建立健全旅游综合协调机制,对旅游业发展进行综合协调。

县级以上地方人民政府应当加强对旅游工作的组织和领导,明确相关部门或者机构,对本行政区域的旅游业发展和监督管理进行统筹协调。

第八条　依法成立的旅游行业组织,实行自律管理。

第二章　旅游者

第九条　旅游者有权自主选择旅游产品和服务,有权拒绝旅游经营者的强制交易行为。

旅游者有权知悉其购买的旅游产品和服务的真实情况。

旅游者有权要求旅游经营者按照约定提供产品和服务。

第十条　旅游者的人格尊严、民族风俗习惯和宗教信仰应当得到尊重。

第十一条　残疾人、老年人、未成年人等旅游者在旅游活动中依照法律、法规和有关规定享受便利和优惠。

第十二条　旅游者在人身、财产安全遇有危险时,有请求救助和保护的权利。

旅游者人身、财产受到侵害的,有依法获得赔偿的权利。

第十三条　旅游者在旅游活动中应当遵守社会公共秩序和社会公德,尊重当地的风俗习惯、文化传统和宗教信仰,爱护旅游资源,保护生态环境,遵守旅游文明行为规范。

第十四条　旅游者在旅游活动中或者在解决纠纷时,不得损害当地居民的合法权益,不得干扰他人的旅游活动,不得损害旅游经营者和旅游从业人员的合法权益。

第十五条　旅游者购买、接受旅游服务时,应当向旅游经营者如实告知与旅游活动相关的个人健康信息,遵守旅游活动中的安全警示规定。

旅游者对国家应对重大突发事件暂时限制旅游活动的措施以及有关部门、机构或者旅游经营者采取的安全防范和应急处置措施,应当予以配合。

旅游者违反安全警示规定,或者对国家应对重大突发事件暂时限制旅游活动的措施、安全防范和应急处置措施不予配合的,依法承担相应责任。

第十六条　出境旅游者不得在境外非法滞留,随团出境的旅游者不得擅自分团、脱团。

入境旅游者不得在境内非法滞留,随团入境的旅游者不得擅自分团、脱团。

第三章　旅游规划和促进

第十七条　国务院和县级以上地方人民政府应当将旅游业发展纳入国民经济和社会发展规划。

国务院和省、自治区、直辖市人民政府以及旅游资源丰富的设区的市和县级人民政府,应当按照国民经济和社会发展规划的要求,组织编制旅游发展规划。对跨行政区域且适宜进行整体利用的旅游资源进行利用时,应当由上级人民政府组织编制或者由相关地方人民政府协商编制统一的旅游发展规划。

第十八条　旅游发展规划应当包括旅游业发展的总体要求和发展目标,旅游资源保护和利用的要求和措施,以及旅游产品开发、旅游服务质量提升、旅游文化建设、旅游形象推广、旅游基础设施和公共服务设施建设的要求和促进措施等内容。

根据旅游发展规划,县级以上地方人民政府可以编制重点旅游资源开发利用的专项规划,对特定区域内的旅游项目、设施和服务功能配套提出专门要求。

第十九条　旅游发展规划应当与土地利用总体规划、城乡规划、环境保护规划以及其他自然资源和文物等人文资源的保护和利用规划相衔接。

第二十条　各级人民政府编制土地利用总体规划、城乡规划,应当充分考虑相关旅游项目、设施的空间布局和建设用地要求。规划和建设交通、通信、供水、供电、环保等基础设施和公共服务设施,应当兼顾旅游业发展的需要。

第二十一条　对自然资源和文物等人文资源进行旅游利用,必须严格遵守有关法律、法规的规定,符合资源、生态保护和文物安全的要求,尊重和维护当地传统文化和习俗,维护资源的区域整体性、文化代表性和地域特殊性,并考虑军事设施保护的需要。有关主管部门应当加强对资源保护和旅游利用状况的监督检查。

第二十二条　各级人民政府应当组织对本级政府编制的旅游发展规划的执行情况进行评估,并向社会公布。

第二十三条　国务院和县级以上地方人民政府应当制定并组织实施有利于旅游业持续健康发展的产业政策,推进旅游休闲体系建设,采取措施推动区域旅游合作,鼓励跨区域旅游线路和产品开发,促进旅游与工业、农业、商业、文化、卫生、体育、科教等领域的融合,扶持少数民族地区、革命老区、边远地区和贫困地区旅游业发展。

第二十四条　国务院和县级以上地方人民政府应当根据实际情况安排资金,加强旅游基础设施建设、旅游公共服务和旅游形象推广。

第二十五条　国家制定并实施旅游形象推广战略。国务院旅游主管部门统筹组织国家旅游形象的境外推广工作,建立旅游形象推广机构和网络,开展旅游国际合作与交流。

县级以上地方人民政府统筹组织本地的旅游形象推广工作。

第二十六条　国务院旅游主管部门和县级以上地方人民政府应当根据需要建立旅游公共信息和咨询平台,无偿向旅游者提供旅游景区、线路、交通、气象、住宿、安全、医疗急救等必要信息和咨询服务。设区的市和县级人民政府有关部门应当根据需要在交通枢纽、商业中心和旅游者集中场所设置旅游咨询中心,在景区和通往主要景区的道路设置旅游指示标识。

旅游资源丰富的设区的市和县级人民政府可以根据本地的实际情况,建立旅游客运专线或者游客中转站,为旅游者在城市及周边旅游提供服务。

第二十七条　国家鼓励和支持发展旅游职业教育和培训,提高旅游从业人员素质。

第四章　旅游经营

第二十八条　设立旅行社,招徕、组织、接待旅游者,为其提供旅游服务,应当具备下列条件,取得旅游主管部门的许可,依法办理工商登记:

(一)有固定的经营场所;

(二)有必要的营业设施;

(三)有符合规定的注册资本;

（四）有必要的经营管理人员和导游；

（五）法律、行政法规规定的其他条件。

第二十九条　旅行社可以经营下列业务：

（一）境内旅游；

（二）出境旅游；

（三）边境旅游；

（四）入境旅游；

（五）其他旅游业务。

旅行社经营前款第二项和第三项业务，应当取得相应的业务经营许可，具体条件由国务院规定。

第三十条　旅行社不得出租、出借旅行社业务经营许可证，或者以其他形式非法转让旅行社业务经营许可。

第三十一条　旅行社应当按照规定交纳旅游服务质量保证金，用于旅游者权益损害赔偿和垫付旅游者人身安全遇有危险时紧急救助的费用。

第三十二条　旅行社为招徕、组织旅游者发布信息，必须真实、准确，不得进行虚假宣传，误导旅游者。

第三十三条　旅行社及其从业人员组织、接待旅游者，不得安排参观或者参与违反我国法律、法规和社会公德的项目或者活动。

第三十四条　旅行社组织旅游活动应当向合格的供应商订购产品和服务。

第三十五条　旅行社不得以不合理的低价组织旅游活动，诱骗旅游者，并通过安排购物或者另行付费旅游项目获取回扣等不正当利益。

旅行社组织、接待旅游者，不得指定具体购物场所，不得安排另行付费旅游项目。但是，经双方协商一致或者旅游者要求，且不影响其他旅游者行程安排的除外。

发生违反前两款规定情形的，旅游者有权在旅游行程结束后三十日内，要求旅行社为其办理退货并先行垫付退货货款，或者退还另行付费旅游项目的费用。

第三十六条　旅行社组织团队出境旅游或者组织、接待团队入境旅游，应当按照规定安排领队或者导游全程陪同。

第三十七条　参加导游资格考试成绩合格，与旅行社订立劳动合同或者在相关旅游行业组织注册的人员，可以申请取得导游证。

第三十八条　旅行社应当与其聘用的导游依法订立劳动合同，支付劳动报酬，缴纳社会保险费用。

旅行社临时聘用导游为旅游者提供服务的,应当全额向导游支付本法第六十条第三款规定的导游服务费用。

旅行社安排导游为团队旅游提供服务的,不得要求导游垫付或者向导游收取任何费用。

第三十九条　取得导游证,具有相应的学历、语言能力和旅游从业经历,并与旅行社订立劳动合同的人员,可以申请取得领队证。

第四十条　导游和领队为旅游者提供服务必须接受旅行社委派,不得私自承揽导游和领队业务。

第四十一条　导游和领队从事业务活动,应当佩戴导游证、领队证,遵守职业道德,尊重旅游者的风俗习惯和宗教信仰,应当向旅游者告知和解释旅游文明行为规范,引导旅游者健康、文明旅游,劝阻旅游者违反社会公德的行为。

导游和领队应当严格执行旅游行程安排,不得擅自变更旅游行程或者中止服务活动,不得向旅游者索取小费,不得诱导、欺骗、强迫或者变相强迫旅游者购物或者参加另行付费旅游项目。

第四十二条　景区开放应当具备下列条件,并听取旅游主管部门的意见:

(一)有必要的旅游配套服务和辅助设施;

(二)有必要的安全设施及制度,经过安全风险评估,满足安全条件;

(三)有必要的环境保护设施和生态保护措施;

(四)法律、行政法规规定的其他条件。

第四十三条　利用公共资源建设的景区的门票以及景区内的游览场所、交通工具等另行收费项目,实行政府定价或者政府指导价,严格控制价格上涨。拟收费或者提高价格的,应当举行听证会,征求旅游者、经营者和有关方面的意见,论证其必要性、可行性。

利用公共资源建设的景区,不得通过增加另行收费项目等方式变相涨价;另行收费项目已收回投资成本的,应当相应降低价格或者取消收费。

公益性的城市公园、博物馆、纪念馆等,除重点文物保护单位和珍贵文物收藏单位外,应当逐步免费开放。

第四十四条　景区应当在醒目位置公示门票价格、另行收费项目的价格及团体收费价格。景区提高门票价格应当提前六个月公布。

将不同景区的门票或者同一景区内不同游览场所的门票合并出售的,合并后的价格不得高于各单项门票的价格之和,且旅游者有权选择购买其中的单项票。

景区内的核心游览项目因故暂停向旅游者开放或者停止提供服务的，应当公示并相应减少收费。

第四十五条　景区接待旅游者不得超过景区主管部门核定的最大承载量。景区应当公布景区主管部门核定的最大承载量，制定和实施旅游者流量控制方案，并可以采取门票预约等方式，对景区接待旅游者的数量进行控制。

旅游者数量可能达到最大承载量时，景区应当提前公告并同时向当地人民政府报告，景区和当地人民政府应当及时采取疏导、分流等措施。

第四十六条　城镇和乡村居民利用自有住宅或者其他条件依法从事旅游经营，其管理办法由省、自治区、直辖市制定。

第四十七条　经营高空、高速、水上、潜水、探险等高风险旅游项目，应当按照国家有关规定取得经营许可。

第四十八条　通过网络经营旅行社业务的，应当依法取得旅行社业务经营许可，并在其网站主页的显著位置标明其业务经营许可证信息。

发布旅游经营信息的网站，应当保证其信息真实、准确。

第四十九条　为旅游者提供交通、住宿、餐饮、娱乐等服务的经营者，应当符合法律、法规规定的要求，按照合同约定履行义务。

第五十条　旅游经营者应当保证其提供的商品和服务符合保障人身、财产安全的要求。

旅游经营者取得相关质量标准等级的，其设施和服务不得低于相应标准；未取得质量标准等级的，不得使用相关质量等级的称谓和标识。

第五十一条　旅游经营者销售、购买商品或者服务，不得给予或者收受贿赂。

第五十二条　旅游经营者对其在经营活动中知悉的旅游者个人信息，应当予以保密。

第五十三条　从事道路旅游客运的经营者应当遵守道路客运安全管理的各项制度，并在车辆显著位置明示道路旅游客运专用标识，在车厢内显著位置公示经营者和驾驶人信息、道路运输管理机构监督电话等事项。

第五十四条　景区、住宿经营者将其部分经营项目或者场地交由他人从事住宿、餐饮、购物、游览、娱乐、旅游交通等经营的，应当对实际经营者的经营行为给旅游者造成的损害承担连带责任。

第五十五条　旅游经营者组织、接待出入境旅游，发现旅游者从事违法活动或者有违反本法第十六条规定情形的，应当及时向公安机关、旅游主管部门或者我国驻外机构报告。

第五十六条　国家根据旅游活动的风险程度，对旅行社、住宿、旅游交通以及本法第四十七条规定的高风险旅游项目等经营者实施责任保险制度。

第五章　旅游服务合同

第五十七条　旅行社组织和安排旅游活动，应当与旅游者订立合同。

第五十八条　包价旅游合同应当采用书面形式，包括下列内容：

（一）旅行社、旅游者的基本信息；

（二）旅游行程安排；

（三）旅游团成团的最低人数；

（四）交通、住宿、餐饮等旅游服务安排和标准；

（五）游览、娱乐等项目的具体内容和时间；

（六）自由活动时间安排；

（七）旅游费用及其交纳的期限和方式；

（八）违约责任和解决纠纷的方式；

（九）法律、法规规定和双方约定的其他事项。

订立包价旅游合同时，旅行社应当向旅游者详细说明前款第二项至第八项所载内容。

第五十九条　旅行社应当在旅游行程开始前向旅游者提供旅游行程单。旅游行程单是包价旅游合同的组成部分。

第六十条　旅行社委托其他旅行社代理销售包价旅游产品并与旅游者订立包价旅游合同的，应当在包价旅游合同中载明委托社和代理社的基本信息。

旅行社依照本法规定将包价旅游合同中的接待业务委托给地接社履行的，应当在包价旅游合同中载明地接社的基本信息。

安排导游为旅游者提供服务的，应当在包价旅游合同中载明导游服务费用。

第六十一条　旅行社应当提示参加团队旅游的旅游者按照规定投保人身意外伤害保险。

第六十二条　订立包价旅游合同时，旅行社应当向旅游者告知下列事项：

（一）旅游者不适合参加旅游活动的情形；

（二）旅游活动中的安全注意事项；

（三）旅行社依法可以减免责任的信息；

（四）旅游者应当注意的旅游目的地相关法律、法规和风俗习惯、宗教禁忌，依照中国法律不宜参加的活动等；

（五）法律、法规规定的其他应当告知的事项。

在包价旅游合同履行中，遇有前款规定事项的，旅行社也应当告知旅游者。

第六十三条　旅行社招徕旅游者组团旅游，因未达到约定人数不能出团的，组团社可以解除合同。但是，境内旅游应当至少提前七日通知旅游者，出境旅游应当至少提前三十日通知旅游者。

因未达到约定人数不能出团的，组团社经征得旅游者书面同意，可以委托其他旅行社履行合同。组团社对旅游者承担责任，受委托的旅行社对组团社承担责任。旅游者不同意的，可以解除合同。

因未达到约定的成团人数解除合同的，组团社应当向旅游者退还已收取的全部费用。

第六十四条　旅游行程开始前，旅游者可以将包价旅游合同中自身的权利义务转让给第三人，旅行社没有正当理由的不得拒绝，因此增加的费用由旅游者和第三人承担。

第六十五条　旅游行程结束前，旅游者解除合同的，组团社应当在扣除必要的费用后，将余款退还旅游者。

第六十六条　旅游者有下列情形之一的，旅行社可以解除合同：

（一）患有传染病等疾病，可能危害其他旅游者健康和安全的；

（二）携带危害公共安全的物品且不同意交有关部门处理的；

（三）从事违法或者违反社会公德的活动的；

（四）从事严重影响其他旅游者权益的活动，且不听劝阻、不能制止的；

（五）法律规定的其他情形。

因前款规定情形解除合同的，组团社应当在扣除必要的费用后，将余款退还旅游者；给旅行社造成损失的，旅游者应当依法承担赔偿责任。

第六十七条　因不可抗力或者旅行社、履行辅助人已尽合理注意义务仍不能避免的事件，影响旅游行程的，按照下列情形处理：

（一）合同不能继续履行的，旅行社和旅游者均可以解除合同。合同不能完全履行的，旅行社经向旅游者作出说明，可以在合理范围内变更合同；旅游者不同意变更的，可以解除合同。

（二）合同解除的，组团社应当在扣除已向地接社或者履行辅助人支付且不可退还的费用后，将余款退还旅游者；合同变更的，因此增加的费用由旅游者承担，减少的费用退还旅游者。

（三）危及旅游者人身、财产安全的，旅行社应当采取相应的安全措施，因此支出的费用，由旅行社与旅游者分担。

（四）造成旅游者滞留的，旅行社应当采取相应的安置措施。因此增加的食宿费用，由旅游者承担；增加的返程费用，由旅行社与旅游者分担。

第六十八条　旅游行程中解除合同的，旅行社应当协助旅游者返回出发地或者旅游者指定的合理地点。由于旅行社或者履行辅助人的原因导致合同解除的，返程费用由旅行社承担。

第六十九条　旅行社应当按照包价旅游合同的约定履行义务，不得擅自变更旅游行程安排。

经旅游者同意，旅行社将包价旅游合同中的接待业务委托给其他具有相应资质的地接社履行的，应当与地接社订立书面委托合同，约定双方的权利和义务，向地接社提供与旅游者订立的包价旅游合同的副本，并向地接社支付不低于接待和服务成本的费用。地接社应当按照包价旅游合同和委托合同提供服务。

第七十条　旅行社不履行包价旅游合同义务或者履行合同义务不符合约定的，应当依法承担继续履行、采取补救措施或者赔偿损失等违约责任；造成旅游者人身损害、财产损失的，应当依法承担赔偿责任。旅行社具备履行条件，经旅游者要求仍拒绝履行合同，造成旅游者人身损害、滞留等严重后果的，旅游者还可以要求旅行社支付旅游费用一倍以上三倍以下的赔偿金。

由于旅游者自身原因导致包价旅游合同不能履行或者不能按照约定履行，或者造成旅游者人身损害、财产损失的，旅行社不承担责任。

在旅游者自行安排活动期间，旅行社未尽到安全提示、救助义务的，应当对旅游者的人身损害、财产损失承担相应责任。

第七十一条　由于地接社、履行辅助人的原因导致违约的，由组团社承担责任；组团社承担责任后可以向地接社、履行辅助人追偿。

由于地接社、履行辅助人的原因造成旅游者人身损害、财产损失的，旅游者可以要求地接社、履行辅助人承担赔偿责任，也可以要求组团社承担赔偿责任；组团社承担责任后可以向地接社、履行辅助人追偿。但是，由于公共交通经营者的原因造成旅游者人身损害、财产损失的，由公共交通经营者依法承担赔偿责任，旅行社应当协助旅游者向公共交通经营者索赔。

第七十二条　旅游者在旅游活动中或者在解决纠纷时，损害旅行社、履行辅助人、旅游从业人员或者其他旅游者的合法权益的，依法承担赔偿责任。

第七十三条　旅行社根据旅游者的具体要求安排旅游行程,与旅游者订立包价旅游合同的,旅游者请求变更旅游行程安排,因此增加的费用由旅游者承担,减少的费用退还旅游者。

第七十四条　旅行社接受旅游者的委托,为其代订交通、住宿、餐饮、游览、娱乐等旅游服务,收取代办费用的,应当亲自处理委托事务。因旅行社的过错给旅游者造成损失的,旅行社应当承担赔偿责任。

旅行社接受旅游者的委托,为其提供旅游行程设计、旅游信息咨询等服务的,应当保证设计合理、可行,信息及时、准确。

第七十五条　住宿经营者应当按照旅游服务合同的约定为团队旅游者提供住宿服务。住宿经营者未能按照旅游服务合同提供服务的,应当为旅游者提供不低于原定标准的住宿服务,因此增加的费用由住宿经营者承担;但由于不可抗力、政府因公共利益需要采取措施造成不能提供服务的,住宿经营者应当协助安排旅游者住宿。

第六章　旅游安全

第七十六条　县级以上人民政府统一负责旅游安全工作。县级以上人民政府有关部门依照法律、法规履行旅游安全监管职责。

第七十七条　国家建立旅游目的地安全风险提示制度。旅游目的地安全风险提示的级别划分和实施程序,由国务院旅游主管部门会同有关部门制定。

县级以上人民政府及其有关部门应当将旅游安全作为突发事件监测和评估的重要内容。

第七十八条　县级以上人民政府应当依法将旅游应急管理纳入政府应急管理体系,制订应急预案,建立旅游突发事件应对机制。

突发事件发生后,当地人民政府及其有关部门和机构应当采取措施开展救援,并协助旅游者返回出发地或者旅游者指定的合理地点。

第七十九条　旅游经营者应当严格执行安全生产管理和消防安全管理的法律、法规和国家标准、行业标准,具备相应的安全生产条件,制定旅游者安全保护制度和应急预案。

旅游经营者应当对直接为旅游者提供服务的从业人员开展经常性应急救助技能培训,对提供的产品和服务进行安全检验、监测和评估,采取必要措施防止危害发生。

旅游经营者组织、接待老年人、未成年人、残疾人等旅游者,应当采取相应的安全保障措施。

第八十条　旅游经营者应当就旅游活动中的下列事项,以明示的方式事先向旅游者作出说明或者警示:

(一)正确使用相关设施、设备的方法;

(二)必要的安全防范和应急措施;

(三)未向旅游者开放的经营、服务场所和设施、设备;

(四)不适宜参加相关活动的群体;

(五)可能危及旅游者人身、财产安全的其他情形。

第八十一条　突发事件或者旅游安全事故发生后,旅游经营者应当立即采取必要的救助和处置措施,依法履行报告义务,并对旅游者作出妥善安排。

第八十二条　旅游者在人身、财产安全遇有危险时,有权请求旅游经营者、当地政府和相关机构进行及时救助。

中国出境旅游者在境外陷于困境时,有权请求我国驻当地机构在其职责范围内给予协助和保护。

旅游者接受相关组织或者机构的救助后,应当支付应由个人承担的费用。

第七章　旅游监督管理

第八十三条　县级以上人民政府旅游主管部门和有关部门依照本法和有关法律、法规的规定,在各自职责范围内对旅游市场实施监督管理。

县级以上人民政府应当组织旅游主管部门、有关主管部门和工商行政管理、产品质量监督、交通等执法部门对相关旅游经营行为实施监督检查。

第八十四条　旅游主管部门履行监督管理职责,不得违反法律、行政法规的规定向监督管理对象收取费用。

旅游主管部门及其工作人员不得参与任何形式的旅游经营活动。

第八十五条　县级以上人民政府旅游主管部门有权对下列事项实施监督检查:

(一)经营旅行社业务以及从事导游、领队服务是否取得经营、执业许可;

(二)旅行社的经营行为;

(三)导游和领队等旅游从业人员的服务行为;

(四)法律、法规规定的其他事项。

旅游主管部门依照前款规定实施监督检查,可以对涉嫌违法的合同、票据、账簿以及其他资料进行查阅、复制。

第八十六条　旅游主管部门和有关部门依法实施监督检查,其监督检查人员不得少于二人,并应当出示合法证件。监督检查人员少于二人或者未出示合法证件的,被检查单位和个人有权拒绝。

监督检查人员对在监督检查中知悉的被检查单位的商业秘密和个人信息应当依法保密。

第八十七条　对依法实施的监督检查,有关单位和个人应当配合,如实说明情况并提供文件、资料,不得拒绝、阻碍和隐瞒。

第八十八条　县级以上人民政府旅游主管部门和有关部门,在履行监督检查职责中或者在处理举报、投诉时,发现违反本法规定行为的,应当依法及时作出处理;对不属于本部门职责范围的事项,应当及时书面通知并移交有关部门查处。

第八十九条　县级以上地方人民政府建立旅游违法行为查处信息的共享机制,对需要跨部门、跨地区联合查处的违法行为,应当进行督办。

旅游主管部门和有关部门应当按照各自职责,及时向社会公布监督检查的情况。

第九十条　依法成立的旅游行业组织依照法律、行政法规和章程的规定,制定行业经营规范和服务标准,对其会员的经营行为和服务质量进行自律管理,组织开展职业道德教育和业务培训,提高从业人员素质。

第八章　旅游纠纷处理

第九十一条　县级以上人民政府应当指定或者设立统一的旅游投诉受理机构。受理机构接到投诉,应当及时进行处理或者移交有关部门处理,并告知投诉者。

第九十二条　旅游者与旅游经营者发生纠纷,可以通过下列途径解决:

(一)双方协商;

(二)向消费者协会、旅游投诉受理机构或者有关调解组织申请调解;

(三)根据与旅游经营者达成的仲裁协议提请仲裁机构仲裁;

(四)向人民法院提起诉讼。

第九十三条　消费者协会、旅游投诉受理机构和有关调解组织在双方自愿的基础上,依法对旅游者与旅游经营者之间的纠纷进行调解。

第九十四条　旅游者与旅游经营者发生纠纷,旅游者一方人数众多并有共同请求的,可以推选代表人参加协商、调解、仲裁、诉讼活动。

第九章　法律责任

第九十五条　违反本法规定,未经许可经营旅行社业务的,由旅游主管部门或者工商行政管理部门责令改正,没收违法所得,并处一万元以上十万元以下罚款;违法所得十万元以上的,并处违法所得一倍以上五倍以下罚款;对有关责任人员,处二千元以上二万元以下罚款。

旅行社违反本法规定,未经许可经营本法第二十九条第一款第二项、第三项业务,或者出租、出借旅行社业务经营许可证,或者以其他方式非法转让旅行社业务经营许可的,除依照前款规定处罚外,并责令停业整顿;情节严重的,吊销旅行社业务经营许可证;对直接负责的主管人员,处二千元以上二万元以下罚款。

第九十六条　旅行社违反本法规定,有下列行为之一的,由旅游主管部门责令改正,没收违法所得,并处五千元以上五万元以下罚款;情节严重的,责令停业整顿或者吊销旅行社业务经营许可证;对直接负责的主管人员和其他直接责任人员,处二千元以上二万元以下罚款:

(一)未按照规定为出境或者入境团队旅游安排领队或者导游全程陪同的;

(二)安排未取得导游证或者领队证的人员提供导游或者领队服务的;

(三)未向临时聘用的导游支付导游服务费用的;

(四)要求导游垫付或者向导游收取费用的。

第九十七条　旅行社违反本法规定,有下列行为之一的,由旅游主管部门或者有关部门责令改正,没收违法所得,并处五千元以上五万元以下罚款;违法所得五万元以上的,并处违法所得一倍以上五倍以下罚款;情节严重的,责令停业整顿或者吊销旅行社业务经营许可证;对直接负责的主管人员和其他直接责任人员,处二千元以上二万元以下罚款:

(一)进行虚假宣传,误导旅游者的;

(二)向不合格的供应商订购产品和服务的;

(三)未按照规定投保旅行社责任保险的。

第九十八条　旅行社违反本法第三十五条规定的,由旅游主管部门责令改正,没收违法所得,责令停业整顿,并处三万元以上三十万元以下罚款;违法所得三十万元以上的,并处违法所得一倍以上五倍以下罚款;情节严重的,吊销旅行社业务经营许可证;对直接负责的主管人员和其他直接责任人员,没收违法所得,处二千元以上二万元以下罚款,并暂扣或者吊销导游证、领队证。

第九十九条 旅行社未履行本法第五十五条规定的报告义务的,由旅游主管部门处五千元以上五万元以下罚款;情节严重的,责令停业整顿或者吊销旅行社业务经营许可证;对直接负责的主管人员和其他直接责任人员,处二千元以上二万元以下罚款,并暂扣或者吊销导游证、领队证。

第一百条 旅行社违反本法规定,有下列行为之一的,由旅游主管部门责令改正,处三万元以上三十万元以下罚款,并责令停业整顿;造成旅游者滞留等严重后果的,吊销旅行社业务经营许可证;对直接负责的主管人员和其他直接责任人员,处二千元以上二万元以下罚款,并暂扣或者吊销导游证、领队证:

(一)在旅游行程中擅自变更旅游行程安排,严重损害旅游者权益的;

(二)拒绝履行合同的;

(三)未征得旅游者书面同意,委托其他旅行社履行包价旅游合同的。

第一百零一条 旅行社违反本法规定,安排旅游者参观或者参与违反我国法律、法规和社会公德的项目或者活动的,由旅游主管部门责令改正,没收违法所得,责令停业整顿,并处二万元以上二十万元以下罚款;情节严重的,吊销旅行社业务经营许可证;对直接负责的主管人员和其他直接责任人员,处二千元以上二万元以下罚款,并暂扣或者吊销导游证、领队证。

第一百零二条 违反本法规定,未取得导游证或者领队证从事导游、领队活动的,由旅游主管部门责令改正,没收违法所得,并处一千元以上一万元以下罚款,予以公告。

导游、领队违反本法规定,私自承揽业务的,由旅游主管部门责令改正,没收违法所得,处一千元以上一万元以下罚款,并暂扣或者吊销导游证、领队证。

导游、领队违反本法规定,向旅游者索取小费的,由旅游主管部门责令退还,处一千元以上一万元以下罚款;情节严重的,并暂扣或者吊销导游证、领队证。

第一百零三条 违反本法规定被吊销导游证、领队证的导游、领队和受到吊销旅行社业务经营许可证处罚的旅行社的有关管理人员,自处罚之日起未逾三年的,不得重新申请导游证、领队证或者从事旅行社业务。

第一百零四条 旅游经营者违反本法规定,给予或者收受贿赂的,由工商行政管理部门依照有关法律、法规的规定处罚;情节严重的,并由旅游主管部门吊销旅行社业务经营许可证。

第一百零五条 景区不符合本法规定的开放条件而接待旅游者的,由景区主管部门责令停业整顿直至符合开放条件,并处二万元以上二十万元以下罚款。

景区在旅游者数量可能达到最大承载量时,未依照本法规定公告或者未向当地人民政府报告,未及时采取疏导、分流等措施,或者超过最大承载量接待旅游者的,由景区主管部门责令改正,情节严重的,责令停业整顿一个月至六个月。

第一百零六条　景区违反本法规定,擅自提高门票或者另行收费项目的价格,或者有其他价格违法行为的,由有关主管部门依照有关法律、法规的规定处罚。

第一百零七条　旅游经营者违反有关安全生产管理和消防安全管理的法律、法规或者国家标准、行业标准的,由有关主管部门依照有关法律、法规的规定处罚。

第一百零八条　对违反本法规定的旅游经营者及其从业人员,旅游主管部门和有关部门应当记入信用档案,向社会公布。

第一百零九条　旅游主管部门和有关部门的工作人员在履行监督管理职责中,滥用职权、玩忽职守、徇私舞弊,尚不构成犯罪的,依法给予处分。

第一百一十条　违反本法规定,构成犯罪的,依法追究刑事责任。

第十章　附　则

第一百一十一条　本法下列用语的含义:

(一)旅游经营者,是指旅行社、景区以及为旅游者提供交通、住宿、餐饮、购物、娱乐等服务的经营者。

(二)景区,是指为旅游者提供游览服务、有明确的管理界限的场所或者区域。

(三)包价旅游合同,是指旅行社预先安排行程,提供或者通过履行辅助人提供交通、住宿、餐饮、游览、导游或者领队等两项以上旅游服务,旅游者以总价支付旅游费用的合同。

(四)组团社,是指与旅游者订立包价旅游合同的旅行社。

(五)地接社,是指接受组团社委托,在目的地接待旅游者的旅行社。

(六)履行辅助人,是指与旅行社存在合同关系,协助其履行包价旅游合同义务,实际提供相关服务的法人或者自然人。

第一百一十二条　本法自 2013 年 10 月 1 日起施行。

附录二：

《旅游饭店星级的划分与评定》(GB/T 14308—2010)

前 言

本标准代替 GB/T 14308—2003 旅游饭店星级的划分与评定。

本标准与 GB/T 14308—2003 相比，主要技术内容变化如下：

a)增加了对国家标准 GB/T 16766、GB/T 15566.8 的引用

b)更加注重饭店核心产品，弱化配套设施

c)将一二三星级饭店定位为有限服务饭店

d)突出绿色环保的要求

e)强化安全管理要求，将应急预案列入各星级的必备条件

f)提高饭店服务质量评价的操作性

g)增加例外条款，引导特色经营

h)保留白金五星级的概念，其具体标准与评定办法将另行制订。

本标准的附录 A、附录 B、附录 C 均为规范性附录。

本标准由国家旅游局提出。

本标准由全国旅游标准化技术委员会归口。

本标准起草单位：国家旅游局监督管理司。

本标准主要起草人：李任芷、刘士军、余昌国、贺静、鲁凯麟、刘锦宏、徐锦祉、辛涛、张润钢、王建平。

本标准所代替标准的历次版本发布情况为：

——GB/T 14308—1993

——GB/T 14308—1997

——GB/T 14308—2003

旅游饭店星级的划分与评定

1 范围

本标准规定了旅游饭店星级的划分条件、服务质量和运营规范要求。

本标准适用于正式营业的各种旅游饭店。

2 规范性引用文件

下列文件对于本文件的应用是必不可少的。凡是注日期的引用文件，仅注日期的版本适用于本文件，凡是不注日期的引用文件，其最新版本（包括所有的修改单）适用于本文件。

GB/T 16766 旅游业基础术语

GB/T 10001.1 标志用公共信息图形符号 第1部分:通用符号

GB/T 10001.2 标志用公共信息图形符号 第2部分:旅游设施与服务符号

GB/T 10001.4 标志用公共信息图形符号 第4部分:运动健身符号

GB/T 10001.9 标志用公共信息图形符号 第9部分:无障碍设施符号

GB/T 15566.8 公共信息导向系统 设置原则与要求 第8部分:宾馆和饭店

3 术语和定义

下列术语和定义适用于本标准。

3.1 旅游饭店 tourist hotel

以间(套)夜为单位出租客房，以住宿服务为主，并提供商务、会议、休闲、度假等相应服务的住宿设施，按不同习惯可能也被称为宾馆、酒店、旅馆、旅社、宾舍、度假村、俱乐部、大厦、中心等。

4 星级划分及标志

4.1 用星的数量和颜色表示旅游饭店的星级。旅游饭店星级分为五个级别，即一星级、二星级、三星级、四星级、五星级(含白金五星级)。最低为一星级，最高为五星级。星级越高，表示饭店的等级越高。(为方便行文，"星级旅游饭店"简称为"星级饭店"。)

4.2 星级标志由长城与五角星图案构成，用一颗五角星表示一星级，两颗五角星表示二星级，三颗五角星表示三星级，四颗五角星表示四星级，五颗五角星表示五星级，五颗白金五角星表示白金五星级。

5 总则

5.1 星级饭店的建筑、附属设施设备、服务项目和运行管理应符合国家现行的安全、消防、卫生、环境保护、劳动合同等有关法律、法规和标准的规定与要求。

5.2 各星级划分的基本条件见附录A,各星级饭店应逐项达标。

5.3 星级饭店设备设施的位置、结构、数量、面积、功能、材质、设计、装饰等评价标准见附录B。

5.4 星级饭店的服务质量、清洁卫生、维护保养等评价标准见附录C。

5.5　一星级、二星级、三星级饭店是有限服务饭店，评定星级时应对饭店住宿产品进行重点评价；四星级和五星级（含白金五星级）饭店是完全服务饭店，评定星级时应对饭店产品进行全面评价。

5.6　倡导绿色设计、清洁生产、节能减排、绿色消费的理念。

5.7　星级饭店应增强突发事件应急处置能力，突发事件处置的应急预案应作为各星级饭店的必备条件。评定星级后，如饭店营运中发生重大安全责任事故，所属星级将被立即取消，相应星级标识不能继续使用。

5.8　评定星级时不应因为某一区域所有权或经营权的分离，或因为建筑物的分隔而区别对待，饭店内所有区域应达到同一星级的质量标准和管理要求。

5.9　饭店开业一年后可申请评定星级，经相应星级评定机构评定后，星级标识使用有效期为三年。三年期满后应进行重新评定。

6　各星级划分条件

6.1　必备条件

6.1.1　必备项目检查表规定了各星级应具备的硬件设施和服务项目。评定检查时，逐项打"√"确认达标后，再进入后续打分程序。

6.1.2　一星级必备项目见表 A.1；二星级必备项目见表 A.2；三星级必备项目见表 A.3；四星级必备项目见表 A.4；五星级必备项目见表 A.5。

6.2　设施设备

6.2.1　设施设备的要求见附录 B。总分 600 分。

6.2.2　一星级、二星级饭店不作要求，三星级、四星级、五星级饭店规定最低得分线：三星级 220 分，四星级 320 分，五星级 420 分。

6.3　饭店运营质量

6.3.1　饭店运营质量的要求见附录 C。总分 600 分。

6.3.2　饭店运营质量的评价内容分为总体要求、前厅、客房、餐饮、其他、公共及后台区域等 6 个大项。评分时按"优"、"良"、"中"、"差"打分并计算得分率。公式为：得分率＝该项实际得分/该项标准总分×100%。

6.3.3　一星级、二星级饭店不作要求。三星级、四星级、五星级饭店规定最低得分率：三星级 70%，四星级 80%，五星级 85%。

6.3.4　如饭店不具备表 C.1 中带"＊"的项目，统计得分率时应在分母中去掉该项分值。

7　服务质量总体要求

7.1　服务基本原则

7.1.1　对宾客礼貌、热情、亲切、友好，一视同仁。

7.1.2 密切关注并尽量满足宾客的需求,高效率地完成对客服务。

7.1.3 遵守国家法律法规,保护宾客的合法权益。

7.1.4 尊重宾客的信仰与风俗习惯,不损害民族尊严。

7.2 服务基本要求

7.2.1 员工仪容仪表应达到:

a)遵守饭店的仪容仪表规范,端庄、大方、整洁;

b)着工装、佩工牌上岗;

c)服务过程中表情自然、亲切、热情适度,提倡微笑服务。

7.2.2 员工言行举止应达到:

a)语言文明、简洁、清晰,符合礼仪规范;

b) 站、坐、行姿符合各岗位的规范与要求,主动服务,有职业风范;

c) 以协调适宜的自然语言和身体语言对客服务,使宾客感到尊重舒适;

d) 对宾客提出的问题应予耐心解释,不推诿和应付。

7.2.3 员工业务能力与技能应达到掌握相应的业务知识和服务技能,并能熟练运用。

8 管理要求

8.1 应有员工手册。

8.2 应有饭店组织机构图和部门组织机构图。

8.3 应有完善的规章制度、服务标准、管理规范和操作程序。一项完整的饭店管理规范包括规范的名称、目的、管理职责、项目运作规程(具体包括执行层级、管理对象、方式与频率、管理工作内容)、管理分工、管理程序与考核指标等项目。各项管理规范应适时更新,并保留更新记录。

8.4 应有完善的部门化运作规范。包括管理人员岗位工作说明书、管理人员工作关系表、管理人员工作项目核检表、专门的质量管理文件、工作用表和质量管理记录等内容。

8.5 应有服务和专业技术人员岗位工作说明书,对服务和专业技术人员的岗位要求、任职条件、班次、接受指令与协调渠道、主要工作职责等内容进行书面说明。

8.6 应有服务项目、程序与标准说明书,对每一个服务项目完成的目标、为完成该目标所需要经过的程序,以及各个程序的质量标准进行说明。

8.7 对国家和地方主管部门和强制性标准所要求的特定岗位的技术工作如锅炉、强弱电、消防、食品加工与制作等,应有相应的工作技术标准的书面说明,相应岗位的从业人员应知晓并熟练操作。

8.8 应有其他可以证明饭店质量管理水平的证书或文件。

9　安全管理要求

9.1　星级饭店应取得消防等方面的安全许可,确保消防设施的完好和有效运行。

9.2　水、电、气、油、压力容器、管线等设施设备应安全有效运行。

9.3　应严格执行安全管理防控制度,确保安全监控设备的有效运行及人员的责任到位。

9.4　应注重食品加工流程的卫生管理,保证食品安全。

9.5　应制订和完善地震、火灾、食品卫生、公共卫生、治安事件、设施设备突发故障等各项突发事件应急预案。

10　其他

对于以住宿为主营业务,建筑与装修风格独特,拥有独特客户群体,管理和服务特色鲜明,且业内知名度较高旅游饭店的星级评定,可参照五星级的要求。

附录三：

国家级（重点）风景名胜区名单（截至 2012 年年底）

省、自治区、直辖市	第一批公布的国家重点风景名胜区名单 44 处（1982 年）	第二批公布的国家重点风景名胜区名单 40 处（1988 年）	第三批公布的国家重点风景名胜区名单 35 处（1994 年）	第四批公布的国家重点风景名胜区名单 32 处（2002 年）	第五批公布的国家重点风景名胜区名单 26 处（2004 年）	第六批公布的国家重点风景名胜区名单 10 处（2005 年）	第七批公布的国家级风景名胜区名单 21 处（2009 年）	第八批公布的国家级风景区名单 17 处（2012 年）
北京市	八达岭—十三陵			石花洞				
河北省	承德避暑山庄外八庙；秦皇岛北戴河	野三坡；苍岩山	嶂石岩	西柏坡—天桂山；崆山白云洞				太行大峡谷；响堂山；娲皇宫
山西省	五台山；恒山		北武当山；五老峰					碛口
辽宁省	鞍山千山	鸭绿江；金石滩；兴城海滨；大连海滨—旅顺口	凤凰山；本溪水洞	青山沟；医巫闾山				

续表

省、自治区、直辖市	第一批公布的国家重点风景名胜区名单44处（1982年）	第二批公布的国家重点风景名胜区名单40处（1988年）	第三批公布的国家重点风景名胜区名单35处（1994年）	第四批公布的国家重点风景名胜区名单32处（2002年）	第五批公布的国家重点风景名胜区名单26处（2004年）	第六批公布的国家重点风景名胜区名单10处（2005年）	第七批公布的国家级风景名胜区名单21处（2009年）	第八批公布的国家级风景名胜区名单17处（2012年）
黑龙江省	镜泊湖；五大连池						大阳岛	
江苏省	太湖；南京钟山	云台山；蜀岗瘦西湖						
浙江省	杭州西湖；富春江—新安江；雁荡山；普陀山	天台山；嵊泗列岛；楠溪江	莫干山；雪窦山；双龙；仙都	江郎山；仙居；浣江—五泄	方岩；百丈漈—飞云湖	方山—长屿硐天	天姥山	大红岩
安徽省	黄山；九华山；天柱山	琅琊山	齐云山	采石；巢湖；花山谜窟—渐江	太极洞	花亭湖		
福建省	武夷山	清源山；鼓浪屿—万石山；大姥山	桃源洞—鳞源洞；石林；泰宁；金湖；海坛；冠豸山	鼓山；玉华洞	十八重溪；青云山		佛子山；宝山；福安白云山	灵通山；湄洲岛
江西省	庐山；井冈山	三清山；龙虎山		仙女湖；三百山	梅岭—滕王阁；龟峰	高岭—瑶里；武功山；云居山—柘林湖	灵山	神农源；大茅山
山东省	泰山；青岛崂山	胶东半岛海滨		博山；青州				

省、自治区、直辖市	第一批公布的国家重点风景名胜区名单 44 处（1982 年）	第二批公布的国家重点风景名胜区名单 40 处（1988 年）	第三批公布的国家重点风景名胜区名单 35 处（1994 年）	第四批公布的国家重点风景名胜区名单 32 处（2002 年）	第五批公布的国家重点风景名胜区名单 26 处（2004 年）	第六批公布的国家重点风景名胜区名单 10 处（2005 年）	第七批公布的国家级风景名胜区名单 21 处（2009 年）	第八批公布的国家级风景名胜区名单 17 处（2012 年）
河南省	鸡公山；洛阳龙门；嵩山		王屋山—云台山	石人山	林虑山	青天河；神农山	桐柏山—淮源；郑州黄河	
湖北省	武汉东湖、武当山、长江三峡（湖北段）	大洪山	隆中、九宫山	陆水				
湖南省	衡山	武陵源；岳阳楼洞庭湖	韶山	岳麓山；崀山	猛洞河；桃花源	紫鹊界梯田—梅山龙宫；德夯	苏仙岭—万华岩；南山；万佛山—侗寨；虎形山—花瑶；东江湖	凤凰；沩山；炎帝陵；白水洞
广东省	肇庆星湖	西樵山；丹霞山		白云山；惠州西湖	罗浮山；湖光岩		梧桐山	
广西壮族自治区	桂林漓江	桂平西山；花山						
四川省	峨眉山；长江三峡（四川段）；剑门蜀道；九寨沟—黄龙寺；青城山—都江堰	贡嘎山；蜀南竹海	西岭雪山；四姑娘山	石海洞乡；邛海—螺髻山	白龙湖；光雾山—诺水河；天台山；龙门山			

204

续表

省、自治区、直辖市	第一批公布的国家重点风景名胜区名单44处（1982年）	第二批公布的国家重点风景名胜区名单40处（1988年）	第三批公布的国家重点风景名胜区名单35处（1994年）	第四批公布的国家重点风景名胜区名单32处（2002年）	第五批公布的国家重点风景名胜区名单26处（2004年）	第六批公布的国家重点风景名胜区名单10处（2005年）	第七批公布的国家级风景名胜区名单21处（2009年）	第八批公布的国家级风景名胜区名单17处（2012年）
重庆市	缙云山；长江三峡	金佛山	四面山	芙蓉江	天坑地缝			潭獐峡
贵州省	黄果树	织金洞；舞阳河；红枫湖；龙宫	荔波樟江；赤水；马岭河峡谷		都匀斗蓬山—剑江；九洞天；九龙洞；黎平侗乡	紫云格凸河穿洞	平塘；榕江苗山侗水；石阡温泉群；沿河乌江山峡；瓮安江界河	
云南省	路南石林；大理；西双版纳	三江并流；昆明滇池；丽江玉龙雪山	腾冲地热火山；瑞丽江—大盈江；九乡；建水		普者黑；阿庐			
陕西省	华山；临潼骊山	黄河壶口瀑布（陕西段）	宝鸡天台山	黄帝陵	合阳洽川			
甘肃省	麦积山		崆峒山；鸣沙山—月牙泉					
吉林省		松花湖；"八大部"—净月潭		仙景台；防川				
西藏自治区		雅砻河					纳木措—念青唐古拉山；唐古拉山—怒江源	土林—古格

206

续表

省、自治区、直辖市	第一批公布的国家重点风景名胜区名单44处（1982年）	第二批公布的国家重点风景名胜区名单40处（1988年）	第三批公布的国家重点风景名胜区名单35处（1994年）	第四批公布的国家重点风景名胜区名单32处（2002年）	第五批公布的国家重点风景名胜区名单26处（2004年）	第六批公布的国家重点风景名胜区名单10处（2005年）	第七批公布的国家级风景名胜区名单21处（2009年）	第八批公布的国家级风景名胜区名单17处（2012年）
宁夏回族自治区		西夏王陵						须弥山石窟
天津市			盘山					
海南省			三亚热带海滨					
青海省			青海湖					
内蒙古自治区				扎兰屯				
新疆维吾尔自治区	天山天池			库木塔格沙漠；博斯腾湖	赛里木湖			罗布人村寨

附录四：

首批 66 家国家 5A 级旅游景区名单

（全国旅游景区质量等级评定委员会公告）

北京：故宫博物院、天坛公园、颐和园、八达岭长城。

天津：天津古文化街旅游区（津门故里）、天津盘山风景名胜区。

河北：秦皇岛市山海关景区、保定市安新白洋淀景区、承德避暑山庄及周围寺庙景区。

山西：大同市云冈石窟、忻州市五台山风景名胜区。

辽宁：沈阳市植物园、大连老虎滩海洋公园.老虎滩极地馆。

吉林：长春市伪满皇宫博物院、长白山景区。

黑龙江：哈尔滨市太阳岛公园。

上海：上海东方明珠广播电视塔、上海野生动物园。

江苏：南京市钟山风景名胜区——中山陵园风景区、中央电视台无锡影视基地三国水浒景区、苏州市拙政园、苏州市周庄古镇景区。

浙江：杭州市西湖风景名胜区、温州市雁荡山风景名胜区、舟山市普陀山风景名胜区。

安徽：黄山市黄山风景区、池州市九华山风景区。

福建：厦门市鼓浪屿风景名胜区、南平市武夷山风景名胜区。

江西：江西省庐山风景名胜区、吉安市井冈山风景旅游区。

山东：烟台市蓬莱阁旅游区、济宁市曲阜明故城（三孔）旅游区、泰安市泰山景区。

河南：登封市嵩山少林景区、洛阳市龙门石窟景区、焦作市云台山风景名胜区。

湖南：衡阳市南岳衡山旅游区、张家界武陵源旅游区。

湖北：武汉市黄鹤楼公园、宜昌市三峡大坝旅游区。

广东：广州市长隆旅游度假区、深圳华侨城旅游度假区。

广西：桂林市漓江景区、桂林市乐满地度假世界。

海南：三亚市南山文化旅游区、三亚市南山大小洞天旅游区。

重庆：重庆大足石刻景区、重庆巫山小三峡—小小三峡。

四川：成都市青城山——都江堰旅游景区、乐山市峨眉山景区、阿坝藏族羌族自治州九寨沟旅游景区。

贵州：安顺市黄果树大瀑布景区、安顺市龙宫景区。

云南：昆明市石林风景区、丽江市玉龙雪山景区。

陕西：西安市秦始皇兵马俑博物馆、西安市华清池景区、延安市黄帝陵景区。

甘肃：嘉峪关市嘉峪关文物景区、平凉市崆峒山风景名胜区。

宁夏：石嘴山市沙湖旅游景区、中卫市沙坡头旅游景区。

新疆：新疆天山天池风景名胜区、吐鲁番市葡萄沟风景区、阿勒泰地区喀纳斯景区。

参考文献

1. 龚正.旅游法规精读本[M].武汉:武汉大学出版社,2012

2. 王健.旅游法原理与实务[M].天津:南开大学出版社,1998

3. 韩玉灵.旅游法教程[M].北京:高等教育出版社,2003

4. 浙江省旅游局.旅游政策与法规[M].北京:中国旅游出版社,2004

5. 杨紫烜,徐杰.经济法学[M].北京:北京大学出版社,2012

6. 国家旅游局人事劳动教育司.政策与法规[M].北京:旅游教育出版社,2002

7. 李昌麒.经济法学[M].北京:中国政法大学出版社,2002

8. 陈小君.合同法学[M].北京:高等教育出版社,2003

9. 郭明瑞.民法[M].北京:高等教育出版社,2003

10. 杨立新.《中华人民共和国侵权责任法》条文释解与司法适用[M].北京:人民法院出版社,2010

11. 曹建明,最高人民法院民事案件案由规定课题小组.最高人民法院民事案件案由规定理解与适用[M].北京:人民法院出版社,2008

12. 中华人民共和国国家旅游局网站,http://www.cnta.gov.cn/

13. 中国饭店协会网站,http://www.chinahotel.org.cn

索　引

旅行消费法律常识

后　记

　　本书作者系浙江海洋学院教师,也是从业多年的律师(律师个人网站地址:http://www.zsgzlawyer.com)。本书系根据作者备课笔记,参考其他教材、论著、论文资料、司法裁判案例,结合多年的律师从业经验编著而成。

　　著书之由,缘于2008年本人申报的省级课题《旅行消费法律常识》得以立项。

　　本著作内容涵盖面广,涉及旅游业法制、旅游经营者的义务、旅游者的权利、旅游市场的规制、旅游安全的防患、旅游消费维权、旅游司法救济等领域,囊括旅行消费吃、住、行、游、购、娱各环节。

　　本著作体现了如下三大特点:一是内容精炼,著作的编写力求内容简明扼要;二是结合新颁布的《旅游法》,法律法规及时更新,力求相关内容不过时效;三是案例掺杂讲解,著作中精选了若干典型的司法案例。

　　本著作有助于读者增强旅行消费法制意识,也适合旅游专业人士、旅游从业人员理论研究、经营管理所需。同时,本著作也是报考导游资格考试的考生专攻《旅游政策与法规》该门课程的理想参考书。

　　本书内容,如有不当不足之处,望有识之士敬请指出。

　　本书获得浙江海洋学院出版基金资助。

　　本著作系浙江省社科联社科普及课题成果。

图书在版编目（CIP）数据

旅行消费法律常识 / 龚正著. —杭州：浙江大学
出版社，2013.12
ISBN 978-7-308-12314-3

Ⅰ．①旅… Ⅱ．①龚… Ⅲ．①旅游消费－消费者权益
保护－中国－基本知识 Ⅳ．①D922.296

中国版本图书馆 CIP 数据核字（2013）第 235802 号

旅行消费法律常识

龚　正　著

责任编辑	何　瑜（wsheyu@163.com）
封面设计	春天书装
出版发行	浙江大学出版社
	（杭州市天目山路 148 号　邮政编码 310007）
	（网址：http://www.zjupress.com）
排　　版	杭州中大图文设计有限公司
印　　刷	浙江省良渚印刷厂
开　　本	710mm×1000mm　1/16
印　　张	13.75
字　　数	247 千
版印次	2013 年 12 月第 1 版　2013 年 12 月第 1 次印刷
书　　号	ISBN 978-7-308-12314-3
定　　价	42.00 元
